中华优秀传统国学阅读经典

孟 子

【战国】孟子　王俊 编校

中国商业出版社

图书在版编目（CIP）数据

孟子/王俊编校.--北京：中国商业出版社，2019.10

ISBN 978-7-5208-0828-6

Ⅰ.①孟… Ⅱ.①王… Ⅲ.①儒家②《孟子》—注释③《孟子》—译文 Ⅳ.①B222.5

中国版本图书馆CIP数据核字(2019)第157068号

责任编辑：杜 辉

中国商业出版社出版发行

010-63180647　www.c-cbook.com

（100053 北京广安门内报国寺1号）

新华书店经销

三河市同力彩印有限公司印刷

*

710毫米×1000毫米　16开　23印张　310千字

2020年1月第1版　2020年1月第1次印刷

定价：69.00元

*　*　*　*

（如有印装质量问题可更换）

前　言

泱泱中华五千载，悠悠国学民族魂。中华国学"为天地立心，为生民立命，为往圣继绝学，为万世开太平"，是中华民族几千年来生生不息的根本，是华夏儿女的文化基因和精神支柱。

中华传统文化经过千百年历史的冲刷洗礼和不断交流、融合以及沉淀，最终形成了求同存异、兼收并蓄、辉煌灿烂的特点，它也是世界上唯一绵延不绝而从没中断的古老文化，并始终充满了生机与活力。

国学就是中国之学、中华之学，是以母语汉语为基础，表达了中华民族的精神价值和处世态度，有利于凝聚中华民族的文化向心力，有利于中华民族大团结，是华夏儿女的生命火炬，我们要世代相传和不断发扬光大。

中华优秀传统文化在思想上有大智，在科学上有大真，在伦理上有大善，在艺术上有大美。在中华民族艰难而辉煌的发展历程中，优秀传统文化薪火相传、历久弥新，始终为国人提供精神支撑和心灵慰藉。所以，更多地从传统优秀国学经典中汲取丰富营养，不仅能充实灵魂，而且能够拥有一种神圣而崇高的家国情怀。

中华传统国学是指以儒学为主体的中华传统文化与学术，内容非常广泛，内涵十分丰富，如蒙学十三经、四书五经等，作为国学中经典之经典，铸就了"国学蒙学之最、中华不可或缺之魂"，凝聚了我国五千年的文明史和传统文化，体现了中华民族博大精深的文化精髓，是经过多少代人实践检验过的文化瑰宝，承载着中华民族伟大复兴的梦想。

中华传统国学中具有极高价值的经典与文章不胜枚举，且不说春秋战国时期的经传宝典，也不说《史记》《资治通鉴》，仅唐诗、宋词、

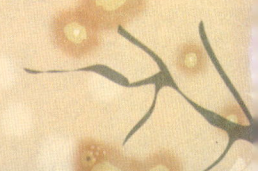

元曲就有许多脍炙人口的佳作，今天我们作为中华儿女对这些精品岂可淡化或视而不见？

中华传统国学经典，蕴含了中华儿女内圣外王的个体修养和自强不息的群体精神，形成了重义轻利的处世态度以及孝亲敬长的人伦约定，包含着辩证理智的心智思维和天人合一的整体观念。

这些国学经典千百年来作为我国传统文化与教育经典，在内容方面包含治国、修身、道德、伦理、哲学、艺术、智慧、天文、地理、历史等丰富的知识；在艺术方面丰富多彩，各有特色，行文流畅，气势磅礴，辞藻华丽，前后连贯。古往今来，无数有识之士从中汲取知识，不仅培养了良好的道德品质，还提升了儒雅、纯美、睿智的气质。

国学经典是广大读者必备的精神食粮。读者阅读国学经典，能够秉承国学仁义精神，养成谦和待人、谨慎待己、勤学好问等优良品行，达到内外兼修与培养刚健人格的学习目的。读者阅读国学经典，就如同师从贤哲，使自己能够站在先辈们的肩膀之上，在高起点上开始人生道路。阅读圣贤之书，与圣贤为伍，是精神获得高尚和超越的最高境界。

如今社会处于转型时期，充斥着各种各样所谓的现代文化，良莠不齐、纷繁杂芜。作为读者，应该慎重地从文化杂烩中精挑细选最好的、最纯的、最精的文化知识进行学习，以便促进身心的健康，那么国学经典就是最佳的选择。

当然，我们必须注意：传承古代经典，不是单纯背诵一些诗词，而是传承古老中华文明；不是只知其文不解其意，而是传承经典文化中的精神；不是对所有传统的东西都加以吸收，而是采取"扬弃"态度，取其精华去其糟粕；也不是排斥其他国家和民族的先进文化，要互相理解和尊重，要有兼容并包的情怀和清醒的头脑，做到互相学习和互相促进；更不是躺在灿烂传统文化的光环下故步自封，要积极开创未来的、先进的和科学的民族文化，要创造新的文化辉煌。

国学经典并非陈旧过时的东西，它能够适应任何时代的需要，且不同的时代都可以进行新的解读,都有时代的新意。广大读者要古为今用,活学活用,在新的时代推陈出新,进行新的解读,赋予新的内涵,不断发扬新的精神。

我们欣喜地看到,在党和政府的积极号召下,教育部印发了《完善中华优秀传统文化教育指导纲要》,各级教育机构启用了《中华优秀传统文化》教材,中小学语文新课标中也增加了青少年学生阅读和学习国学的分量,许多中小学开设了专门的国学课程,全国各族人民掀起了学习和传承中国传统文化的热潮。

为此,在有关专家的指导下,我们特别精选编辑了这套"中华传统国学阅读经典"作品,根据广大读者特别是青少年读者学习吸收的特点,采取了板块化的篇章结构。文前部分主要包括作者简介、题解+背景、作品概况、思想内容和艺术特点等内容,正文部分主要包括原文、注释、解读、感悟、赏析、故事等内容,文后部分主要包括名言妙语、读后感、知识互动大会等内容。同时还配有精美的插图,图文并茂,生动形象,非常易于阅读、理解和欣赏,能够培养广大读者的国学阅读兴趣,从而增强大家对中华优秀传统文化的热爱、传承和发展,最终积极投身到中华民族伟大复兴的中国梦之中。

根据"部编教材"和广大读者特别是青少年读者学习吸收的特点，采取版块化篇章结构，设置丰富的专题栏目，解构阅读知识要点，无障碍直通阅读核心，重点感受丰富的知识和独特的艺术，领会和发扬深刻的国学精神！

导 读

作者简介
简单介绍作者生卒、生平事迹、代表作品和历史影响等。

题解+背景
简单阐述书名来历、作者社会背景、创作动机、创作过程等。

作品概况
简单介绍作品结构形态、流传过程和历史价值等。

思想内容
简单分析作品思想内涵、社会价值和启迪作用等。

艺术特点
简单解析语言表达、篇章结构、人物形象等丰富的艺术特色。

梁惠王上

这一篇孟子主要向梁惠王和齐宣王阐明了治国的方法。孟子认为，治国当以仁义为依归，实行孔子的"大道之行，天下为公"的宗旨。孟子主张"民为贵，社稷次之，君为轻"。文章分析了急功近利就会弑君杀父，朝行仁义则金忠君孝父，告诉人们"先义后利"，才能修身齐家治国平天下的道理。

在孟子看来，只追求利益，会使人忽略对道德的完善和培养，使行动失去适宜的准绳。"天下熙熙，皆为利来；天下攘攘，皆为利往。"由此可见，利对人的诱惑是十分巨大的。

在社会主义建设的新时期，个人的"利"，只要不损害别人的利益，并且和集体、国家的"利"在大方向上一致，追求它就是合理的，并且对社会也是有好处的。

在市场经济条件下，"利"多指"权力""金钱"等，很多人获取了很多物质财富，但是精神空虚，忽略精神层面追求。对这样的人而言，孔子、孟子的话，无疑是一味"清醒剂"。孟夫子的"义利观"对我们今天公民的道德规范建设，也很有借鉴意义。

时此篇的内容，过去常有误解。误解的原因有古文太过简约，也有语句理解的歧义，但是最重要还是后儒们的过度理解乃至歪曲诠释。但如果能了解当时魏国的实情，设身处地、平心而论，应该说那不过是人之常情，无可厚非，尽管确实是急功近利了一点。孟子想告诉人们的道理就是"人心"关乎世道，得人心者得天下，所以也更容易为人们所接受。

导 读
概括篇章主题和内容等，简介学习之目的。

精美配图
根据内容配图，图文并茂，让知识变得生动形象，让阅读变得丰富有趣。

第九章

原　文
参考众多权威版本，忠实于原著原文呈现。

孟子谓宋勾践曰："子好游❶乎？吾语子游。人知之，亦嚣嚣❷；人不知，亦嚣嚣。"

曰："何如斯可以嚣嚣矣？"

曰："尊德乐义，则可以嚣嚣矣。故士穷不失义，达不离道。穷不失义，故士得己❸焉；达不离道，故民不失望焉。古之人，得志，泽加于民；不得志，修身见于世。穷则独善其身，达则兼善天下。"

注音
对多音字以及破音、通假、古音、外族语言等异读字词进行注音。

注释
❶ 游：在这里是游说的意思。
❷ 嚣嚣（xiāo）：自得的样子。
❸ 得己：在这里是自得的意思。

注　释
介绍和评议生僻难懂语汇、内容、背景、引文等。

解读

孟子对宋勾践说："你喜欢四处游说吗？我告诉你关于游说的事情。别人理解你，就自得其乐；别人不理解你，你也要自得其乐。"

宋勾践说："怎么样做才能算得上是自得其乐呢？"

孟子回答说："尊崇德，喜爱义，就可以自得其乐了。因此，士在穷困潦倒时，不要失掉义，在顺利得意时，不要离开道。穷困潦倒时不失义，所以能自得其乐；顺利得意时不失掉义，所以百姓不致失望。古代的人，得志时，能把恩惠施给百姓；不得志时，就努力修养自身，并以此来表现于世人。穷困就独善其身，得意就兼善天下。"

解　读
对原文进行译解，使之通俗易读，浅显易懂。

完美大结局

名言妙语
推介作者、作品的名言格言和妙言妙语，让读者加深印象、获得美感或启迪等。

读后感
从中、小学生认识角度，剖析阅读作品后的所思所感、所作所为等，达到有所收获和感悟等。

作者简介

孟子（公元前372年—公元前289年）名轲，字子舆，战国时期邹国人，是鲁国贵族孟孙氏的后裔。他是战国时期著名哲学家、思想家、政治家、教育家，儒家学派的代表人物之一。

孟子属孔子的第四代弟子，是曾子的再传弟子。他继承并发扬了孔子的思想。孔子是"大成至圣"，孟子被称为"亚圣"。孔子与孟子的学说合称"孔孟其道"，多数人称为"孔孟之道"。

孟子的幼年在母亲的启蒙教育下成长，孟母的言传身教对他成为"亚圣"产生了深刻的影响。孟子曾仿效孔子，带领门徒周游各国。他曾经历游齐、宋、滕、魏等国，一度为齐宣王的客卿。当时各诸侯国的君主都认为他的政治主张不合时宜，而不予采用。

孟子还曾在齐国的齐威王时期，大力宣扬自己的"仁政无敌"主张，但是由于在齐国很不得志，连齐威王赠送的兼金一百镒都没有接受，就离开了齐国。

公元前329年左右，宋公子偃自立为君的时候，孟子又到了宋国。在宋国，他见到了还是世子的滕文公，他告诉滕文公只要好好地学习"先王"，就可以把滕国治理好。但是，游历了各国的孟子在每个国家都不被接受，最后他索性退隐，过起了私人讲学以及与弟子一起著书的生活。

孟子晚年与他的弟子万章等人一起整理了《诗经》《书经》等作品，他还阐发儒家的思想学说，写成了《孟子》一书，这本著作不仅是儒家的重要学术著作，也是我国古代极富特色的散文专集。其文气势充沛，感情洋溢，逻辑严密；既滔滔雄辩，又从容不迫。用形象化的事物与语言，说明了复杂的道理。这一成就使他成为了儒家学派的重要代表人物。

题解+背景

东汉经学家赵岐在《孟子题辞》中说:"此书,孟子之所作也,故总谓之《孟子》。"《孟子》主张"民为贵,社稷次之,君为轻"。意思是说把人民放在第一位,国家其次,君在最后。孟子认为君主应以爱护人民为先,为政者要保障人民权利。孟子赞同若君主无道,人民有权推翻政权。

正因此原因,《汉书》仅仅把《孟子》放在诸子略中,视为子书,没有给予应有地位。到五代十国的后蜀时,才将《孟子》列入经书。到南宋时,朱熹将《孟子》与《论语》《大学》《中庸》合在一起称"四书",并成为"十三经"之一,《孟子》地位才被推到了高峰。

公元前475年至公元前221年,是我国封建社会形成时期。自春秋以来,奴隶主总是把奴隶们开垦的土地全部据为己有,成为他们的私有财产。由于奴隶不断反抗逃亡,迫使奴隶主不断改变他们原有的剥削方式。

当时的阶级斗争,在社会意识形态上表现得十分激烈,各阶级和阶层思想的代表纷纷亮相,都站出来阐明自己的政治主张。孟子为了继承孔子的仁政学说,在诸侯国合纵连横,战争不断的时期,他作为敏锐的思想家,意识到了当时的时代特征和趋势,于是建构了自己的学说。

与孔子一样,孟子力图将儒家政治理论和治国理念转化为具体的国家治理主张,并推行于天下。在这样的社会背景下,孟子开始周游列国,游说于各国君主之间,推行他的政治主张。孟子继承和发展了孔子的德治思想,发展为仁政学说,成为其政治思想的核心。

孟子的政治论,是以仁政为内容的王道,其本质是为封建统治阶级服务的。他把"亲亲""长长"的原则运用于政治,以缓和阶级矛盾,维护封建统治阶级的长远利益。《孟子》就是在这种历史背景之下产生的。

作品概况

　　《孟子》一书是孟子的言论汇编,由孟子及其弟子共同编写而成,记述了孟子一生的主要言论、政治活动和思想学说,属语录体散文集。

　　全书共有七篇,分别是《梁惠王》上、下,《公孙丑》上、下,《滕文公》上、下,《离娄》上、下,《万章》上、下,《告子》上、下以及《尽心》上、下。

　　《孟子》每篇分为上下,约三万五千字,一共二百六十章。但是,中国现存最早的目录学文献《汉书·艺文志》著录"孟子十一篇",比现存的《孟子》多出四篇。后来东汉末年的经学家赵岐在为《孟子》作注时,对十一篇进行了鉴别,认为七篇为真,七篇以外的四篇为伪篇。在东汉以后,这四篇便相继失佚了。

　　汉文帝把《论语》《孝经》《孟子》《尔雅》各置博士进行研究,叫"传记博士"。到五代后蜀时,后蜀主孟昶命人楷书十一经刻石,其中包括《孟子》,这就是《孟子》列入"经书"的开始。

　　赵岐在《孟子题辞》中把《孟子》与《论语》相比,认为《孟子》是"拟圣而作"。所以,尽管《汉书·文艺志》仅仅把《孟子》放在诸子传记中,视为子书,但实际上在汉代人的心目中已经把它看作辅助"经书"的"传书"了。

　　后来,宋太宗又翻刻了十一经。到南宋孝宗时,宋代儒学集大成者、理学家朱熹将《孟子》与《论语》《大学》《中庸》合在一起称"四书",正式把《孟子》提到了非常高的地位。元、明以后,《孟子》又成为科举考试的内容,更是读书人的必读之书了。

思想内容

《孟子》记录了孟子的治国思想、政治观点和政治行动,其思想主要包括仁政、王霸之辨、民本、格君心之非,以及民为贵、社稷次之君为轻等,其学说出发点为性善论,主张德治,在中国古代思想史上具有很重要的地位。具体表现在以下几个方面:

一是阐述仁政。孔子的"仁"是一种含义极广的伦理道德观念,其最基本的精神就是"爱人"。孟子从孔子的"仁学"思想出发,把它扩充成包括思想、政治、经济、文化等方面的施政纲领,就是"仁政"。

二是阐述治乱,使国家安定太平。在中国传统文化中,治乱是很重要的一个概念,治乱的根本在于制度化、法律化,做到有法可依、有章可循,这才能治得彻底、全面和长久。

三是阐述井田制,是一种以国有为名的贵族土地所有制。井田制出现于商朝,到了春秋时期,由于铁制农具出现和牛耕普及等诸多原因导致井田制逐渐瓦解,《孟子》一书对井田制的转变进行了深刻阐述。

四是阐述孝悌,提出对父母要孝顺,对兄弟姐妹要和睦。中国古代崇尚志节坚贞和性行孝悌。孝悌文化是传统道德文化的重要组成部分,是古人所要遵守的道德规范,进行深刻阐述具有重要意义。

五是阐述大一统,这中国古代的主流思想。古代大一统思想由来已久,在人们心目中深深扎根了,对大一统形成了精神依赖。但后来派生了许多观念,《孟子》深刻阐述了大一统的正统思想。

六是阐述性善,这是孟子的核心学说。孟子心、性观主要有两点内容:一是"道德层面"的心性,不是"情欲层面"的心性;二是"道德层面"的心性具有仁义的内在先天性。

艺术特点

《孟子》是说理散文,与《论语》一样,也是以记言为主的语录体散文。它比《论语》具有明显发展,其文字更加简约、含蓄。作品行文气势磅礴,感情充沛,雄辩滔滔,极富感染力,流传后世,影响深远,是儒家经典著作之一。

《孟子》中有许多长篇大论,气势磅礴,议论尖锐、机智而雄辩。

如果说《论语》给人的感觉是仁者的谆谆告诫,那么《孟子》给人的感觉就是侃侃而谈,对后世散文写作产生了深刻影响。特别是其中的语言,包括用以帮助说理的比喻、寓言等,多为后人引用,并逐渐转化为了成语。

特别是作品在论辩中,孟子攻乎异端,锋芒毕露,有明晰的逐层说理和批驳,层层进逼,气势非凡。但是也有偏激的言论、幽默的讽刺,甚至破口大骂,这反映了孟子激越的情感和刚直的个性。

作品的艺术特色还表现在:缜密纯熟的论辩技巧,巧妙灵活地运用逻辑推理,诸如类比推理、二难推理等,具有极强的震慑力和说服力;常用比喻,浅近简短而贴切深刻,常常把抽象的道理用具体生动的形象表现出来,使其论辩富于形象性,具有极强的艺术感染力;有少数能近取譬、生动有趣的寓言故事,如"齐人有一妻一妾",人物毕肖,结构完整,情节生动,具有很强的戏剧性。

作品还大量使用排偶句、叠句等修辞手法,加强了文章的气势,使文气磅礴。作品大量运用对比手法,互相比较,使道理说得更加清楚,给人印象特别深刻,加强了文章的说服力。作品语言明白晓畅,平实浅近,同时又精练准确,具有精练简约、深入浅出的语言风格。

目 录

梁惠王上

第一章 ………………… 2
第二章 ………………… 4
第三章 ………………… 5
第四章 ………………… 8
第五章 ………………… 9
第六章 ………………… 11
第七章 ………………… 13

梁惠王下

第一章 ………………… 22
第二章 ………………… 25
第三章 ………………… 26
第四章 ………………… 28
第五章 ………………… 31
第六章 ………………… 33
第七章 ………………… 35
第八章 ………………… 36
第九章 ………………… 37
第十章 ………………… 38
第十一章 ………………… 39
第十二章 ………………… 41
第十三章 ………………… 43
第十四章 ………………… 43
第十五章 ………………… 44
第十六章 ………………… 46

公孙丑上

第一章 ………………… 50
第二章 ………………… 53
第三章 ………………… 60
第四章 ………………… 61
第五章 ………………… 63
第六章 ………………… 64
第七章 ………………… 66
第八章 ………………… 67
第九章 ………………… 68

公孙丑下

第一章 ………………… 71
第二章 ………………… 72
第三章 ………………… 76

第四章 …………… 77
第五章 …………… 79
第六章 …………… 80
第七章 …………… 81
第八章 …………… 82
第九章 …………… 84
第十章 …………… 86
第十一章 …………… 87
第十二章 …………… 89
第十三章 …………… 90
第十四章 …………… 91

滕文公上

第一章 …………… 94
第二章 …………… 95
第三章 …………… 98
第四章 …………… 101
第五章 …………… 108

滕文公下

第一章 …………… 112
第二章 …………… 114
第三章 …………… 115
第四章 …………… 117
第五章 …………… 119

第六章 …………… 122
第七章 …………… 123
第八章 …………… 124
第九章 …………… 125
第十章 …………… 128

离娄上

第一章 …………… 132
第二章 …………… 134
第三章 …………… 135
第四章 …………… 136
第五章 …………… 136
第六章 …………… 137
第七章 …………… 138
第八章 …………… 139
第九章 …………… 141
第十章 …………… 142
第十一章 …………… 143
第十二章 …………… 143
第十三章 …………… 144
第十四章 …………… 145
第十五章 …………… 146
第十六章 …………… 147
第十七章 …………… 148
第十八章 …………… 149
第十九章 …………… 150

第二十章	152	第十六章	169
第二十一章	152	第十七章	170
第二十二章	153	第十八章	170
第二十三章	153	第十九章	171
第二十四章	154	第二十章	172
第二十五章	155	第二十一章	173
第二十六章	155	第二十二章	174
第二十七章	156	第二十三章	174
第二十八章	157	第二十四章	175
		第二十五章	177
		第二十六章	177

离娄下

第一章	159	第二十七章	179
第二章	160	第二十八章	180
第三章	161	第二十九章	181
第四章	162	第三十章	182
第五章	163	第三十一章	184
第六章	163	第三十二章	185
第七章	164	第三十三章	186
第八章	165		
第九章	165		

万章上

第十章	166	第一章	189
第十一章	166	第二章	191
第十二章	167	第三章	194
第十三章	167	第四章	196
第十四章	168	第五章	198
第十五章	168	第六章	200

第七章 …………… 203
第八章 …………… 205
第九章 …………… 207

万章下

第一章 …………… 210
第二章 …………… 212
第三章 …………… 214
第四章 …………… 216
第五章 …………… 220
第六章 …………… 221
第七章 …………… 223
第八章 …………… 226
第九章 …………… 227

告子上

第一章 …………… 230
第二章 …………… 231
第三章 …………… 232
第四章 …………… 233
第五章 …………… 234
第六章 …………… 236
第七章 …………… 238
第八章 …………… 240
第九章 …………… 242

第十章 …………… 243
第十一章 …………… 245
第十二章 …………… 245
第十三章 …………… 246
第十四章 …………… 247
第十五章 …………… 248
第十六章 …………… 250
第十七章 …………… 250
第十八章 …………… 251
第十九章 …………… 252
第二十章 …………… 253

告子下

第一章 …………… 255
第二章 …………… 256
第三章 …………… 258
第四章 …………… 260
第五章 …………… 262
第六章 …………… 263
第七章 …………… 265
第八章 …………… 267
第九章 …………… 268
第十章 …………… 269
第十一章 …………… 270
第十二章 …………… 271
第十三章 …………… 272

第十四章 ………… 273	第二十二章 ………… 292
第十五章 ………… 274	第二十三章 ………… 293
第十六章 ………… 276	第二十四章 ………… 294
	第二十五章 ………… 295
## 尽心上	第二十六章 ………… 295
	第二十七章 ………… 296
第一章 ………… 278	第二十八章 ………… 297
第二章 ………… 278	第二十九章 ………… 297
第三章 ………… 279	第三十章 ………… 298
第四章 ………… 280	第三十一章 ………… 298
第五章 ………… 280	第三十二章 ………… 299
第六章 ………… 281	第三十三章 ………… 300
第七章 ………… 281	第三十四章 ………… 301
第八章 ………… 282	第三十五章 ………… 301
第九章 ………… 283	第三十六章 ………… 303
第十章 ………… 284	第三十七章 ………… 304
第十一章 ………… 284	第三十八章 ………… 305
第十二章 ………… 285	第三十九章 ………… 305
第十三章 ………… 285	第四十章 ………… 306
第十四章 ………… 286	第四十一章 ………… 307
第十五章 ………… 287	第四十二章 ………… 308
第十六章 ………… 287	第四十三章 ………… 308
第十七章 ………… 288	第四十四章 ………… 309
第十八章 ………… 289	第四十五章 ………… 310
第十九章 ………… 290	第四十六章 ………… 310
第二十章 ………… 290	
第二十一章 ………… 291	

尽心下

第一章 …………… 313	第二十章 …………… 325
第二章 …………… 313	第二十一章 …………… 326
第三章 …………… 314	第二十二章 …………… 327
第四章 …………… 315	第二十三章 …………… 327
第五章 …………… 316	第二十四章 …………… 329
第六章 …………… 317	第二十五章 …………… 330
第七章 …………… 317	第二十六章 …………… 331
第八章 …………… 318	第二十七章 …………… 331
第九章 …………… 318	第二十八章 …………… 332
第十章 …………… 319	第二十九章 …………… 332
第十一章 …………… 320	第三十章 …………… 333
第十二章 …………… 320	第三十一章 …………… 334
第十三章 …………… 321	第三十二章 …………… 335
第十四章 …………… 321	第三十三章 …………… 336
第十五章 …………… 322	第三十四章 …………… 337
第十六章 …………… 323	第三十五章 …………… 338
第十七章 …………… 323	第三十六章 …………… 338
第十八章 …………… 324	第三十七章 …………… 339
第十九章 …………… 325	第三十八章 …………… 342

梁惠王上

　　这一篇孟子主要向梁惠王和齐宣王阐明了治国的方法。孟子认为，治国当以仁义为依归，实行孔子的"大道之行，天下为公"的宗旨。孟子主张"民为贵，社稷次之，君为轻"。文章分析了急功近利就会弑君杀父，躬行仁义则会忠君孝父，告诉人们"先义后利"，才能修身齐家治国平天下的道理。

　　在孟子看来，只追求利益，会使人忽略对道德的完善和培养，使行动失去适宜的准绳。"天下熙熙，皆为利来；天下攘攘，皆为利往。"由此可见，利对人的诱惑是十分巨大的。

　　在社会主义建设的新时期，个人的"利"，只要不损害别人的利益，并且和集体、国家的"利"在大方向上一致，追求它就是合理的，并且对社会也是有好处的。

　　在市场经济条件下，"利"多指"权力""金钱"等，很多人获取了很多物质财富，但是精神空虚，忽略精神层面追求。对这样的人而言，孔子、孟子的话，无疑是一味"清醒剂"。孟夫子的"义利观"对我们今天公民的道德规范建设，也很有借鉴意义。

　　对此篇的内容，过去常有误解。误解的原因有古文太过简约，也有语句理解的歧义，但最主要还是后儒们的过度理解乃至歪曲诠释。但如果能了解当时魏国的实情，设身处地、平心而论，应该说那不过是人之常情，无可厚非，尽管确实是急功近利了一点。孟子想告诉人们的道理就是"人心"关乎世道，得人心者得天下，所以也更容易为人们所接受。

孟 子

第一章

　　孟子见梁惠王❶。王曰："叟❷不远千里而来，亦将有以利吾国乎？"

　　孟子对曰："王何必曰利？亦有仁义而已矣。王曰'何以利吾国'，大夫曰'何以利吾家'，士庶人❸曰'何以利吾身'，上下交征❹利而国危矣。万乘之国❺，弑❻其君者，必千乘之家；千乘之国，弑其君者，必百乘之家。万取千焉，千取百焉，不为不多矣。苟为后义而先利，不夺不餍❼。未有仁而遗其亲者也，未有义而后其君者也。王亦曰仁义而已矣，何必曰利？"

注释

❶ 梁惠王：即魏惠王，名罃（yīng）。因魏国都城在大梁，故又称梁惠王。

❷ 叟（sǒu）：对老人的尊称，相当于今天的老先生、老人家。

❸ 士庶人：士族和庶人。庶人即老百姓。

❹ 交征：互相争夺。征，是取的意思。

❺ 万乘（shèng）之国：指战国时期的大国，具有万乘兵车的国家。

❻ 弑（shì）：古代地位低的人杀害地位高的人叫弑。

❼ 餍（yàn）：在这里是满足的意思。

梁惠王上

解读

孟子去晋见梁惠王。梁惠王问道:"老先生,您不远千里来到我们国家,将会给我们国家带来什么利益呢?"

孟子回答道:"大王啊,为什么一定要利益呢?有仁义就可以了。王说:'怎么样才能给我们国家带来利益?'大夫说:'怎么样才能对我们家有利?'一些小官、平民也说:'怎么样才能对我们自己有利?'从上到下的所有人都去追逐利益,那这个国家就危险了。拥有万乘兵车的大国,国君一定会被那些拥有千乘的大夫所篡弑;拥有千乘兵车的中等国家,国君一定会被那些拥有百乘的大夫所篡弑。万乘被千乘取代,千乘被百乘取代的例子,不能算不多啊。如若把私利放在第一位,把公义放在其次,那么那些大夫如果不把国君的全部产业和权势夺过去,就永远不会满足。从来没有崇尚'仁'的人会做出遗弃父母的事,也从来没有信奉'义'的人会做出不忠诚君主的事。惠王您只提倡'仁'和'义'就行了,为什么张口闭口都要谈利益呢?"

孟 子

第二章

孟子见梁惠王。王立于沼上，顾鸿雁麋鹿，曰："贤者亦乐此乎？"

孟子对曰："贤者而后乐此，不贤者虽有此不乐也。《诗》云❶：'经始❷灵台❸，经之营之。庶民攻之，不日成之。经始勿亟，庶民子来❹。王在灵囿，麀鹿攸伏。麀鹿濯濯，白鸟鹤鹤❺。王在灵沼，于牣鱼跃。'文王以民力为台为沼，而民欢乐之，谓其台曰'灵台'，谓其沼曰'灵沼'，乐其有麋鹿鱼鳖。古之人与民偕乐，故能乐也。《汤誓》曰❻：'时日害丧❼？予及女❽偕亡！'民欲与之偕亡，虽有台池鸟兽，岂能独乐哉？"

注释

❶《诗》云：此处引自《诗经·大雅·灵台》，是描述赞美周文王的诗歌。全诗共四章，文中引的是前两章。

❷ 经始：在这里是开始规划营造的意思。

❸ 灵台：台榭名，故址在今陕西西安西北。

❹ 庶民子来：老百姓像儿子似的来修建灵台。

❺ 鹤鹤：指羽毛洁白的样子。

❻《汤誓》：《尚书》篇名，商汤讨伐夏桀的誓师词。

❼ 时日害丧：这太阳什么时候毁灭呢？时，这。害，何，何时。丧，毁灭。

❽ 予及女：我和你。女，同"汝"，你。

梁惠王上

解读

孟子拜见梁惠王。梁惠王站在池塘边上，一面顾盼着鸿雁麋鹿等飞禽走兽，一面说："贤德的人也喜欢享受这种快乐吗？"

孟子回答说："只有贤德的人才能享受这种快乐，不贤德的人即使是拥有这些东西也享受不到这种快乐。《诗经•大雅•灵台》中说：'开始筑灵台，测量又经营，百姓齐建造，不久便建成。动工无须督促，百姓自然赶来。文王偶来游灵囿，母鹿伏地自悠悠，母鹿又肥又美，白鸟羽毛洁白。王到灵沼上，满池鱼跳跃。'周文王虽然动用民力兴建高台深池，百姓却高高兴兴，把他的高台称为'灵台'，把他的深池叫'灵沼'，还很高兴文王拥有许多种类的禽兽鱼鳖。古代的贤人能够与民同乐，所以他自己也能得到真正的快乐。与之相反，《尚书•汤誓》中记载了老百姓憎恨夏桀的怨歌：'太阳啊，你什么时候毁灭呢？我们情愿跟你一道去死！'夏桀作为一国之王，竟然使广大人民怨恨到不想再活下去的地步，那他即使拥有高台深池，奇禽异兽，又怎么可能独自享受而不受影响呢？"

第三章

梁惠王曰："寡人❶之于国也，尽心焉耳矣❷！河内凶❸，则移其民于河东，移其粟于河内，河东凶亦然。察邻国之政，无如寡人之用心者。邻国之民不加少❹，寡人之民不加多，何也？"

孟子对曰："王好战，请以战喻。填然❺鼓之，兵刃既接，弃甲曳兵❻而走❼。或百步而后止，或五十步而后止。以五十步笑百步，则何如？"

曰："不可！直不百步耳，是亦走也。"

孟　子

曰："王如知此，则无望民之多于邻国也。不违农时，谷不可胜⑧食也；数罟⑨不入洿池，鱼鳖不可胜食也；斧斤以时入山林，材木不可胜用也。谷与鱼鳖不可胜食，材木不可胜用，是使民养生丧死无憾也。养生丧死无憾，王道之始也。五亩之宅，树之以桑，五十者可以衣帛⑩矣；鸡豚狗彘之畜，无失其时，七十者可以食肉矣；百亩之田，勿夺其时，数口之家可以无饥矣；谨庠序⑪之教，申之以孝悌之义，斑白者不负戴于道路矣。七十者衣帛食肉，黎民不饥不寒，然而不王者未之有也。狗彘食人食而不知检⑫，途有饿莩⑬而不知发。人死，则曰：'非我也，岁也。'是何异于刺人而杀之，曰：'非我也，兵也。'王无罪岁，斯天下之民至焉。"

注释

① 寡人：寡德之人，是古代国君对自己的谦称。

② 尽心焉耳矣：真是费尽心力了。尽心，费尽心思；焉耳矣，都是句末助词，重叠使用，增强语气。

③ 凶：指凶年，即谷物收成不好，荒年。

④ 加少：在这里是减少的意思。

⑤ 填然：在这里是鼓声充盈的意思。古代作战，以击鼓表示进军，以鸣金表示退兵。

⑥ 曳（yè）兵：拖着兵器。曳，是拖、拉、牵引的意思。

⑦ 走：古代所说的走，相当于现在所说的跑；而现在所说的走，在古代称为步。

⑧ 胜：在这里是完、尽的意思。

⑨ 数罟（cù gǔ）：是指网孔细密的渔网。

⑩ 衣帛：穿上丝织品的衣服。衣，穿。

⑪ 庠序：都指学校。商（殷）代叫序，周代叫庠。

⑫ 检：通敛。收积、储藏的意思。
⑬ 饿莩（è piǎo）：是指饿得快死的人。

> **解读**

梁惠王说："我对国家的治理，很尽心竭力的吧！河内发生灾荒，就把那里的灾民移往河东，把河东的粮食运到河内。当河东发生灾荒的时候，我也是这样做的。看看邻国的君主主办政事，没有像我这样尽心尽力的。可是，邻国的百姓并不见减少，而我的百姓并不见增多，这是什么原因呢？"

孟子回答道："大王您喜欢打仗，就让我用打仗来打比方吧。战鼓咚咚敲响，交战激烈了，战败的士兵丢盔弃甲拖着武器逃跑，有的跑了上百步才停下，有的跑了五十步就停了脚。跑了五十步的人因此就去讥笑跑了一百步的人，您觉得行不行呢？"

梁惠王说："不行。他只不过没有逃跑到一百步罢了，可是这也同样是逃跑呀！"

孟子说："大王您既然懂得这个道理，就不必去期望您的国家的民众比邻国增多啦。只要不违背农时，那粮食就吃不完；密孔的渔网不入池塘，那鱼鳖水产就吃不完；砍伐林木有定时，那木材便用不尽。粮食和鱼类吃不完，木材用无尽，这样便使老百姓能够养活家小，葬送死者而无遗憾了。老百姓养生送死没有缺憾，这正是王道的开始。在五亩大的住宅田旁，种上桑树，上了五十岁的人就可以穿着丝绸了；鸡鸭猪狗不失时节地繁殖饲养，上了七十岁的人就可以经常吃到肉食了；一家一户所种百亩的田地不误农时得到耕种，数口之家就不会闹灾荒了。注重乡校的教育，强调孝敬长辈的道理，须发花白的老人们就不再会肩挑头顶，出现在道路上了。年满七十岁的人能穿上丝绸、吃上鱼肉，老百姓不缺衣少食，做到了这些，还不能使天下归服，是从来没有过的。猪狗吃的是人吃的食物而不知道设法制止，路上出现饿死的人而不知道赈济饥民，人死了反而说'与我无关,是年成不好的缘故',这和把人杀了反而说'与我无干,是武器杀的'又有什么不同呢?大王您要能够不归罪于荒年,这样,普天下的百姓便会涌向您这儿来了。"

第四章

梁惠王曰:"寡人愿安①承教。"

孟子对曰:"杀人以梃②与刃,有以异乎?"

曰:"无以异也。"

"以刃与政,有以异乎?"

曰:"无以异也。"

曰:"庖③有肥肉,厩有肥马,民有饥色,野有饿莩,此率兽而食人也。兽相食,且人恶④之。为民父母,行政不免于率兽而食人,恶在其为民父母也?仲尼曰:'始作俑⑤者,其无后乎!'为其象⑥人而用之也。如之何其使斯民饥而死也?"

注释

① 安:在这里是安心、乐意、心甘情愿的意思。

② 梃(tǐng):是木棍、棍棒的意思。

③ 庖(páo):在这里指的是厨房。

④ 恶(wù):在这里是讨厌、憎恨的意思。

⑤ 俑(yǒng):古代陪葬用的土偶、木偶。

⑥ 象:同"像"。

> **解读**

梁惠王说:"我很乐意听到您的指教。"

孟子答道:"用木棒和用刀子杀人,有什么不同吗?"

梁惠王说:"没有什么不同。"

孟子接着问:"用刀子和用政治杀人有什么不同吗?"

梁惠王回答说:"也没有什么不同。"

孟子说:"您的厨房里摆着肥美的肉食,马厩里关着健壮的马匹,可是老百姓却面带饥色,田野里横躺着饿死者的尸体,这等于是在位的人带领着禽兽在吃人啊。兽类自相残食,人们尚且厌恶。为政者作为老百姓的父母官,施行政治,却不能够免于带领禽兽来吃人,他们如何称得上是人民的父母官呢?孔子说:'第一个制作用于殉葬的木偶、土偶的人,他大概断子绝孙、灭绝后代了吧!'孔子对这个为什么会深恶痛绝呢?就是因为用了像人形貌的木偶、土偶去殉葬。像这样用人形的木偶、土偶殉葬尚且不可,为政者又怎么能够让他的人民饿死呢?"

第五章

梁惠王曰:"晋国❶,天下莫强焉,叟之所知也。及寡人之身,东败于齐,长子死焉❷;西丧地于秦七百里❸;南辱于楚❹。寡人耻之,愿比死者壹洒❺之,如之何则可?"

孟子对曰:"地方百里而可以王。王如施仁政于民,省刑罚、薄税敛,深耕易耨❻;壮者以暇日修其孝悌忠信,入以事其父兄,出以事其长上,可使制梃以挞秦楚之坚甲利兵矣。彼夺其民时,使不得耕耨以

孟 子

养其父母。父母冻饿，兄弟妻子离散。彼陷溺其民，王往而征之，夫谁与王敌？故曰：'仁者无敌。'王请勿疑！"

注释

① 晋国：韩、赵、魏三家分晋，被周天子和各国承认为诸侯国，称三家为三晋，所以，梁惠王自称魏国也为晋国。
② 东败于齐，长子死焉：公元前341年，魏与齐战于马陵，兵败，主将庞涓被杀，太子申被俘。
③ 西丧地于秦七百里：马陵之战后，魏国国势渐衰，秦屡败魏国，迫使魏国献出河西之地和上郡的十五个县，约七百里地。
④ 南辱于楚：公元前324年，魏又被楚将昭阳击败于襄陵，魏国失去八邑。
⑤ 洒（xǐ）：古同"洗"，在这里是洗掉耻辱的意思。
⑥ 易耨（nòu）：及时除草。易，疾，速，快；耨，除草。

解读

梁惠王对孟子说道："咱魏国的强大，当时普天之下是谁也赶不上的，这个事实您自然很清楚。但到我执政时，东边和齐国交战大败，连我的大儿子都牺牲了；西边又败给秦国，被掠去七百里河西之地；南边和楚国打仗又遭败绩，使我蒙垢。我认为这真是奇耻大辱，一心想为我国所有的战死者报仇雪耻，您看怎么办才能成功呢？"

孟子回答道："土地面积只要有纵横百里大的小国就可以行'王道'，使天下归服了。魏国是个大国，您如果在国内施行仁政，减少一些刑罚，少收赋税，让老百姓有时间深耕细作，及时除草，把农田整治得好好的，还使年轻人有时间孝顺父母、敬爱兄长，待人心诚忠厚，恪守信用的道德情操，并且以良好的德行在家侍奉父兄，在外尊重长官。在具有如此良好的品德之后，就是仅仅制造些木棒，也足以抗击拥有坚硬盔甲和锐利武器的秦、楚军队了。这是因为秦国、楚国那些国家，成天叫人们备战消耗了他们的时间，因而使得老百姓无法从事农耕以养活父母；他们的父母受冻挨饿，兄弟妻子东逃西散，秦、楚的国君使他们的老百姓陷入灾难的深渊，您带领部队讨伐，还会有谁来抵抗呢？老话曾说道：'仁德的人是不可战胜的。'您就别怀疑了吧！"

第六章

孟子见梁襄王❶。出，语人曰："望之，不似人君；就之，而不见所畏焉。卒❷然问曰：'天下恶乎定？'吾对曰：'定于一❸。''孰能一之？'对曰：'不嗜杀人者能一之。''孰能与❹之？'对曰：'天下莫不与也。王知夫苗乎？七八月之间旱，则苗槁矣。天油然❺作云，沛然❻下雨，则苗浡然兴之矣。其如是，孰能御之？今夫天下之人牧❼，未有不嗜杀人者也。如有不嗜杀人者，则天下之民皆引领而望之矣。诚如是也，民归之，由❽水之就下，沛然谁能御之？'"

> 注释
>
> ❶ 梁襄王：梁惠王的儿子，公元前318年至公元前296年在位。
> ❷ 卒：通"猝（cù）"，突然的意思。
> ❸ 定于一：是指天下归于一统就会安定。
> ❹ 与：在这里是归顺、顺从、归附的意思。
> ❺ 油然：形容云团集结、上升的样子。
> ❻ 沛然：形容雨水丰足、充沛的样子。
> ❼ 人牧：管理民众的人，即统治者。

孟　子

❽ 由：同"犹"，好像、如同的意思。

解读

孟子谒见梁襄王，出来以后，告诉别人说："远远看上去不像一个国君的样子，走近他面前却又看不到使人敬畏的地方。见了我之后，他突然问我：'天下怎样才能够安定？'我回答说：'天下归于统一就能安定。'梁襄王问道：'谁能统一天下呢？'我回答说：'不喜好杀人的国君能够统一天下。'梁襄王又问：'谁会支持和归附他呢？'我回答：'天下没有不支持和归附于他的。大王您知道禾苗生长的情况吗？七八月的时候天气干旱，禾苗都枯萎了。一旦天上乌云密布，大雨倾盆，禾苗便又蓬蓬勃勃地生长了。像这样，有谁能够阻止呢？当今天下各国的国君没有一个是不好杀人的。如果有不好杀人的，则天下的老百姓都伸长了脖子等待他来解救自己了。假如真的这样，那么老百姓归附他，就好比水往低处流，奔腾澎湃，又有谁能阻挡得了呢？'"

第七章

齐宣王❶问曰："齐桓、晋文❷之事，可得闻乎？"

孟子对曰："仲尼之徒，无道桓、文之事者，是以后世无传焉，臣未之闻也。无以，则王乎！"

曰："德何如则可以王矣？"

曰："保民而王，莫之能御也。"

曰："若寡人者，可以保民乎哉？"

曰："可。"

曰："何由知吾可也？"

曰："臣闻之胡龁❸曰，王坐于堂上，有牵牛而过堂下者，王见之曰：'牛何之？'对曰：'将以衅钟❹。'王曰：'舍之，吾不忍其觳觫❺，若无罪而就死地。'对曰：'然则废衅钟与？'曰：'何可废也？以羊易之！'不识有诸？"

曰："有之。"

曰："是心足以王矣。百姓皆以王为爱❻也，臣固知王之不忍也。"

王曰："然，诚有百姓者。齐国虽褊❼小，吾何爱一牛？即不忍其觳觫，若无罪而就死地，故以羊易之也。"

曰："王无异于百姓之以王为爱也。以小易大，彼恶知之？王若隐其无罪而就死地，则牛羊何择焉？"

孟 子

王笑曰:"是诚何心哉?我非爱其财而易之以羊也,宜乎百姓之谓我爱也。"

曰:"无伤也,是乃仁术也,见牛未见羊也。君子之于禽兽也,见其生不忍见其死,闻其声不忍食其肉,是以君子远庖厨也。"

王说曰:"《诗》云:'他人有心,予忖度之。'夫子之谓也。夫我乃行之,反而求之,不得吾心。夫子言之,于我心有戚戚焉。此心之所以合于王者,何也?"

曰:"有复于王者曰:'吾力足以举百钧[8],而不足以举一羽;明足以察秋毫之末[9],而不见舆薪[10]。'则王许之乎?"

曰:"否。"

"今恩足以及禽兽,而功不至于百姓者,独何与?然则一羽之不举,为不用力焉;舆薪之不见,为不用明焉;百姓之不见保,为不用恩焉。故王之不王,不为也,非不能也。"

曰:"不为者与不能者之形何以异?"

曰:"挟太山以超北海,语人曰'我不能',是诚不能也;为长者折枝,语人曰'我不能',是不为也,非不能也。故王之不王,非挟太山以超北海之类也;王之不王,是折枝之类也。老吾老,以及人之老;幼吾幼,以及人之幼。天下可运于掌。《诗》云:'刑[11]于寡妻,至于兄弟,以御于家邦。'言举斯心加诸彼而已。故推恩足以保四海,不推恩无以保妻子。古之人所以大过人者,无他焉。善推其所为而已矣。今恩足以及禽兽,而功不至于百姓者,独何与?权[12],然后知轻重;度,然后知长短。物皆然,心为甚,王请度之。抑[13]王兴甲兵,危士臣,构怨于诸侯,然后快于心与?"

王曰:"否,吾何快于是?将以求吾所大欲也。"

曰:"王之所大欲可得闻与?"

王笑而不言。

曰:"为肥甘不足于口与?轻暖不足于体与?抑为采色不足视于目与?声音不足听于耳与?便嬖[13]不足使令于前与?王之诸臣皆足以供之,而王岂为是哉?"

曰:"否!吾不为是也。"

曰:"然则王之所大欲可知已:欲辟土地,朝秦楚,莅中国而抚四夷也。以若所为,求若所欲,犹缘木而求鱼也。"

王曰:"若是其甚与?"

曰:"殆有甚焉!缘木求鱼,虽不得鱼,无后灾;以若所为,求若所欲,尽心力而为之,后必有灾。"

曰:"可得闻与?"

曰:"邹[15]人与楚人战,则王以为孰胜?"

曰:"楚人胜。"

曰:"然则小固不可以敌大,寡固不可以敌众,弱固不可以敌强。海内之地,方千里者九,齐集有其一。以一服八,何以异于邹敌楚哉?盖亦反其本矣。今王发政施仁,使天下仕者皆欲立于王之朝,耕者皆欲耕于王之野,商贾皆欲藏于王之市,行旅皆欲出于王之涂[16],天下之欲疾其君者,皆欲赴愬[17]于王。其若是,孰能御之?"

王曰:"吾惛,不能进于是矣,愿夫子辅吾志,明以教我;我虽不敏,请尝试之。"

曰:"无恒产而有恒心者,唯士为能;若民,则无恒产,因无恒心。苟无恒心,放辟邪侈,无不为已。及陷于罪,然后从而刑之,是罔民也。焉有仁人在位罔民而可为也?是故明君制民之产,必使仰足以事

孟 子

父母，俯足以畜妻子，乐岁终身饱，凶年免于死亡；然后驱而之善，故民之从之也轻。今也制民之产，仰不足以事父母，俯不足以畜妻子，乐岁终身苦，凶年不免于死亡。此惟救死而恐不赡，奚暇治礼义哉？王欲行之，则盍⑱反其本矣：五亩之宅，树之以桑，五十者可以衣帛矣；鸡豚狗彘之畜，无失其时，七十者可以食肉矣；百亩之田，勿夺其时，数口之家可以无饥矣；谨庠序之教，申之以孝悌之义，斑白者不负戴于道路矣。老者衣帛食肉，黎民不饥不寒，然而不王者，未之有也。"

注释

① 齐宣王：姓田，名辟疆。齐威王的儿子，约公元前319年至301年在位。

② 齐桓、晋文：指齐桓公和晋文公。齐桓公，春秋时齐国国君，公元前685年至前643年在位，是春秋时第一个霸主；晋文公，春秋时晋国国君，公元前636至前628年在位，也是"春秋五霸"之一。

③ 胡龁（hé）：人名，齐宣王身边的近臣。

④ 衅（xìn）钟：古代杀牲以血涂钟行祭。

⑤ 觳觫（hú sù）：是指因恐惧而发抖的样子。

⑥ 爱：在这里是吝啬的意思。

⑦ 褊（biǎn）：在这里是狭小、狭隘的意思。

⑧ 钧：古代重量单位，三十斤为一钧。

⑨ 秋毫之末：是指细微难见的东西。

⑩ 舆薪：一车柴，体形很大。舆，车子；薪，木柴。

⑪ 刑：同"型"，指树立榜样，做示范。

⑫ 权：本指秤锤，这里用作动词，指称物。

⑬ 抑：选择连词，相当于现代汉语的"还是"。

⑭ 便嬖（pián bì）：能说会道，善于迎合的宠臣，亲信。

⑮ 邹：国名，就是当时的邾国，国土很少，首都在今山东邹县东南的邾城。

⑯ 涂：同"途"。

⑰ 愬（sù）：通"诉"，控告，仇恨。

⑱ 盍（hé）："何不"的合音字，为什么不。

解读

齐宣王问道："关于齐桓公、晋文公的事迹，您听说过吗？"

孟子回答说："孔子师徒们没有讲齐桓公、晋文公事迹的，所以后世没有流传下来，我也就没有听说。实在没有什么好谈的话，那就让我来讲讲王道吧？"

"德行怎么样才能实行王道呢？"

"通过爱护、安抚人民来称王，就没有能抵挡的。"

"像我这样可以做到爱护、安抚人民吗？"

"可以的。"

"怎么知道我可以呢？"

"我听胡龁说，有一次您坐在堂上，有人牵牛从堂下过，您看了，问道：'牛要牵到哪里去啊？'回答说将要杀了祭钟。您说：'放了吧，我不忍心看到它们临死吓得哆嗦的样子。就像无辜的人却要走上死路。'别人就问道：'那么祭钟的礼仪就不搞了？'您说：'怎么可以不搞？换只羊吧。'这件事不知是否确有其事？"

"有的。"

"您的这种爱心就足以称王。老百姓都说您是吝惜牛，但我知道您是基于爱心的不忍。"

王说："对，确实有人这样议论我。齐国虽小，但我还没有到舍不得一头牛的地步。我是不忍心看到牛临死吓得哆嗦的样子，就像无辜的人却要走上死路，所以用羊来替换。"

孟子说:"那您就不要奇怪老百姓议论您舍不得一头牛了。用小的换大的,他们怎么能知道您的用意呢?大王您如果真的对无辜走上死路的人抱有同情,那牛和羊有什么挑拣的呢?"

王笑着说:"这些人的心思怎么这么想啊?我并不是爱财才用羊来替换的。但百姓以为我爱财确也有道理。"

孟子说:"百姓这样想并不要紧。大王您这种怜悯之心恰恰是到达仁的必由之途,只是看到牛未看到羊罢了。君子对待动物的态度,总是乐见其生,而不忍其死。听到它们的叫声,就不忍吃它们的肉了。所以君子都远离厨房以及烹饪之事。"

王高兴地说:"《诗经》上说:'别人心里想什么,我揣摩能够知道。'您就属于这种情况啊。当我做一件事情的时候,反躬自问,却说不出要做的理由。您所说的,使我心有共鸣。这种心思能与王道相合,是为什么呢?"

孟子说:"如果有人又对大王说:'我的力气足以举起百钧的东西,但却举不起一根羽毛;眼力能够看见很细小的毛发,但却看不见一车木柴。'您信这话吗?"

"我不信。"

"现在大王您的爱心能够施及鸟兽,但却不能对百姓有所恩泽,这是为何呢?所以说,一根羽毛举不起,那是他不用力;看不到一车木柴,那是因为他不用心看;百姓得不到爱护,那是因为您不对他们施以恩泽。所以大王您之所以不能称王于天下,那是由于您不去做,而并非做不到。"

"不去做与做不到有什么差别吗?"

"抱着泰山要跨越北海这样的事,如果告诉别人说'我做不到',那是真的做不到。替长者挠痒,告诉别人说'我做不到',那是不愿去做,并非做不到。所以大王您之所以不能称王于天下,并非是像抱着泰山要跨越北海做不到,而是像替长者挠痒那样,您不愿做罢了。孝敬自己的老人,同时也善待别人家的老人;疼爱自己的孩子,同时也爱护别人的孩子。一切政治措施都由这一原则出发，要统一天下就像在手心里转动东西那么容易了。《诗经》上说：'先给妻子做出表率，然后推广到兄弟那里，直至在封邑邦国之内都称得上楷模。'说的就是把自己的这份心也施之于别人。所以说把自己的爱心恩惠推而广之，四海之内都可保安定；如果不这样，那连自己的妻子孩子也不能保护好。古人之所以有那么大的过人之处，没什么其他原因，主要是由于他们能够把自己的善行推而广之。现在大王您的爱心能够施及鸟兽，但却不能对百姓有所恩泽，这是为何呢？物体称一称，才能知道它的轻重；量一量，才能知道它的长短。万物莫不如此，人心尤其是这样的。大王您还是好好想想吧。难道大王您大动干戈，挑起战争，置自己的将士于险境，和其他诸侯结怨，您心里才高兴吗？"

王说："不会的，这样我有什么高兴的？我只是在追求大的目标。"

"大王您大的目标，可以说来让我听听吗？"

王笑着不说。

"难道是美味还不能满足您的口欲？还是华服还不能满足您的躯体？或者是色彩还不能满足您的眼睛的欲望？还是音乐还不能满足您的耳朵的欲望？还是妃嫔侍女不够您驱使？大王您的臣下都能够做到这些了，难道您还做不到？"

"不是，我所追求的并不是这些东西。"

"那么您最大的欲望就可以知道了。您是想开疆拓土，让秦楚这样的大国来朝，独霸中原而安抚四夷。以您现在所做的要去达到您最大的欲望，简直好像爬上树去捉鱼一样。"

"有这么严重吗？"

"恐怕还有超过这个的。上树去捉鱼，虽然捉不到鱼，但不会有灾祸；以您所为，来追求您的目标，尽心尽力地去做，后面一定会有灾祸发生。"

"能说来听听吗？"

"邹国人与楚国人打仗，您认为谁会获胜？"

"楚人会获胜。"

"所以弱小的肯定打不过强大的一方,人少的也打不过人多的一方。中国的地域内,方圆千里的大国有九个,齐国只不过占有其中之一。以这其中之一企图使其他八个都顺服,这和邹国与楚国开战有什么区别呢?所以还是要从根本上做起。

"如今大王您施行仁政,让天下愿意做官的人都想到您的朝堂上来,种田的也都想到您的田野里耕种,经商的人都想到您这里做生意,把财富藏到您这里来,出门远行的人都想从您的路上过,天下对自己君主不满的人都想到您这里来诉苦。如果这样的话,有谁能抵御呢?"

王说:"我头脑糊涂了,做不到这样。希望您能辅佐我,给我以教诲。我虽然不聪明,也还是愿意试着去做。"

孟子说:"没有固定的财产却有一颗恒常之心,这样的人,就要属他们这些士了。像平民百姓,他们没有固定财产,也没有什么恒常之心。如果没有恒常之心,那就什么坏事都会做。等到他们犯了罪,然后用刑罚制裁他们,这等于是陷害他们。难道有仁德的人在位还会去蒙蔽人民吗?所以贤明的君主总是想着为人民安产固业,让他们对上养得起父母,对下养得起妻子、孩子。年成好的时候衣食足用,年成不好的时候也不至于死亡。然后再教老百姓向善,那人们做起来就会很容易的。但现在为老百姓搞的这点产业,上养不起父母,下养不起妻子、孩子。年成好的时候也是生活困苦,年成不好的时候避免不了死亡。这样救死的时间犹感不足,哪里有空去讲什么礼义?王如果真想行王道,您何不从根本上做起呢?五亩的宅地,种上桑树,五十岁的人都可以穿上丝帛衣服;饲养鸡狗猪等家畜,不违背它们的时令,七十岁的人就都可以有肉吃。百亩的良田,不违背农时,那么一大家子的人就不会有饥荒。认真搞好对老百姓的教育,宣扬孝悌的道理,这样白发的老者就不至于还要奔波于道路。七十岁的人都能够穿上丝帛、吃得上肉,老百姓都不遭受饥荒、冻馁,能做到这样还无法称王,是不会有的。"

梁惠王下

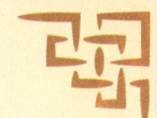

本篇仍然是继续"孟子见梁惠王上"的话题,即君王如何施行"仁政"和"与民同乐"。事实上,能够施行仁政的君王,就一定能"与民同乐",不能"与民同乐"的君王,肯定不能施行"仁政"。齐宣王问曰:"交邻国有道乎?"孟子对曰:"有。唯仁者为能以大事小,是故汤事葛,文王事昆夷;唯智者为能以小事大,故太王事獯鬻,勾践事吴。以大事小者,乐天者也;以小事大者,畏天者也。乐天者保天下,畏天者保其国。"

这里涉及两个方面的问题,一是外交策略,二是匹夫之勇与大勇的问题。此前孟子的谈论,主要是内政问题,而这一次齐宣王开口便问:"交邻国有道乎?"直端端地把问题引向了外交。孟子于是做出了他的外交策略阐述。那就是大国要仁,不要搞大国沙文主义和霸权主义,而要和小国友好相处。另外,小国要智,不要搞闭关锁国,不要夜郎自大,而要和大国搞好外交关系。

做到了这两方面,那么,就会出现大国安定天下,小国安定国家的世界和平格局。而做到这两方面的心理基础,便是大国以天命为乐,顺应"天地生万物"的好生之德,不欺负弱小,替天行道;小国敬畏天命,服从天命,不与大国为敌,以维护自己的生存。这里的天命不一定做神秘化的理解,而就是历史、地理条件和时代形成的国际大趋势。

孟子在这里所阐述的外交策略并不深奥,其中大国、小国的做法,在后世乃至于今天也仍然是有参考意义的。

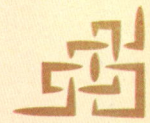

孟子

第一章

庄暴❶见孟子，曰："暴见于王❷，王语暴以好乐，暴未有以对也。"

曰："好乐何如？"

孟子曰："王之好乐甚，则齐国其庶几❸乎！"

他日，见于王曰："王尝语庄子以好乐，有诸？"

王变乎色，曰："寡人非能好先王之乐也，直好世俗之乐耳。"

曰："王之好乐甚，则齐其庶几乎！今之乐，犹古之乐也。"

曰："可得闻与？"

曰："独乐乐❹，与人乐乐，孰乐？"

曰："不若与人。"

曰："与少乐乐，与众乐乐，孰乐？"

曰："不若与众。"

"臣请为王言乐。今王鼓乐于此，百姓闻王钟鼓之声，管籥之音，举疾首蹙頞❺而相告曰：'吾王之好鼓乐，夫何使我至于此极也：父子不相见，兄弟妻子离散。'今王田猎❻于此，百姓闻王车马之音，见羽旄❼之美，举疾首蹙頞而相告曰：'吾王之好田猎，夫何使我至于此极也：父子不相见，兄弟妻子离散。'此无他，不与民同乐也。今王鼓乐于此，百姓闻王钟鼓之声，管籥之音，举欣欣然有喜色而相告曰：'吾王庶几无疾病与，何以能鼓乐也？'今王田猎于此，百姓闻王车马之音，见羽旄之美，举欣欣然有喜色而相告曰：'吾王庶几无疾病与，何以能田猎也？'此无他，与民同乐也。今王与百姓同乐，则王矣！"

注释

① 庄暴：人名，是齐国的一位大臣。
② 王：这里的王指的是齐宣王。
③ 庶几：差不多的意思，但只用于积极的方向。
④ 独乐乐：独自一人娱乐的快乐。前一个"乐（yuè）"作动词用，以下几句类似的句子同。
⑤ 举疾首蹙頞（cù è）：都是忧愁的样子。蹙，收紧；頞，额头。
⑥ 田猎：在野外打猎。在春秋战国时代，这是一项带有军事训练性质的活动。
⑦ 羽旄（máo）：古时常用鸟羽和旄牛尾为旗饰，故亦为旌旗的代称。

解读

齐国的大臣庄暴见到孟子，说："齐宣王召见我，告诉我他喜欢音乐，我不知道应该怎样回答。"

接着庄暴又问孟子："爱好音乐，究竟好不好呢？"

孟子说："齐王非常喜欢音乐，那么齐国差不多就可以治理好了啊！"

过了几天，孟子被齐宣王召见，孟子问道："大王您曾经告诉庄暴说您喜欢音乐，有没有这么一回事呢？"

齐宣王一听，马上变了脸色，说："我所喜欢的音乐并不是喜欢先王遗留下来的古乐，只是喜欢一些世俗流行的音乐罢了。"

孟子说："如果大王您十分喜欢音乐，那么齐国差不多就可以治理好了。现在流行的音乐和古代的音乐都是一样的。"

齐宣王问："可以把这个道理说给我听听吗？"

孟子就说："单独一个人欣赏音乐很快乐，与别人一起欣赏音乐也很快乐，但究竟哪一种情况更快乐呢？"

齐宣王回答说："当然跟别人一起欣赏音乐更快乐些。"

孟子又问："跟少数人一起欣赏音乐很快乐，跟多数人一起欣赏音乐也很快乐。但究竟哪一种更快乐一些呢？"

齐宣王回答说："当然是跟多数人一起欣赏音乐更快乐。"

孟子紧接着说："请让我为您谈谈该怎样享受欣赏音乐的乐趣吧。假如大王您在这里演奏音乐，老百姓听到大王您的钟鼓的声音和箫笛吹出的曲调，全都痛心疾首、皱紧眉头互相诉苦说：'我们的大王如此喜欢音乐，为什么却使我们受苦到这种地步呢：父母兄弟天各一方、妻离子散。'假若大王您在这里打猎，老百姓听到大王您车马的声音，看到大王装饰得艳丽的旗帜，全都痛心疾首、皱紧眉头互相诉苦说：'我们的大王如此喜欢打猎，为什么却使我们受苦到这种地步呢：父母兄弟天各一方、

妻离子散。'这没有别的原因，只是由于大王不能与民一同享乐罢了。假如大王您在这里演奏音乐，老百姓听到大王您的钟鼓的声音和箫笛吹出的曲调，全都高高兴兴面带喜色地奔走相告：'我们的大王大概没有什么疾病吧，不然怎么能够奏乐呢？'假若大王您在这里打猎，老百姓听到大王您车马的声音，看到大王装饰得艳丽的旗帜，全都高高兴兴面带喜色地奔走相告：'我们的大王大概没有什么疾病吧，不然怎么能够打猎呢？'这也没有别的原因，只是由于大王能够与民一同享乐罢了。如果大王您能够与百姓一同享乐，那么就能够使人民归服您而统一天下了。"

第二章

齐宣王问曰："文王❶之囿❷方七十里，有诸？"

孟子对曰："于传❸有之。"

曰："若是其大乎？"

曰："民犹以为小也！"

曰："寡人之囿方四十里，民犹以为大，何也？"

曰："文王之囿方七十里，刍荛者❹往焉，雉兔者往焉，与民同之。民以为小，不亦宜乎？臣始至于境，问国之大禁，然后敢入。臣闻郊关❺之内有囿方四十里，杀其麋鹿者如杀人之罪，则是方四十里为阱❻于国中。民以为大，不亦宜乎？"

注释

❶ 文王：指周文王，公元前1152年至前1056年在位。

❷ 囿（yòu）：养动物种花木的园子，古时称为苑囿。

③ 传(zhuàn)：叙述历史故事的作品，即古书，史籍。

④ 刍荛（chú ráo）者：割牧草和打柴的人。刍，本指饲料；荛，本指柴火。

⑤ 郊关：古代近郊五十里，远郊百里，这里是指远郊。

⑥ 阱（jǐng）：捕捉野兽用的陷坑。

解读

齐宣王问道："周文王的园林，听说有七十里大，真有这回事吗？"

孟子答道："古书上有这样的记载。"

宣王说："真有这么大吗？"

孟子说："老百姓还觉得小哩。"

宣王说："我的园林只有四十里，老百姓就认为太大了，这是为什么呢？"

孟子说："文王的园林纵横七十里，割草打柴的可以去，打鸟捕兽的也可以去。和老百姓一同享用，老百姓认为太小，这不很自然吗？我刚到齐国边界，先问明白了贵国最大的禁令后，才敢入境。我听说在齐国都城郊外有一个园林，纵横四十里，谁要杀死了里面的麋鹿，就等于犯了杀人罪。那么，这方圆四十里的场地，对百姓来说，等于是在国内布置了一个陷阱，他们认为太大了，不是很自然的吗？"

第三章

齐宣王问曰："交邻国有道乎？"

孟子对曰："有。惟仁者为能以大事小，是故汤事葛①，文王事昆夷②；惟智者为能以小事大，故太王③事獯鬻④，勾践⑤事吴。以大事小者，乐天者也；以小事大者，畏天者也。乐天者保天下，畏天者保其国，《诗》云：'畏天之威，于时保之。'"

王曰："大哉言矣！寡人有疾，寡人好勇。"

对曰："王请无好小勇。夫抚剑疾视曰：'彼恶敢当我哉！'此匹夫之勇，敌一人者也，王请大之。《诗》云：'王赫斯❻怒，爰整其旅，以遏徂莒❼，以笃于周祜，以对于天下。'此文王之勇也，文王一怒而安天下之民。《书》曰：'天降下民，作之君，作之师。惟曰其助上帝，宠之四方。有罪无罪，惟我在，天下曷敢有越厥志？'一人衡行❽于天下，武王耻之，此武王之勇也，而武王亦一怒而安天下之民。今王亦一怒而安天下之民，民唯恐王之不好勇也！"

注释

❶ 汤事葛：汤，商汤，商朝的创建人。葛，葛伯，葛国的国君。

❷ 文王事昆夷：文王，周文王。昆夷，也写作"混夷"，周朝初年的西戎国名。

❸ 太王：周文王的祖父，即古公亶父。

❹ 獯鬻（xūn yù）：是处于周西方和北方的少数民族。

❺ 勾践：春秋时越国国君，公元前497年至前465年在位。

❻ 赫斯：在这里是指发怒的样子。

❼ 遏：止；徂(cú)：往，到；莒（jǔ）：古国名，公元前431年被楚国消灭。

❽ 衡行：通"横行"。

解读

齐宣王问道："和邻国交往有什么讲究吗？"

孟子回答说："有。只有有仁德的人才能够以大国的身份侍奉小国，所以商汤侍奉大国，周文王侍奉昆夷。只有有智慧的人才能够以小国的身份侍奉大国，所以周太王侍奉獯鬻，越王勾践侍奉吴王夫差。以大国身份侍奉小国的，是以天命为乐的人；以小国身份侍奉大国的，是敬畏天命的人。以天命为乐的人安定天下，敬畏天命的人安定自己的国家。《诗经》说：'畏惧上天的威灵，因此才能够安定。'"

宣王说："先生的话可真高深呀！不过，我有个毛病，就是逞强好勇。"

孟子说："那就请大王不要好小勇。有的人动辄按剑瞪眼说：'他怎么敢抵挡我呢？'这其实只是匹夫之勇，只能与个把人较量。大王请不要喜好这样的匹夫之勇！《诗经》说：'文王义愤激昂，发令调兵遣将，把侵略莒国的敌军阻挡，增添了周国的吉祥，不辜负天下百姓的期望。'这是周文王的勇。周文王一怒便使天下百姓都得到安定。《尚书》说：'上天降生了老百姓，又替他们降生了君王，降生了师表，这些君王和师表的唯一责任，就是帮助上帝来爱护老百姓。所以，天下四方的有罪者和无罪者，都由我来负责，普天之下，何人敢超越上帝的意志呢？'所以，只要有一人在天下横行霸道，周武王便感到羞耻。这是周武王的勇。周武王也是一怒便使天下百姓都得到安定。如今大王如果也做到一怒便使天下百姓都得到安定，那么，老百姓就会唯恐大王不喜好勇了啊。"

第四章

齐宣王见孟子于雪宫[1]。王曰："贤者亦有此乐乎？"

孟子对曰："有。人不得，则非其上矣，不得而非其上者，非也；为民上而不与民同乐者，亦非也。乐民之乐者，民亦乐其乐；忧民之忧者，民亦忧其忧。乐以天下，忧以天下，然而不王者，未之有也。昔者齐景公问于晏子②曰：'吾欲观于转附、朝儛③，遵海而南，放于琅邪④。吾何修而可以比于先王观也？'晏子对曰：'善哉问也！天子适诸侯曰巡狩，巡狩者，巡所守也；诸侯朝于天子曰述职，述职者，述所职也。无非事者。春省耕而补不足，秋省敛而助不给。⑤夏谚曰："吾王不游，吾何以休？吾王不豫，吾何以助？一游一豫，为诸侯度⑥。"今也不然：师行而粮食，饥者弗食，劳者弗息。睊睊⑦胥谗⑧，民乃作慝。方命虐民，饮食若流。流连荒亡，为诸侯忧。从流下而忘反谓之流，从流上而忘反谓之连，从兽无厌谓之荒，乐酒无厌谓之亡。先王无流连之乐、荒亡之行，惟君所行也。'景公悦，大戒于国，出舍于郊，于是始兴发补不足，召大师曰：'为我作君臣相说之乐。'盖《徵招》《角招》⑨是也。其诗曰'畜君何尤'，畜君者，好君也。"

注释

① 雪宫：在这里指的是齐国的行宫。
② 晏子：是齐国大臣，名婴，字平仲。
③ 转附、朝儛（wǔ）：都是齐国的山名。
④ 琅邪：齐国东南部的一个城市。
⑤ 省耕：考察耕种情况；省敛：考察收获的情况。省，省视、视察。
⑥ 度：指的是法则，即取法的对象。
⑦ 睊睊：形容因愤怒而侧目而视之状。
⑧ 胥谗：互相诽谤。胥，互相。谗，因不满意而批评上级。
⑨ 《徵招》《角招》：乐曲名。徵、角，古代单音阶名称。

孟　子

解读

　　齐宣王在雪宫接见孟子。王说："贤能的人也有这种快乐吗？"

　　孟子回答说："有的。如果得不到，就会怨恨在上位的人。得不到就怨恨在上位的人，也是不对的。当然，作为百姓的父母官却不能与民同乐，也是不对的。以老百姓的快乐为快乐，那老百姓也以他的快乐为快乐。忧虑老百姓所忧虑的，老百姓也忧虑他所忧虑的。然而这样还不能称王，那还没有过。过去齐景公曾经问晏子：'我打算到转附、朝儛两座山上去游玩，然后顺着海边一直向南，直到琅邪，我怎样做才能和过去的圣王之游相比美呢？'晏子回答：'问得好呀。天子到诸侯之国去，叫巡狩。所谓巡狩，就是巡视守备疆土的国家。诸侯去朝见天子叫述职，所谓述职，就是讲述自己所担当的职事。这些没有不是具体的事情的。春天省耕而补助穷困的人，秋天少收一点来帮助不能自给的人。夏朝的谚语说："我们的王不出游，我怎么可以休息？我们的王不出游，我怎么会有补助？王一旦出来巡游，就可以作为诸侯的法度。"但现在的情况却不是这样：王一旦出游，就要耗费大量的粮食，这样饥饿的人吃不到东西，疲劳的人得不到休息。百姓都侧目怒视，于是就有人为非作歹。这无异于虐害人民，饮食耗费像流水那样不止。流连忘返没有止境。诸侯们都为之忧虑。逐流而下去游玩不知返，叫流；逆流而上去览胜而不知回，就叫连；无休止地打猎，叫荒；无休止地纵酒，叫亡。以前的明君都没有这样流、连、荒、亡的行为，您自己看看该如何去做吧。'景公很高兴，先在国都内做准备，然后到郊外拿出东西去救济穷人。而且对主管音乐的官说：'给我创作表现君臣和睦的乐曲。'这就是《徵招》《角招》两首乐歌。歌词上说：'奉养国君有什么错呢？'之所以能够奉养国君，是因为拥戴国君。"

第五章

齐宣王问曰:"人皆谓我毁明堂❶,毁诸,已乎?"

孟子对曰:"夫明堂者,王者之堂也;王欲行王政,则勿毁之矣。"

王曰:"王政可得闻与?"

对曰:"昔者文王之治岐❷也:耕者九一,仕者世禄,关市讥而不征❸,泽梁❹无禁,罪人不孥❺。老而无妻曰鳏,老而无夫曰寡,老而无子曰独,幼而无父曰孤。此四者,天下之穷民而无告者。文王发政施仁,必先斯四者,《诗》云:'哿矣富人,哀此茕独。❻'"

王曰:"善哉言乎!"

曰:"王如善之,则何为不行?"

王曰:"寡人有疾,寡人好货。"

对曰:"昔者公刘❼好货,《诗》云:'乃积乃仓,乃裹糇粮❽,于橐于囊❾,思戢用光❿;弓矢斯张,干戈戚扬⓫,爰方启行⓬。'故居者有积仓,行者有裹粮也,然后可以爰方启行。王如好货,与百姓同之,于王何有?"

王曰:"寡人有疾,寡人好色。"

对曰:"昔者太王好色,爱厥⓭妃,《诗》云:'古公亶父,来朝走马。率西水浒,至于岐下。爰及姜女,聿来胥宇。'当是时也,内无怨女,外无旷夫。王如好色,与百姓同之,于王何有?"

| 孟 子

注释

❶ 明堂：明堂的制度。有的说是为天子召见诸侯而设，有的说是天子的太庙。此处之明堂在齐国境内，可能是准备天子东巡召见诸侯时用的。

❷ 岐：地名，在今陕西岐山一带。

❸ 关市讥而不征：关，指交通要道上的关口。市，指城中的商业区。讥，检查。征，征税。

❹ 泽梁：在流水中拦鱼的一种装置。

❺ 孥：妻室儿女，这里用作动词，不孥即指不牵连妻子儿女。

❻ 哿（gě）矣富人，哀此茕（qióng）独：引自《诗经·小雅·正月》。哿，可以。茕，孤单。

❼ 公刘：人名，后稷的后代，周朝的创业始祖。

❽ 糇（hóu）粮：干粮；食粮。

❾ 橐囊（tuó náng）：两种口袋。都是盛物的东西，囊大橐小。

❿ 思：语气词，无义。戢：同"辑"，和睦。用：因而。光：发扬光大。

⓫ 干戈戚扬：在这里是指四种兵器。

⓬ 爰方启行：爰，于是；方，开始；启行，出发。

⓭ 厥：代词，他的，那个的意思。

解读

齐宣王问道："别人都建议我拆毁明堂，究竟是拆毁好呢？还是不拆毁好呢？"

孟子回答说："明堂是施行王政的殿堂。大王如果想施行王政，就请不要拆毁它吧。"

宣王说："可以把王政说给我听听吗？"

孟子回答说："从前周文王治理岐山的时候，对农民的税率是九分抽一；对于做官的人是给予世代承袭的俸禄；在关卡和市场上只稽查，不征税；任何人到湖泊捕鱼都不禁止；对罪犯的处罚不牵连妻子儿女。失去妻子的老年人叫作鳏夫；失去丈夫的老年人叫作寡妇；没有儿女的老年人叫作独老；失去父亲的儿童叫作孤儿。这四种人是天下穷苦无靠的人。文王实行仁政，一定最先考虑到他们。《诗经》说：'有钱人是可以过得去了，可怜那些无依无靠的孤人吧。'"

宣王说："说得好呀！"

孟子说："大王如果认为说得好，为什么不这样做呢？"

宣王说："我有个毛病，我喜爱钱财。"

孟子说："从前公刘也喜爱钱财。《诗经》说：'收割粮食装满仓，备好充足的干粮，装进小袋和大囊。紧密团结争荣光，张弓带箭齐武装。盾戈斧钺拿手上，开始动身向前方。'因此留在家里的人有谷物，行军的人有干粮，这才能够率领军队前进。大王如果喜爱钱财，能想到老百姓也喜爱钱财，这对施行王政有什么影响呢？"

宣王说："我还有个毛病，我喜爱女色。"

孟子回答说："从前周太王也喜爱女色，非常爱他的妃子。《诗经》说：'周太王古公亶父，一大早驱驰快马。沿着西边的河岸，一直走到岐山下。带着妻子姜氏女，勘察地址建新居。'那时，没有找不到丈夫的老处女，也没有找不到妻子的老光棍。大王如果喜爱女色，能想到老百姓也喜爱女色，这对施行王政有什么影响呢？"

第六章

孟子谓齐宣王曰："王之臣有托❶其妻子于其友而之楚游者，比其

孟子

反^②也，则冻馁其妻子，则如之何？"

曰："弃^③之。"

曰："士师^④不能治士，则如之何？"

王曰："已之。"

曰："四境之内不治，则如之何？"

王顾左右而言他。

注释

① 托：在这里是托付的意思。
② 比：及，至，等到。反：同"返"。
③ 弃：在这里是断绝关系的意思。
④ 士师：指的是古代司法官。

解读

孟子对齐宣王说："您的臣下有人将妻子孩子托付给朋友，然后去楚国出游，等回来的时候，发现妻子孩子都受冻挨饿，对这样的朋友该怎么办呢？"

王说："和他断绝关系。"

孟子又说："掌管刑罚的官员不能治理好他的属下，那又该怎么办呢？"

王说："撤换他们。"

孟子又问："国内不能得到很好的治理，又该怎么办呢？"

王环顾左右，把话题引到了其他事情上。

梁惠王下

第七章

孟子见齐宣王，曰："所谓故国①者，非谓有乔木②之谓也，有世臣③之谓也。王无亲臣④矣，昔者所进⑤，今日不知其亡⑥也。"

王曰："吾何以识其不才而舍之？"

曰："国君进贤，如不得已将使卑逾尊、疏逾戚，可不慎与？左右皆曰贤，未可也；诸大夫皆曰贤，未可也；国人⑦皆曰贤，然后察之；见贤焉，然后用之。左右皆曰不可，勿听；诸大夫皆曰不可，勿听；国人皆曰不可，然后察之，见不可焉，然后去之。左右皆曰可杀，勿听；诸大夫皆曰可杀，勿听；国人皆曰可杀，然后察之，见可杀焉，然后杀之，故曰国人杀之也。如此，然后可以为民父母。"

注释

① 故国：旧国，指保存旧传统的国家。
② 乔木：高大的树木。
③ 世臣：是指历代有功勋的旧臣。
④ 亲臣：是指君王亲信的大臣。
⑤ 进：在这里是推荐、进用的意思。
⑥ 亡：在这里是离开、出走的意思。
⑦ 国人：居住在国都的人，他们大都是平民。

解读

孟子谒见齐宣王，说："我们平常所说的历史悠久的国家，并不是指它有年代久远的高大树木，而是说它有累世功勋卓著的老臣。大王现在没有亲信的臣子了，过去您所进用的人，现在想不到都失去他们的职位了。"

齐宣王说："我如何才能识别他无用而舍弃他呢？"

孟子说："一个国家的君主选用贤人，如果万不得已要选拔新人，那就可能使地位低的人超过地位高的人，关系疏远的人超过关系亲密的人，这样的事情能不谨慎对待吗？左右亲近的人都说这个人贤能，不可轻信；众位大夫都说这个人贤能，也不可轻信；整个国都的人都说这个人贤能，然后对他进行调查了解，发现他确实贤能，这才起用他。左右亲信的人都说这个人不贤能，不要轻信；众位大夫都说这个人不贤能，也不要轻信；整个国都的人都说这个人不贤能，然后对他进行调查了解，如果发现他确实不贤能这才罢免他。左右亲近的人都说这个人该杀，不要轻信；众位大夫都说这个人该杀，也不要轻信；整个国都的人都说这个人该杀，然后对他进行调查了解，如果发现他确实该杀，这才杀掉他。所以说他是全国都的人杀掉的。这样，才可以真正做老百姓的父母。"

第八章

齐宣王问曰："汤放桀①，武王伐纣②，有诸？"

孟子对曰："于传有之。"

曰："臣弑其君，可乎？"

曰："贼③仁者谓之贼，贼义者谓之残，残贼之人谓之一夫。闻诛一夫纣矣，未闻弑君也。"

梁惠王下

> **注释**
>
> ❶ 汤放桀：桀，夏朝最后一个君主，暴虐无道。传说商汤灭夏后，把桀流放到南巢。
> ❷ 武王伐纣：纣，商朝最后一个君主，昏乱残暴。周武王起兵讨伐，灭掉商朝，纣自焚而死。
> ❸ 贼：在这里是伤害、毁弃的意思。

> **解读**
>
> 齐宣王问道："听说商汤把夏桀放逐了，武王也曾兴兵讨伐商纣，有这回事吗？"
>
> 孟子回答："传上是有这样的记载。"
>
> 王又问："臣下篡弑君王，这对吗？"
>
> 孟子说："损害仁爱的人我们称之为'贼'，损害道义的人我们称之为'残'。这两种人我们又称为'独夫'。我只听说周武王诛杀了独夫纣，没听说他杀过君主。"

第九章

孟子见齐宣王，曰："为巨室，则必使工师求大木。工师得大木，则王喜，以为能胜其任也；匠人斫❶而小之，则王怒，以为不胜其任矣。夫人幼而学之，壮而欲行之，王曰'姑舍女所学而从我'，则何如？今有璞玉❷于此，虽万镒❸，必使玉人雕琢之。至于治国家，则曰'姑舍女所学而从我'，则何以异于教玉人雕琢玉哉？"

| 孟　子

> [!注释]
> ❶ 斫（zhuó）：用刀斧砍，砍削的意思。
> ❷ 璞（pú）玉：尚未经雕琢的玉石。
> ❸ 镒（yì）：古代重量单位，一镒合二十两。

> [!解读]
> 孟子谒见齐宣王，说："建造大房子，就一定要叫工师去寻找大木料。工师找到了大木料，大王就高兴，认为工师是称职的。木匠砍削木料，把木料砍小了，大王就发怒，认为木匠是不称职的。一个人从小学到了一种本领，长大了想运用它，大王却说：'暂且放弃你所学的本领来听我的'，那样行吗？设想现在有块璞玉在这里，虽然价值万金，也必定要叫玉人来雕琢加工。至于治理国家，却说：'暂且放弃你所学的本领来听我的'，那么，这和非要玉匠按您的办法去雕琢玉石不可，有什么不同呢？"

第十章

齐人伐燕❶，胜之。宣王问曰："或谓寡人勿取，或谓寡人取之。以万乘之国伐万乘之国，五旬而举之，人力不至于此，不取，必有天殃❷。取之，何如？"

孟子对曰："取之而燕民悦，则取之，古之人有行之者，武王是也❸；取之而燕民不悦，则勿取，古之人有行之者，文王是也❹。以万乘之国伐万乘之国，箪食壶浆❺以迎王师，岂有他哉？避水火也！如水益深、如火益热，亦运而已矣。"

梁惠王下

注释

① 燕：燕国，是齐国的近邻。

② 不取，必有天殃：因齐宣王认为他攻打燕国太顺利，是天意。所以，如果不占领它就是违背天意，必有灾殃。

③ 武王是也：指的是武王灭纣。

④ 文王是也：指文王已三分天下有其二，但仍然辅佐殷商而没有造反。

⑤ 箪（dān）食壶浆：箪，指竹编的盛食物的器皿。壶，盛水的器皿。

解读

齐国人攻打燕国，取得了胜利。齐宣王对孟子说："有人劝我不要兼并它，也有人劝我兼并。以万乘兵车的大国攻打万乘兵车的大国，五十天就取胜，一定有天在冥冥中相助，靠人力是做不到的。如果不兼并燕国，一定会遭天的报应。兼并它，怎么样？"

孟子回答说："兼并燕国，而它的老百姓高兴，就兼并它。古代人有这样做的，周武王就是这样。兼并它而燕国的老百姓不高兴，那就不兼并。古代人有这样做的，周文王就是这样。以万乘兵车的大国攻打万乘兵车的大国，燕国的百姓用筐盛饭、用壶盛酒来迎接您的军队，难道有别的企图吗？不过是为了逃避水深火热的生活罢了。如果水深火热的生活程度有增无减，百姓又会转而希望有别人来解救他们。"

第十一章

齐人伐燕，取之，诸侯将谋救燕。宣王曰："诸侯多谋伐寡人

孟 子

者，何以待之？"

孟子对曰："臣闻七十里为政于天下者，汤是也，未闻以千里畏人者也。《书》曰：'汤一征，自葛始。'天下信之，东面而征，西夷怨；南面而征，北狄怨，曰：'奚为后我！'民望之，若大旱之望云霓①也，归市者②不止，耕者不变，诛其君而吊③其民，若时雨降，民大悦。《书》曰：'徯④我后，后来其苏⑤。'今燕虐其民，王往而征之，民以为将拯己于水火之中也，箪食壶浆以迎王师。若杀其父兄，系累⑥其子弟，毁其宗庙，迁其重器⑦，如之何其可也？天下固畏齐之强也，今又倍地而不行仁政，是动天下之兵也。王速出令，反其旄⑧倪⑨，止其重器，谋于燕众，置君而后去之，则犹可及止也。"

注释

① 云霓：霓，虹霓。虹霓在清晨出现于西方是下雨的征兆。
② 归市者：在这里是指做生意的人。
③ 吊：这里是安抚、慰问的意思。
④ 徯（xī）：在这里是等待的意思。
⑤ 后来其苏：君王来后就会有起色。苏，恢复、苏醒、复活。
⑥ 系累：在这里是束缚、捆绑的意思。
⑦ 重器：在这里是指贵重的祭器。
⑧ 旄（mào）：通"耄"，八十岁、九十岁的老人叫耄，这里通指老年人。
⑨ 倪：通"儿"，指的是小孩子。

解读

齐国人攻打燕国，占领了它。一些诸侯国在谋划着要救助燕国。齐宣王说："不少诸侯在谋划着要来攻打我国，该怎么办呢？"

孟子回答说："我听说过，有凭借着方圆七十里的国土就统一天下的，商汤就是这样。却没有听说过拥有方圆千里的国土而害怕别国的。《尚书》上说：'商汤征伐，从葛国开始。'天下人都相信了。所以，当他向东方进军时，西边的夷人便抱怨；当他向南方进军时，北边的狄人便抱怨。都说：'为什么把我们放到后面呢？'老百姓盼望他，就像久旱之后盼乌云和虹霓一样。这是因为汤的征伐一点也不惊扰百姓。做生意的照常做生意，种地的照常种地。只是诛杀那些暴虐的国君来抚慰那些受害的老百姓，就像天上下了及时雨一样，老百姓非常高兴。《尚书》上说：'等待我们的王。他来了，我们也就复活了！'如今，燕国的国君虐待老百姓，大王您的军队去征伐他，燕国的老百姓以为您是要把他们从水深火热中拯救出来，所以用饭筐装着饭，用水壶盛着酒来欢迎您的军队。可您却杀死他们的父兄，抓走他们的子弟，毁坏他们的宗庙，抢走他们的宝器，这怎么能够使他们容忍呢？天下各国本来就害怕齐国的强大，现在齐国的土地又扩大了一倍，而且还不施行仁政，这就必然会激起天下各国兴兵。大王您赶快发出命令，放回燕国老老小小的俘虏，停止搬运燕国的宝器，再和燕国的各界人士商议，为他们选立一位国君，然后从燕国撤回齐国的军队。这样做，还可以来得及制止各国兴兵。"

第十二章

邹与鲁哄❶。穆公❷问曰："吾有司死者三十三人，而民莫之死也。诛之，则不可胜诛；不诛，则疾视其长上之死而不救，如之何则可也？"

孟子对曰："凶年饥岁，君之民老弱转乎沟壑❸，壮者散而之四方

孟 子

者，几千人矣；而君之仓廪实，府库充，有司莫以告，是上慢而残下❹也。曾子曰：'戒之戒之！出乎尔者，反乎尔者也。'夫民今而后得反之也，君无尤焉。君行仁政，斯民亲其上，死其长❺矣。"

注释

❶ 邹与鲁哄（hòng）：邹，当时的小国，又叫"邾"。哄，战争。

❷ 穆公：邹穆公，穆是他死后的谥号。

❸ 转乎沟壑：弃尸于沟壑。转，抛弃。

❹ 上慢而残下：是指在上位的人怠慢老百姓。

❺ 死其长：是指为他们的长官而死。

解读

邹国与鲁国交战。邹穆公对孟子说："我的官吏死了三十三个，百姓却没有一个为他们而牺牲的。杀他们吧，杀不了那么多；不杀他们吧，又实在恨他们眼睁睁地看着长官被杀而不去营救。到底怎么办才好呢？"

孟子回答说："灾荒年岁，您的老百姓，年老体弱的弃尸于山沟，年轻力壮的四处逃荒，差不多有上千人；而您的粮仓里堆满粮食，货库里装满财宝，官吏们却从来不向您报告老百姓的情况，这是他们不关心老百姓并且还残害老百姓的表现。曾子说：'小心啊，小心啊！你怎样对待别人，别人也会怎样对待你。'现在就是老百姓报复他们的时候了。您不要归罪于老百姓吧！只要您施行仁政，老百姓自然就会亲近他们的领导人，肯为他们的长官而牺牲了。"

梁惠王下

第十三章

滕文公❶问曰:"滕,小国也,间于齐、楚,事齐乎,事楚乎?"

孟子对曰:"是谋非吾所能及也。无已,则有一焉:凿斯池❷也,筑斯城也,与民守之,效❸死而民弗去,则是可为也。"

注释

❶ 滕文公:滕,周朝的一个弱小国家,始祖为周文王之子错叔绣,故城在今山东滕州西南。文公,即元公,因后世避讳而改。
❷ 池:在这里指的是护城河。
❸ 效:在这里是致、献的意思。

解读

滕文公问道:"我们滕国,是很小的国家,而且夹在齐、楚等国之间,到底是服侍齐国呢,还是服侍楚国?"

孟子回答说:"这件事我也想不出个好办法。如果非要讲点看法,那我倒有个建议,那就是把护城河再挖深,把城墙再加固,这样和老百姓一起固守,如果老百姓宁愿死都不离开,那就好办了。"

第十四章

滕文公问曰:"齐人将筑薛❶,吾甚恐,如之何则可?"

孟 子

孟子对曰："昔者大王居邠❷，狄❸人侵之，去之岐山❹之下居焉。非择而取之，不得已也，苟为善，后世子孙必有王者矣。君子创业垂统❺，为可继也，若夫成功，则天也。君如彼何哉，强为善而已矣。"

注释

❶ 薛：国名，其地在今山东滕州东南，战国初期为齐所灭，后成为齐权臣田婴、田文的封邑。
❷ 邠（bīn）：地名，在今陕西郴。
❸ 狄：獯鬻，我国古代北方的一个民族。
❹ 岐山：在今陕西岐山东北。
❺ 垂统：把基业流传下去。多指皇位的承袭。

解读

滕文公问道："齐国人准备加强薛邑的城池，我很害怕，怎么办才好呢？"

孟子答道："从前大王住在邠地，狄人来侵犯，他便搬迁到岐山下定居。他并不是主动选取了这个地方，完全是出于不得已。要是一个君主能实行仁政，后代子孙也一定会有成为帝王的。有德的君子创立功业，传于子孙，正是为了能代代相传。至于成不成功，自有天命。您奈何得了齐人吗？只有努力实行仁政罢了。"

第十五章

滕文公问曰："滕，小国也。竭力以事大国，则不得免焉，如之何则可？"

　　孟子对曰："昔者大王居邠，狄人侵之，事之以皮币❶，不得免焉；事之以犬马，不得免焉；事之以珠玉，不得免焉。乃属其耆老而告之曰：'狄人之所欲者，吾土地也。吾闻之也：君子不以其所以养人者害人。二三子何患乎无君？我将去之。'去邠，逾梁山❷，邑于岐山之下居焉。邠人曰：'仁人也，不可失也！'从之者如归市❸。或曰：'世守也，非身之所能为也。效死勿去。'君请择于斯二者。"

注释

❶ 皮币：指的是动物毛皮和丝绸布帛。
❷ 梁山：山名。在今陕西乾县西北。
❸ 归市：形容人们像赶集一般踊跃。

解读

　　滕文公问道："滕国是一个小国，尽心竭力地辅佐大国，结果仍然难免于灾难。怎么办才好呢？"

　　孟子回答说："过去周太王居住在邠，狄人来侵犯，贡奉出裘皮和丝绸，也没有能制止住侵犯；贡奉出良犬和骏马，也不能制止住侵犯；又贡奉出珠玉和财宝，还是不能制止住侵犯。于是，周太王便召集当地的长老，对他们说：'狄人所希望得到的，是我们的土地。我听说过，有道德的君子不能为了养人之物反而伤害人民。你们何必担心没有君主呢？我将要离开这里。'于是离开邠，翻过梁山，在岐山之下建立城邑居住下来。邠地的百姓说：'这是一位仁德的人，我们不能够失去他。'追随他的人像赶集一样络绎不绝。也有人说：'这是世世代代应该留守的基业，并不是自身可以自由选择的，宁肯死也不离开。'请您选择以上两条道路之一。"

孟子

第十六章

鲁平公①将出，嬖人臧仓者请曰："他日君出，则必命有司所之。今乘舆已驾矣，有司未知所之，敢请。"

公曰："将见孟子。"

曰："何哉，君所为轻身以先于匹夫者，以为贤乎？礼义由贤者出，而孟子之后丧逾前丧，君无见焉！"

公曰："诺。"

乐正子②入见，曰："君奚为不见孟轲也？"

曰："或告寡人曰，'孟子之后丧逾前丧③'，以不往见也。"

曰："何哉，君所谓逾者？前以士，后以大夫；前以三鼎，而后以五鼎与？"

曰："否，谓棺椁衣衾④之美也。"

曰："非所谓逾也，贫富不同也。"

乐正子见孟子，曰："克告于君，君为来见也，嬖人有臧仓者沮⑤君，君是以如果来也。"

曰："行，或使之；止，或尼之。行止，非人所能也。吾之不遇鲁侯，天也。臧氏之子焉能使予不遇哉？"

> **注释**
>
> ①鲁平公：鲁景公的儿子，公元前314年至前294年在位。
> ②乐正子：名克，孟子的学生，当时正在鲁国做官。

❸ 后丧逾前丧：对母亲的丧事操办得比父亲的要隆重。

❹ 棺椁衣衾：古人常用两重棺木，内棺叫棺，外棺叫椁。衣衾，死者装殓的衣服、被盖。

❺ 沮（jǔ）：在这里是阻止的意思。

解读

鲁平公准备外出，他所宠幸的小臣臧仓来请示道："平日您外出，一定要告诉管事的人您到哪里去。现在车马都预备好了，管事的人还不知道您要到哪里去，因此我冒昧地来请示。"

平公说："我要去拜访孟子。"

臧仓说："您轻视了自己的身份而先去拜访一个普通人，究竟是为了什么呢？您以为他是贤德的人吗？礼义应该是由贤者实践的，而孟子为母亲办的丧事花费大大超过了他以前为父亲办丧事的花费，这是贤德的人所应有的行为吗？您不要去看他！"

平公说:"好吧。"

过了一会儿,乐正子拜见鲁平王,问鲁平王:"大王您为何没有去拜访孟子呢?"

鲁平公说:"有人跟我说:'孟子办理母亲丧事的规格超过了以前父亲丧事的规格。'所以我没有去。"

乐正子问:"您说的葬母的规格超过葬父的规格,是指什么呢?对父亲按士礼制、对母亲按大夫礼制吗,还是葬父用三鼎规格,葬母用五鼎规格?"

鲁平公说:"我指的不是这些。我是指棺椁、衣服、被褥等的精美程度不同。"

乐正子说:"这不叫'超过',只是家境前后有了变化而已。"

乐正子后来去孟子处,说:"我跟国君说过您,他将要来见您。但是有个叫臧仓的侍从劝阻了国君,所以国君没有前来。"

孟子说:"一个人做一件事,是有一种力量指使他;不做一件事,也有一种力量在阻止他。做或不做,并不是别人能左右的,我不能见到鲁国国君,看来是天意。臧仓那个小人怎能左右我与鲁国国君的相会呢?"

公孙丑上

　　本章的精华部分就是孟子在回答公孙丑的问题"现在您说用王道统一天下易如反掌"时说道："现在这个时候,拥有一万辆兵车的大国施行仁政,老百姓的高兴,就像被倒吊着的人得到解救一样。所以,做古人一半的事,就可以成就古人双倍的功绩。只有这个时候才做得到吧。"

　　作为儒家"王道"政治的推行者,孟子不屑于与"霸道"政治家管仲、晏婴相比,这正如齐宣王问"齐桓、晋文之事"他不予回答一样。他所热衷的,是在齐国推行"王道"政治,靠实施"仁政"来统一天下。而且,他认为无论从土地、人口,还是从时机来看,当时都是实施王道的最好时候,可以收到事半功倍的效果。

　　在某种意义上说,个人智慧的确不如时势造英雄,工具优良也的确不如时机重要。所以,很多人怨天尤人,认为自己怀才不遇,实际上是自己没有抓住时机。当然,这里所说的"乘势待时",主要是说要分析情况,抓准时机,而不是说在政治上赶形势,窥风向,搞投机。

　　所以,识时务者为俊杰。身处市场经济体制的时代,无论是做生意、炒股票,还是选择自己的职业,机遇的问题都越来越突出地摆在大家面前。如何乘势待时,抓住机遇,也就越来越引起人们的重视。孟子关于"王道""霸道"的论述也许不会引起你的多大兴趣,但他关于"虽有智慧,不如乘势;虽有镃基,不如待时"的看法,关于如何做到"事半功倍"的讨论,也许就不会不引起你的一些思考了吧?

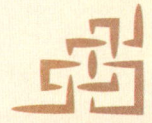

孟 子

第一章

公孙丑❶问曰:"夫子当路❷于齐,管仲、晏子之功,可复许乎?"

孟子曰:"子诚齐人也,知管仲、晏子而已矣。或问乎曾西曰:'吾子❸与子路孰贤?'曾西蹵然❹曰:'吾先子❺之所畏也。'曰:'然则吾子与管仲孰贤?'曾西艴然❻不悦,曰:'尔何曾比予于管仲,管仲得君,如彼其专也;行乎国政,如彼其久也;功烈,如彼其卑也;尔何曾比予于是?'"

曰:"管仲,曾西之所不为❼也,而子为我愿之乎?"

曰:"管仲以其君霸,晏子以其君显,管仲、晏子犹不足为与?"

曰:"以齐王,由❽反手也。"

曰:"若是,则弟子之惑滋甚。且以文王之德,百年而后崩,犹未洽于天下,武王、周公继之,然后大行。今言王若易然,则文王不足法与?"

曰:"文王何可当也?由汤至于武丁,贤圣之君六七作❾,天下归殷久矣,久则难变也;武丁朝诸侯有天下,犹运之掌也。纣之去武丁未久也,其故家遗俗、流风善政,犹有存者;又有微子、微仲、王子比干、箕子、胶鬲皆贤人也,相与❿辅相之,故久而后失之也。尺地莫非其有也,一民莫非其臣也;然而文王犹方百里起,是以难也。齐人有言曰:'虽有智慧,不如乘势;虽有镃基⓫,不如待时。'今时则易然也，夏后、殷、周之盛，地未有过千里者也，而齐有其地矣；鸡鸣狗吠相闻而达乎四境，而齐有其民矣；地不改辟矣，民不改聚矣，行仁政而王，莫之能御也。且王者之不作，未有疏于此时者也；民之憔悴于虐政，未有甚于此时者也。饥者易为食，渴者易为饮。孔子曰：'德之流行，速于置邮❿而传命。'当今之时，万乘之国行仁政，民之悦之，犹解倒悬也。故事半古之人，功必倍之，惟此时为然。"

注释

❶ 公孙丑：孟子的学生，齐国人。
❷ 当路：在这里是当权、当政的意思。
❸ 吾子：对友人的敬称，相当于"吾兄""老兄"之类。
❹ 蹵（cù）然：不安的样子。蹵，同"蹴"。
❺ 先子：指已逝世的长辈，这里指曾参。
❻ 艴（fú）然：生气、恼怒的样子。
❼ 为：同"谓"，认为的意思。
❽ 由：同"犹"，好像，和……一样。
❾ 作：此处为量词，相当于现代口语"起"。
❿ 相与：副词，在这里是共同的意思。
⓫ 镃（zī）基：农具。相当于今天的锄头之类。
⓬ 置邮：作用相当于后世的驿站。

解读

公孙丑询问说："如果先生在齐国当政，管仲、晏子那样的功绩，可以再度创造吗？"

孟子回答道："你真是个齐国人，仅知道管仲、晏子而已。有人询问曾西说：'您和子路谁更贤能？'曾西惶惶不安地说：'他是我先辈所敬畏的楷模。'那人又问：'那么，您和管仲谁更贤能呢？'曾西满脸怒色，不高兴地说：'你为什么要把我和管仲相比？管仲得到君主的信赖是那样的专一，掌管国家政事是那样的长久，功绩却是那样的微不足道，你为什么要把我和他相比？'"

孟子接着说："管仲这种人，连曾西都不屑于同他相比，你以为我愿意效法他吗？"

公孙丑说："管仲辅佐君主使他称霸诸侯，晏子辅佐君主使他名扬天下。管仲、晏子这种人难道还不值得效法吗？"

孟子说："以齐国来统一天下，犹如翻一翻手掌。"

公孙丑说："照先生这样说，学生的疑惑就更大了。凭着周文王那样的德行，活了一百岁后才死，德政还未遍及天下；武王、周公继承他的事业，然后才广泛推行王道。现在您说统一天下如此容易，岂不是文王也不值得效法了吗？"

孟子说："文王谁能与他相比呢？从商朝的成汤到武丁，贤明的君主出现了六七个。天下归顺殷商的时间相当长久，时间长了就难变动。武丁使诸侯来朝见，治理天下，犹如手中运转东西一样容易。纣王距离武丁时间不算长，从前的优良传统、美好风尚和仁政善教，还有保存下来的；又有微子、微仲、王子比干、箕子、胶鬲都是贤能的人，共同辅助他，所以经历相当长时间后才失去天下。当时没有一尺土地不属于纣王所有，没有一个百姓不是他的臣下，然而周文王还能凭方圆百里的小国起家，所以是很难的。齐国人有句俗话说：'即使有智慧，还得趁时势；即使有锄犁，还得待农时。'现在齐国要统一天下就容易多了。夏、商、周强盛时，土地没有超过千里见方的，而齐国却拥有如此辽阔的土地；鸡鸣狗叫的声音接连不断，从都城一直达到四方边境，而齐国拥有这片土地上的民众。疆域不用再扩展、民众不用再增加，只要实行仁政来统一天下，没有人能阻止它。而且统一天下的君主不出现的时间，没有比这个时期更长久的了；民众被暴政所折磨，没有比这个时期更严酷的了。饥饿的人不选择食物，口渴的人不挑剔饮料。孔子说：'德政的传播，比驿站传达命令还要迅速。'现在这个时候，拥有万辆兵车的国家施行仁政，民众的喜悦，如同从倒吊之中被解脱下来。所以只要做了古人一半的好事，功绩必定成倍超过，只有现在这个时代是如此。"

第二章

公孙丑问曰："夫子加齐之卿相，得行道焉，虽由此霸王，不异矣。如此，则动心否乎？"

孟子曰："否。我四十不动心。"

曰："若是，则夫子过孟贲❶远矣。"

曰："是不难，告子❷先我不动心。"

曰："不动心有道乎？"

曰："有。北宫黝❸之养勇也：不肤桡❹，不目逃❺，思以一豪挫于人，若挞之于市朝；不受于褐宽博，亦不受于万乘之君；视刺万乘之君，若刺褐夫；无严诸侯，恶声至，必反之。孟施舍❻之所养勇也，曰：'视不胜犹胜也。量敌而后进，虑胜而后会，是畏三军者也，舍岂能为必胜哉？能无惧而已矣。'孟施舍似曾子，北宫黝似子夏。夫二子之勇，未知其孰贤，然而孟施舍守约也。昔者曾子谓子襄曰：'子好勇乎，吾尝闻大勇于夫子矣：自反而不缩，虽褐宽博，吾不惴焉；自反而缩，虽千万人，吾往矣。'孟施舍之守气，又不如曾子之守约也。"

曰："敢问夫子之不动心与告子之不动心，可得闻与？"

"告子曰：'不得于言❼，勿求于心❽；不得于心，勿求于气❾。'不得于心，勿求于气，可；不得于言，勿求于心，不可。夫志，气之帅也；气，体之充也。夫志至焉，气次焉，故曰：'持其志，无暴其气。'"

"既曰'志至焉，气次焉'，又曰'持其志，无暴其气'者，何也？"

曰："志壹则动气，气壹则动志也。今夫蹶者、趋者，是气也，而反动其心。"

"敢问夫子恶乎长？"

曰："我知言，我善养吾浩然之气。"

"敢问何谓浩然之气？"

曰："难言也。其为气也，至大至刚，以直养而无害，则塞于天地之间。其为气也，配义与道，无是，馁也。是集义所生者，非义袭而取之也，行有不慊❿于心，则馁矣。我故曰，告子未尝知义，以其外之也。必有事焉，而勿正，心勿忘，勿助长也。无若宋人然：宋人有闵其苗之不长而揠之者，芒芒然归，谓其人曰：'今日病⓫矣，予助苗长矣。'其子趋而往视之，苗则槁矣。天下之不助苗长者寡矣。以为无益而舍之者，不耘苗者也；助之长者，揠苗者也。非徒无益，而又害之。"

"何谓知言？"

曰："诐⓬辞知其所蔽，淫辞知其所陷，邪辞知其所离，遁辞知其所穷。生于其心，害于其政；发于其政，害于其事。圣人复起，必从吾言矣。"

"宰我、子贡⓭善为说辞，冉牛⓮、闵子⓯、颜渊⓰善言德行。孔子兼之，曰：'我于辞命则不能也。'然则夫子既圣矣乎？"

曰："恶！是何言也？昔者子贡问于孔子曰：'夫子圣矣乎！'孔子曰：'圣则吾不能，我学不厌而教不倦也。'子贡曰：'学不厌，智也；教不倦，仁也。仁且智，夫子既圣矣。'夫圣，孔子不居，是何言也！"

"昔者窃闻之，子夏、子游⑰、子张皆有圣人之一体，冉牛、闵子、颜渊则具体而微，敢问所安？"

曰："姑舍是。"

曰："伯夷⑱、伊尹何如？"

曰："不同道。非其君不事，非其民不使；治则进，乱则退，伯夷也；何事非君，何使非民；治亦进，乱亦进，伊尹也；可以仕则仕，可以止则止，可以久则久，可以速则速，孔子也。皆古圣人也，吾未能有行焉；乃所愿，则学孔子也。"

"伯夷、伊尹于孔子若是班乎？"

曰："否。自有生民以来，未有孔子也。"

曰："然则有同与？"

曰："有。得百里之地而君之，皆能以朝诸侯，有天下；行一不义，杀一不辜，而得天下，皆不为也，是则同。"

曰："敢问其所以异。"

曰："宰我、子贡、有若⑲，智足以知圣人，汙⑳不至阿其所好。宰我曰：'以予观于夫子，贤于尧、舜远矣。'子贡曰：'见其礼而知其政，闻其乐而知其德，由百世之后，等百世之王，莫之能违也。自生民以来，未有夫子也。'有若曰：'岂惟民哉？麒麟之于走兽，凤凰之于飞鸟，太山之于丘垤㉑，河海之于行潦，类也。圣人之于民，亦类也。出于其类，拔乎其萃，自生民以来未有盛于孔子也。'"

孟 子

注释

① 孟贲（bēn）：卫国人，当时著名的勇士。

② 告子：战国时期的哲学家。

③ 北宫黝：齐国人，传说是一名刺客。

④ 桡（náo）：古同"挠"，退却的意思。

⑤ 不目逃：眼睛被戳而不躲避。

⑥ 孟施舍：人名，传说是一名勇士。

⑦ 不得于言：不能在言辞上占上风的意思。

⑧ 勿求于心：不要在自己思想上找原因。

⑨ 勿求于气：不要在自己的感情意气上找原因。

⑩ 慊（qiè）：在这里是满足的意思。

⑪ 病：这里是忧虑、担心的意思。

⑫ 诐（bì）：这里用为偏颇，不正之意。

⑬ 子贡：孔子的弟子，春秋末卫国人。

⑭ 冉牛：孔子的学生，春秋末鲁国人，以德行著称。

⑮ 闵子：孔子的学生，春秋末鲁国人，以孝行著称于世。

⑯ 颜渊：是孔子最得意的学生，姓颜，名回，字子渊，春秋末鲁国人。

⑰ 子游：孔子的学生，春秋末吴国人，与子夏、子张并为孔门晚期著名弟子。

⑱ 伯夷：殷朝末年殷诸侯国孤竹君的儿子。

⑲ 有若：孔子晚年弟子，春秋末鲁国人。

⑳ 汙（wū）：同"污"。这里是贪官污吏的污之意，亦用为卑劣之意。

㉑ 垤（dié）：这里是小土堆之意。

公孙丑上

解读

公孙丑询问说："先生如果做了齐国的卿相，能够推行自己的政治主张，即使因此而称霸、统一天下，那也是不令人奇怪的。果真遇到这种情况，您是不是会内心激动呢？"

孟子回答说："不会。我四十岁后就没有再动过心。"

公孙丑说："这么说，先生比孟贲强得多了。"

孟子说："这并不难，告子能够不动心比我还早呢！"

公孙丑说："要不动心，有什么方法吗？"

孟子说："有。北宫黝是这样培养勇气的，肌肤被刺不退缩颤动，眼睛被扎伤也不眨一眨，以为小事上受挫于人，就如在稠人广众中挨了鞭打一样。既不能忍受卑贱者的侮辱，也不能忍受大国君王的欺凌。把刺杀大国君主，看成跟刺杀卑贱者一样。对于诸侯无所畏惧，听到斥骂声，必定给予回击。孟施舍是这样培养勇气的，他说：'把不能战胜的敌人，同足以战胜的敌人一样看待。如果先估量敌人的力量然后才前进，先考虑胜败然后才交战，这种人碰到数量众多的军队是会畏惧的。我怎能保证一定获胜呢？只不过是无所畏惧而已。'孟施舍类似于曾子，北宫黝类似于子夏。这二人的勇气，不知道谁更强一些，不过孟施舍的培养方法更简易。从前曾子对子襄说：'你喜爱勇敢吗？我曾听孔夫子讲过大勇的理论：反躬自问而觉得理亏，即使是卑贱的人，我也不吓唬他；反躬自问而觉得正义在我一边，即使面对千万人，我也勇往直前。'孟施舍保持勇气的方法，又不如曾子的那样简易。"

公孙丑说："我冒昧请问，先生的不动心与告子的不动心有什么区别，能讲给我听听吗？"

孟子说："告子讲过：'如果在言语方面有所不达，不必求其道理于内心；如果内心有所不安，不必求助于意气。'内心有所不安，不求助于意气，这是可以的，言语上有所不达，不求其道理于内心，这就不对了。

内心的志向，是意气的主宰；意气，是充满体内的力量。志向是根本，意气在其次。所以说：'坚定自己的志向，不要滥用意气。'"

公孙丑说："先生既然说'志向是根本，意气在其次'，可又说'坚定自己的志向，不要滥用意气'。这是什么道理呢？"

孟子说："志向专一，意气自然就随之转移；意气专一，志向也不能不为之动荡。譬如跌倒和奔跑，只是体气专注于某一方面的运动，也会反过来造成思想的变动。"

公孙丑说："请问先生有什么特长？"

孟子说："我善于剖析别人的言辞，也善于培养我的浩然之气。"

公孙丑说："请问什么叫浩然之气？"

孟子说："很难讲清楚。这种气，最浩大最刚强，用正直去培养而毫不伤害它，就充满于天地之间。这种气，要同义和道相配合；缺乏它们，气便不够盈满。这种气，是聚集了正义才产生的，不是凭偶尔的正义之举所能获取。做了于心有愧的事，气便不够盈满。所以我说，告子根本不懂义，因为他把义看作了心外的东西。一定要加以培养，不要预期它的效果，心中不要忘记它，不要不切实际地帮助它生长。不要像宋国人那样，宋国有个人，操心他的禾苗长得不快而拔高它，疲倦地回到家中。对家里人说：'今天累坏了，我帮助禾苗长高了。'他的儿子跑到地里去看，禾苗都枯萎了。天下不帮助禾苗生长的人，实在是很少的。以为培育没有益处而放弃努力的，是不锄草的人；帮助禾苗长高的，是拔高它的人。这就不仅没有益处，而且还伤害了它。"

公孙丑问："怎样去剖析言辞呢？"

孟子说："偏颇的言辞剖析它的片面性，放荡的言辞剖析它的沉溺之处，邪僻的言辞剖析它与正道的分歧点，闪烁的言辞剖析它的理亏之所在。这些言辞从心中产生，必然危害政治；在政治设施中体现出来，必然把国事搞糟。如果圣人再出现，也必定承认我的话是对的。"

公孙丑说："宰我、子贡善于言谈，冉牛、闵子、颜渊善于论述道德修养。孔子兼有这些特长，却说：'我对于辞令很不擅长。'那么，先生您称得上圣人了吗？"

孟子说："唉！你这是什么话？从前子贡问孔子说：'老师称得上是圣人了吗？'孔子说：'圣人我达不到，我只不过学习不知厌烦、教人不嫌疲倦而已。'子贡说：'学习不知厌烦，这是智；教人不嫌疲倦，这是仁。既有仁又有智，先生已经是圣人了。'圣人，连孔子都不敢自居，你的话说到哪里去了？"

公孙丑说："从前我听说，子夏、子游、子张都各有圣人所具备的一部分长处，冉牛、闵子、颜渊则具备圣人长处而还不博大。请问您属于哪种人？"

孟子说："暂且不谈这个吧！"

公孙丑说："伯夷、伊尹两人怎么样？"

孟子说："两人不一样。不是理想的君主不去侍奉，不是理想的百姓不去管辖，天下太平才肯做官，社会动乱就要隐退，伯夷是这样的。什么样的君主都可侍奉，什么样的百姓都可管辖，天下太平也做官，社会动乱也做官，伊尹是这样的。应该做官就做官，应该隐退就隐退，应该长久任事就长久任事，应该迅速离开就迅速离开，孔子是这样的。他们都是古代的圣人，我都不能够做到。至于我的愿望，是学习孔子。"

公孙丑说："伯夷、伊尹和孔子，他们不是一样的人吗？"

孟子说："不是。自从有人类以来，没有比得上孔子的。"

公孙丑说："那么，他们有相同之处吗？"

孟子说："有。如果得到方圆百里的土地而以他们为君主，都能使诸侯来朝拜而统一天下。如果要他们做一件不义的事、杀死一个无辜的人而得到天下，都不会做的。这就是他们的相同之处。"

公孙丑说："请问他们的不同之处又在哪里？"

孟子说："宰我、子贡和有若，智慧足以了解圣人。即使他们不廉洁，也不致偏袒所喜好的人。宰我说：'依我观察先生，比尧舜贤能多

孟　子

了。'子贡说：'看到一个国家的礼仪，便能推知它的政治，听到它的音乐，便能推知它的德教。从百世之后评价百世以来的君王，没有能违背孔子之道的。自从有人类以来，没有比得上孔子的。'有若说：'难道只有人类是这样吗？麒麟对于一般走兽，凤凰对于一般飞禽，泰山对于一般土堆，黄河大海对于一般溪流，都是同一类型。圣人对于百姓来说，也是同类。但却远远超出了他那一类，大大高出了他那一群。自从有人类以来，没有比孔子还要伟大的。'"

第三章

孟子曰："以力假仁❶者霸，霸必有大国；以德行仁者王，王不待大。汤以七十里，文王以百里❷。以力服人者，非心服也，力不赡❸也；以德服人者，中心悦而诚服也，如七十子❹之服孔子也。

《诗》云：'自西自东，自南自北，无思不服。'此之谓也。"

注释

① 以力假仁：凭借强大武力，假托仁义之名去讨伐别国。
② 文王以百里：周文王以方圆百里的土地实施王道。
③ 赡：在这里用为供养、供给之意。
④ 七十子：七十个弟子，这里是说孔子的弟子有七十多人。

解读

孟子说："依仗武力又假借仁义之名的诸侯可以称霸于天下，称霸的一定要仗着大国的力量；依靠德行而又实行仁政的诸侯可以称王于天下，称王的不一定仗着国力的大小。商汤只拥有方圆七十里的土地，周文王拥有方圆百里之地。依靠武力使人服从，并不是心的归服，而是力量不足以反抗；用德行使人服从，是人们心中满意而真心实意地服从，就好像孔子的弟子们服膺孔子一样。《诗经》上说：'从西从东，从南从北，没有不心悦诚服的。'就是这个意思。"

第四章

孟子曰："仁则荣，不仁则辱。今恶辱而居不仁，是犹恶湿而居下也。如恶之，莫如贵德而尊士，贤者在位，能者在职，国家闲暇，及是时，明其政刑，虽大国，必畏之矣。《诗》云：'迨天之未阴雨，彻① 彼桑土②，绸缪牖户③。今此下民，或敢侮予？'孔子曰：'为此诗者，其知道乎！能治其国家，谁敢侮之？'今国家闲暇，及是时，

孟 子

般乐怠敖④，是自求祸也。祸福无不自己求之者，《诗》云：'永言配命，自求多福⑤。'《太甲》曰：'天作孽，犹可违；自作孽，不可活。'此之谓也。"

注释

① 彻：在这里是拿、取的意思。
② 桑土（dù）：桑树根，这里是指桑树根的皮。
③ 绸缪（chóu móu）牖（yǒu）户：绸缪，缠结。牖，窗口。户，门。
④ 般（pán）乐怠敖：放纵自己，不干正事，沉湎享乐。
⑤ 永言配命，自求多福：永，长。言，语气词。配命，配合天命，按照天命的要求去做。

解读

孟子说："仁就获得尊荣，不仁就招致耻辱。如果有人厌恶耻辱却又自处于不仁之地，这就像厌恶潮湿却又安于居住在低洼的地方一样。如果真的厌恶耻辱，就不如崇尚道德、尊重士人，让有贤德的人在位做官。让有才能的人在职办事。国家太平无事的时候，趁机修明政教法典，即使大国也会畏惧它了。《诗经》上说：'趁着雨没来云没起，桑树根上剥些皮，窗儿门儿细修葺。下边的人们啊，有谁再敢把我欺？'孔子说：'做这篇诗的人，真懂得大道啊！能治理好他的国家，那谁还敢欺侮他？'如果在国家太平无事的时候，趁机寻欢作乐，怠惰游玩，这是自找灾祸啊。祸与福，没有不是自己找来的。《诗经·大雅·文王篇》上说：'永远配合天命，按照天命的要求去做，自己求来更多的幸福。'《尚书·太甲》上说：'上天降下灾祸，还有办法可逃；自己造下罪孽，那就别想再活。'说的就是这个道理。"

公孙丑上

第五章

　　孟子曰："尊贤使能，俊杰在位，则天下之士皆悦，而愿立于其朝矣；市，廛①而不征，法而不廛②，则天下之商皆悦，而愿藏于其市矣；关，讥而不征③，则天下之旅皆悦，而愿出其路矣；耕者，助而不税④，则天下之农皆悦，而愿耕于其野矣；廛⑤，无夫里之布⑥，则天下之民皆悦，而愿为之氓⑦矣。信能行此五者，则邻国之民仰之若父母矣。率其子弟，攻其父母，自有生民以来未有能济者也。如此，则无敌于天下。无敌于天下者，天吏⑧也。然而不王者，未之有也。"

注释

❶ 廛（chán）：集市中储藏或堆积货物的货栈。

❷ 法而不廛：指官方依据法规收购长期积压于货栈的货物，以保证商人的利益。

❸ 讥而不征：只稽查不征税。讥，查问。

❹ 助而不税：指"耕者九一"的井田制是让农人只帮助种公田而不收税。

❺ 廛：这里指民居，与"廛而不征"的"廛"所指不同。

❻ 夫里之布：古代的一种税收名称，即"夫布""里布"，大致相当于后世的土地税、劳役税。

❼ 氓：指从别处移居来的移民。

❽ 天吏：顺从上天旨意的执政者。这里的"吏"不是指小官。

孟 子

> **解读**

　　孟子说："尊重有德行的人，使用有才干的人，杰出的人物都有职位，那么天下的士人都会高兴，愿意在那个朝廷中谋个职务了。市场上给予堆货栈房而不征税，把滞销的货物依法收购不使之积压，那么，天下的商人都乐于在这样的市场中做生意了；关市只稽查而不征税，那么天下的旅客都乐于在这样的路上旅行了；种庄稼只需井田制助耕公田而不再征税，那么天下的农民都乐于在这样的土地上耕种了；居民区没有额外的土地税和劳役税，那么天下的百姓都乐于成为这里的居民了。真正能够做到这五点，就连邻国的百姓都会把这样的国君当父母一样仰慕。如果有谁想率领这些百姓来攻打这样的国君，就好比率领儿女去攻打父母，自有人类以来就没有成功过的。如此，这样的国君就会天下无敌了。天下无敌的人可叫'天吏'。做到了这个程度还不能够使天下归服的，是从来没有过的。"

第六章

　　孟子曰："人皆有不忍人之心。先王有不忍人之心❶，斯有不忍人之政❷矣。以不忍人之心，行不忍人之政，治天下可运之掌上。所以谓人皆有不忍人之心者，今人乍见孺子将入于井，皆有怵惕❸恻隐之心。非所以内交❹于孺子之父母也，非所以要誉❺于乡党❻朋友也，非恶其声❼而然也。由是观之，无恻隐之心，非人也；无羞恶之心，非人也；无辞让之心，非人也；无是非之心，非人也。恻隐之心，仁之端也；羞恶之心，义之端也；辞让之心，礼之端也；是非之心，智之端也。人

公孙丑上

之有是四端也,犹其有四体也。有是四端而自谓不能者,自贼者也;谓其君不能者,贼其君者也。凡有四端于我者,知皆扩而充之矣,若火之始然⑧,泉之始达。苟能充之,足以保四海;苟不充之,不足以事父母。"

注释

① 不忍人之心:忍,残忍,忍心,即狠心。不忍人之心就是同情心,怜惜心。

② 不忍人之政:孟子主张的仁政。

③ 怵惕(chù tì):是恐惧警惕的意思。

④ 内交:内同"纳",结交、拉关系。

⑤ 要(yāo)誉:在这里是指要求好名声。

⑥ 乡党:在这里是乡里邻居的意思。

⑦ 恶(wù)其声:厌恶小孩啼哭或呼救的声音。

⑧ 然:古"燃"字。

解读

孟子说:"每个人都有怜悯之心。先王因为有怜悯之心,就有了怜悯别人的政治。凭着怜悯之心来实施怜悯别人的政治,治理天下就像在手掌玩弄物件一样。我之所以说人人都有怜悯之心,道理就在于:现在有人突然看到一个小孩要跌进井里去了,任何人都会有惊骇和哀痛的心理。这并不是为了要和这小孩的爹娘攀结交情,不是为了要在乡里朋友中间博取美誉,也不是厌恶那小孩的哭声。由此看来,一个人如果没有同情心,简直不是个人;如果没有羞耻心,简直不是个人;如果没有推让之心,简直不是个人;如果没有是非之心,简直不是个人。同情之心是仁的开端,羞耻之心是义的开端,推让之心是礼的开端,是非之心是智的开端。一个人有这四种开端,正好比他有四肢一样。有这四种开端却自己认为不行,这是自暴自弃，认为他的君主不行，便是暴弃他的君主。凡具备这四种开端的，如果懂得把它们扩充起来，便会像刚刚烧燃的火，终必不可扑灭；像刚流出的泉水，终必汇成江河。假若能够扩充，便足以安定天下；假若不扩充，便连赡养爹娘都不可能。"

第七章

孟子曰："矢人❶岂不仁于函人❷哉？矢人唯恐不伤人，函人唯恐伤人。巫❸、匠❹亦然，故术❺不可不慎也。孔子曰：'里仁为美。择不处仁，焉得智？'夫仁，天之尊爵也，人之安宅也。莫之御而不仁，是不智也。不仁不智，无礼无义，人役也。人役而耻为役，由❻弓人而耻为弓，矢人而耻为矢也。如耻之，莫如为仁。仁者如射，射者正己而后发，发而不中，不怨胜己者，反求诸己而已矣。"

注释

❶ 矢（shǐ）人：指的是造箭的工匠。
❷ 函人：制造铠甲的工匠。函，铠甲的意思。
❸ 巫：巫医。相传上古巫彭初作医。
❹ 匠：匠人，这里特指做棺材的木匠。
❺ 术：这里指选择谋生之术，也就是选择职业。
❻ 由：同"犹"。

解读

孟子说："造箭的人难道比造甲的人本性要残忍些吗？如果不是这

样，为什么造箭的人生怕他的箭不能伤害人，而造甲的人却生怕他的甲不能抵御刀箭而伤人呢？做巫医的和做木匠的也是这样。巫医唯恐自己的法术不灵，病人不得痊愈。木匠唯恐病人好了，棺材销不出去。可见一个人选择谋生之术不能不谨慎。孔子说：'与仁共处是好的。自己不选择与仁共处，怎么能说是聪明呢？'仁，是上天赐予的最尊贵的爵位，是人最安逸的住宅。没有人来阻止你，你却不仁，这是不明智的。不仁、不智、无礼、无义，这种人只能做别人的仆役。作为一个仆役而自以为耻，就好比造弓的人以造弓为耻，造箭的人以造箭为耻一样。如果真以为耻，不如好好地去实践仁义。实行仁义的人好比比赛射箭的人一样：射箭的人先必须端正自己的姿势然后才能开弓；如果没有射中，不能埋怨那些胜过自己的人，只能反过来审查自己哪里没做好罢了。"

第八章

　　孟子曰："子路，人告之以有过，则喜；禹闻善言，则拜。大舜有❶大焉，善与人同❷，舍己从人，乐取于人以为善。自耕稼、陶、渔以至为帝，无非取于人者。取诸人以为善，是与❸人为善者也。故君子莫大乎与人为善。"

注释

❶ 有：同"又"。
❷ 善与人同：是与人共同做善事的意思。
❸ 与：偕同，和……一起的意思。

孟 子

解读

孟子说:"子路,别人把他的错误指点给他,他便高兴。禹听到了善言,就给人敬礼。伟大的舜更是了不得,他对于行善,没有别人和自己的区分,抛弃自己的不是,接受人家的是,非常快乐地吸取别人的优点来自己行善。从他种庄稼、做瓦器、做渔夫一直到做天子,没有一处优点不是从别人那里吸取来的。吸取别人的优点来自己行善,这就是偕同别人一道行善。所以君子最高的德行就是和别人一道行善。"

第九章

孟子曰:"伯夷,非其君不事,非其友不友,不立于恶人之朝,不与恶人言。立于恶人之朝,与恶人言,如以朝衣朝冠坐于涂炭❶。推恶恶之心,思与乡人立,其冠不正,望望然❷去之,若将浼❸焉。是故诸侯虽有善其辞命而至者,不受也。不受也者,是亦不屑就已。柳下惠❹不羞汙君,不卑小官;进不隐贤,必以其道;遗佚❺而不怨,阨穷❻而不悯。故曰:'尔为尔,我为我,虽袒裼裸裎❼于我侧,尔焉能浼我哉?'故由由❽然与之偕而不自失焉,援而止之而止。援而止之而止者,是亦不屑去已。"孟子曰:"伯夷隘,柳下惠不恭。隘与不恭,君子不由也。"

注释

❶ 涂炭:肮脏之处。涂,泥巴。炭,炭灰。
❷ 望望然:在这里是指因愤怒而离去的样子。

③ 浼（měi）：在这里是沾染、污染的意思。

④ 柳下惠：人名。是春秋时期鲁国大夫。

⑤ 遗佚：放弃，遗漏，遗弃而不用。

⑥ 阨（è）穷：在这里是困厄、窘迫的意思。

⑦ 袒裼裸裎（tǎn xī luǒ chéng）：袒裼，露臂；裸裎，露体。指脱衣露体，没有礼貌。

⑧ 由由：在这里是指得意的样子。

解读

孟子说："伯夷这个人，不是他所理想的君主不侍奉，不够格的朋友不交往，不在凶恶的人的朝廷里做官，不与凶恶的人谈话；如果在恶人的朝廷里做官，和恶人交谈，就好像穿着礼服戴着礼帽坐在污泥和炭灰等污浊的地方上一样。推想他厌恶恶人的心理，想象他与乡下人站在一起，那人衣冠不整，他就会愤愤然离开，好像他将会被沾染上一样。因此，诸侯中虽然有人用动听的言辞来聘请他，他却不接受。不接受的原因，是因为他瞧不起那些人。柳下惠并不觉得侍奉贪官污吏是耻辱，不会因官职小而觉得卑贱；他进职不隐藏自己的才干，必定要按自己的主张行事；被冷落遗忘而隐逸也不怨恨，处于困窘之境也不发愁。所以他说：'你是你，我是我，即使有美女一丝不挂赤裸裸站在我身边，又怎么能迷惑沾染我呢？'所以他很随便地与她站在一起而不会失去理智，即使拉着他让他留下他也留下。拉着他让他留下他也留下的原因，是因为他瞧不起那些人。"

孟子又说："伯夷这个人狭隘，柳下惠有失庄严。狭隘和有失庄严，都是君子不该遵从和仿效的。"

公孙丑下

　　孟子在这里主要是从军事方面来分析论述天时、地利、人和之间关系的，而且观点鲜明。孟子说，有利的气候条件和时机不如有利的地理环境，有利的地理环境不如人心一致。方圆三里的内城，七里的外城，敌人四面包围攻打它而不能取胜。四面包围而攻打它，必定有好的时机和气候条件；然而却不能取胜，这是因为有利的气候条件和时机不如有利的地理环境。

　　城墙不是不高，护城河不是不深，武器不是不坚固锐利，粮食不是不充足；抛弃这些而逃走，这是有利的地理环境不如人心一致。所以说，不能凭借疆界来制约民众，不能仗恃山河险要来巩固国防，不能依靠武器的锋利来制伏天下。

　　坚持道义的得到的帮助多，失去道义的得到的帮助少。帮助少的到了极点，内外亲属都背叛他；帮助多的到了极点，天下人都归顺他。以全天下都归顺的力量，去攻打连亲属都反对的人，所以仁德的君主不战则已，一交战就取胜。

　　天、地、人三者的关系问题古往今来都是人们所关注的。三者之中，"人和"是最重要的，起决定作用的因素，"地利"次之，"天时"又次之。

　　"得道者多助，失道者寡助"就这样成了名言，以至于我们到现在还常常用它来评价国际关系，谴责霸权主义者。"天时不如地利，地利不如人和"也同样是名言，而且，还更为广泛地应用于商业竞争、体育比赛尤其是足球比赛之中。还有另一种说法"人心齐，泰山移"，正是"人和"的另一种解读。

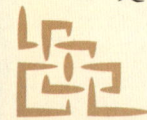

公孙丑下

第一章

　　孟子曰："天时①不如地利，地利不如人和。三里之城，七里之郭②，环而攻之而不胜。夫环而攻之，必有得天时者矣，然而不胜者，是天时不如地利也。城非不高也，池非不深也，兵③革④非不坚利也，米粟非不多也，委而去之，是地利不如人和也。故曰：域民⑤不以封疆之界，固国不以山溪之险，威天下不以兵革之利。得道者多助，失道者寡助。寡助之至，亲戚畔⑥之；多助之至，天下顺之。以天下之所顺，攻亲戚之所畔，故君子有不战，战必胜矣。"

注释

① 天时：古代行军作战要以阴阳时日占卜。
② 三里之城，七里之郭：内城叫"城"，外城叫"郭"。内外城比例一般是三里之城，七里之郭。
③ 兵：武器，指戈矛刀箭等攻击性武器。
④ 革：皮革，指甲胄。古代甲胄是用皮革做的，也有用铜铁做的。
⑤ 域民：限制人民。域，界限的意思。
⑥ 畔（pàn）：古又通"叛"，背叛的意思。

解读

　　孟子说："有利的气候条件和时机，不如有利的地理环境，有利的地理环境，不如人心一致。方圆三里的内城，七里的外城，敌人四面包围攻打它而不能取胜。四面包围而攻打它，必定有好的时机和气候条件；然而

孟子

却不能取胜，这就是有利的气候条件和时机，不如有利的地理环境。城墙不是不高，护城河不是不深，武器不是不坚固锐利，粮食不是不充足；抛弃这些而逃走，这就是有利的地理环境不如人心一致。所以说，不能凭借疆界来制约民众，不能仗恃山河险要来巩固国防，不能依靠武器的锋利来制伏天下。坚持道义的得到的帮助多，失去道义的得到的帮助少。帮助少的到了极点，内外亲属都背叛他；帮助多的到了极点，天下人都归顺他。以全天下都归顺的力量，去攻打连亲属都反对的人，所以仁德的君主不战则已，一交战就取胜。"

第二章

孟子将朝王❶，王使人来曰："寡人如❷就见者也，有寒疾，不可以风。朝，将视朝❸，不识可使寡人得见乎？"

公孙丑下

对曰:"不幸而有疾,不能造朝。"

明日,出吊于东郭氏❹,公孙丑曰:"昔者辞以病,今日吊,或者不可乎!"

曰:"昔者疾,今日愈,如之何不吊?"

王使人问疾,医来。孟仲子❺对曰:"昔者有王命,有采薪之忧❻,不能造朝。今病小愈,趋造于朝,我不识能至否乎?"

使数人要于路,曰:"请必无归,而造于朝。"

不得已而为之景丑氏❼宿焉。

景子曰:"内则父子,外则君臣,人之大伦也。父子主恩,君臣主敬。丑见王之敬子也,未见所以敬王也。"

曰:"恶!是何言也?齐人无以仁义与王言者,岂以仁义为不美也?其心曰:'是何足与言仁义也'云尔,则不敬莫大乎是。我非尧舜之道,不敢以陈于王前,故齐人莫如我敬王也。"

景子曰:"否,非此之谓也。《礼》曰:'父召无诺❽,君命召不俟驾❾。'固将朝也,闻王命而遂不果,宜❿与夫礼若不相似然。"

曰:"岂谓是与?曾子曰:'晋楚之富,不可及也。彼以其富,我以吾仁;彼以其爵,我以吾义,吾何慊乎哉?'夫岂不义而曾子言之?是或一道也。天下有达尊三:爵一,齿一,德一。朝廷莫如爵,乡党莫如齿,辅世长民莫如德,恶得有其一以慢其二哉?故将大有为之君,必有所不召之臣,欲有谋焉,则就之。其尊德乐道,不如是,不足与有为也。故汤之于伊尹,学焉而后臣之,故不劳而王;桓公之于管仲,学焉而后臣之,故不劳而霸。今天下地丑⓫德齐,莫能相尚,无他,好臣其所教,而不好臣其所受教。汤之于伊尹,桓公之于管仲,则不敢召。管仲且犹不可召,而况不为管仲者乎?"

| 孟 子

注释

① 王：在这里指的是齐宣王。
② 如：在这里是宜、当、应当的意思。
③ 朝（zhāo），将视朝（cháo）：第一个"朝"即清晨的意思；第二个"朝"即指朝廷。视朝，即在朝廷处理政务。
④ 东郭氏：在这里是指齐国的大夫。
⑤ 孟仲子：人名。孟子的堂兄弟，跟随孟子学习。
⑥ 采薪之忧：本意是说有病不能去打柴，引申为自称生病的代词。薪，柴草。
⑦ 景丑氏：也是齐国的大夫。
⑧ 父召无诺：听到父亲叫，不等说"诺"就要起身。
⑨ 不俟驾：不等到车马备好就起身。
⑩ 宜：义同"殆"，大概，恐怕。
⑪ 丑：类似，相近，同。

解读

孟子准备去朝见齐王，这时王派了个人来传话："我本应该来看你，但是感冒了，不能吹风。如果你肯来朝，我也将临朝办公，不知道你能让我见见面吗？"

孟子答道："很不幸，我也有病了，不能上朝。"

第二天，孟子却到东郭大夫家去吊丧。公孙丑问："昨天您托病推辞，今天却出门吊丧，这对吗？"

孟子说："昨天得病，今天好了，为何不能来吊丧？"

齐王派人来探望病情，连医生也来了。孟仲子说："昨天大王邀请，由于先生身患小恙，以致不能面见大王；今天病好了些，赶紧去上朝了，我也不知时间是否来得及？"

于是，孟仲子派多人在半路上截住孟子，说："先生请先不要回去，赶紧到朝廷去。"孟子迫不得已，只好到景丑家留宿。

景丑说："在家庭里有父子，在家庭外有臣之间以恭敬为主。我只看见王对你很尊敬，却没看见你对王是如何恭敬的。"

孟子答道："啊？这是什么话？齐国人当中，还没有以仁义道理向大王进言的人呢，难道他们认为仁义不好吗？其实不是。他们心里想的是：'这样的王哪里配得上和他谈论仁义呢？'这才是他们对齐王最大的不恭敬，至于我，不是尧舜之道就不敢拿来向齐王陈述。所以，齐国人没有谁比我更对齐王恭敬了。"

景丑说："不，我不是说的这个方面。《礼经》上说过，'父亲召唤，不等到应"诺"一声就起身；君王召唤，不等到车马备好就起身。'可您呢，本来就准备朝见齐王，听到齐王的召见却反而不去了，这似乎和《礼经》上所说的不大相合吧。"

孟子说："原来你说的是这个呀！曾子说过：'晋国和楚国的财富，没有人赶得上。不过，他有他的财富，我有我的仁；他有他的爵位，我有我的义。我有什么不如他的呢？'曾子说这些话难道没有道理吗？应该是有道理的吧。天下有三样最尊贵的东西：一样是爵位，一样是年龄，一样是德行。在朝廷上最尊贵的是爵位；在乡里最尊贵的是年龄；至于辅助君王治理百姓，最尊贵的是德行，他怎么能够凭爵位就来怠慢我的年龄和德行呢？所以，大有作为的君主一定有他不能召唤的大臣，如果他有什么事情需要出谋划策，就亲自去拜访他们。这就叫尊重德行喜爱仁道，不这样，就不能够做到大有作为。因此，商汤对于伊尹，先向伊尹学习，然后才以他为臣，于是不费大力气就统一了天下；桓公对于管仲，也是先向他学习，然后才以他为臣，于是不费大力气就称霸于诸侯。现在，天下各国的土地都差不多，君主的德行也都不相上下，相互之间谁也不能高出一筹，没有别的原因，就是因为君王们只喜欢用听他们话的人为臣，而不喜欢用能够教导他们的人为臣。商汤对于伊尹，桓公对于管仲就不敢召唤。管仲尚且不可以被召唤，更何况连管仲都不屑于做的人呢？"

孟 子

第三章

陈臻❶问曰:"前日于齐,王馈兼金❷一百而不受;于宋,馈七十镒而受;于薛,馈五十镒而受。前日之不受是,则今日之受非也;今日之受是,则前日之不受非也。夫子必居一于此矣。"

孟子曰:"皆是也。当在宋也,予将有远行,行者必以赆❸,辞曰:'馈赆。'予何为不受?当在薛也,予有戒心❹,辞曰:'闻戒,故为兵馈之。'予何为不受?若于齐,则未有处❺也。无处而馈之,是货❻之也,焉有君子而可以货取乎?"

注释

❶ 陈臻(zhēn):人名。是孟子的一名弟子。
❷ 兼金:质地上好的金,价值是普通金的一倍。金,并非黄金,一般指铜。
❸ 赆(jìn):给旅行的人送礼物,这里指路费。
❹ 戒心:防备别人的心理。
❺ 未有处:在这里是没有理由的意思。
❻ 货:这里用作动词,是收买、贿赂的意思。

解读

陈臻询问说:"以前先生在齐国,齐王赠送一百镒上等金,您不接受;在宋国,宋君送了七十镒,您接受了;在薛,薛君送了五十镒,您也接受了。如果以前不接受是对的,那么现在接受就是不对的;如果现在接受是对的,那么以前不接受就是不对的。在二者之中老师必定有一个是不对的。"

孟子说:"二者都是对的。在宋国时,我准备到远处去,远行的人必定要有路费,宋君说:'送上一些路费。'我为什么不接受呢?在薛的时候,听说路上有危险,我有戒备之心,薛王说:'听说您需要戒备,所以送一点买兵器的钱。'我为什么不接受呢?至于在齐国,就没有什么理由。没有理由而赠送钱,这就是贿赂。哪有君子可以接受贿赂的道理呢?"

第四章

孟子之平陆❶,谓其大夫❷曰:"子之持戟之士,一日而三失伍,则去之否乎?"

曰:"不待三。"

"然则子之失伍也亦多矣!凶年饥岁,子之民,老羸❸转于沟壑,壮者散而之四方者,几千人矣。"

曰:"此非距心❹之所得为也。"

曰:"今有受人之牛羊而为之牧之者,则必为之求牧与刍❺矣。求牧与刍而不得,则反诸其人乎,抑亦立而视其死与?"

曰:"此则距心之罪也。"

他日,见于王,曰:"王之为都者,臣知五人焉,知其罪者惟孔距心。"为王诵之。

王曰:"此则寡人之罪也。"

孟 子

> **注释**

① 平陆：齐国的边邑名，在今山东汶上以北。
② 大夫：此指平陆县的行政长官孔距心。
③ 羸（léi）：在这里是身体瘦弱的意思。
④ 距心：人名，即平陆县长官，姓孔，名距心。
⑤ 刍：这里是指喂养牲畜的草料。

> **解读**

孟子到了平陆，对当地的长官孔距心说："如果你的战士一天三次擅离职守，你会开除他吗？"

孔距心说："不必等三次。"

孟子说："那么您失职的地方也够多的了。在收成不好的年岁里，您的百姓，年老体弱的抛尸露骨在山沟中，以及年轻力壮逃荒到四方，将近一千人了。"

孔距心说："这不是我的力量能够做到的。"

孟子说："假如现在有个人，接受了别人的牛羊而替他放牧。那么必定要为牛羊寻找牧场和草料了；如果找不到牧场和草料，那么是把牛羊还给那个人呢，还是就站在那儿眼看看牛羊饿死呢？"

孔距心说："这就是我的罪过了。"

后来，孟子朝见齐王说："大王的地方长官我认识五个，能认识自己罪过的，只有孔距心。"孟子把他与孔距心的谈话给齐王复述了一遍。

齐王说："这也是我的罪过啊。"

第五章

孟子谓蚳䵷❶曰："子之辞灵丘❷而请士师❸，似也，为其可以言也。今既数月矣，未可以言与？"

蚳䵷谏于王而不用，致为臣而去。齐人曰："所以为蚳䵷，则善矣；所以自为，则吾不知也。"

公都子❹以告。

曰："吾闻之也：有官守者，不得其职则去；有言责者，不得其言则去。我无官守，我无言责也，则吾进退，岂不绰绰然有余裕哉？"

注释

❶ 蚳䵷（qí wā）：人名，是齐国的一个大夫。
❷ 灵丘：地名，是齐国边上的一个小城。
❸ 士师：官名，负责禁令、狱法、刑罚等，是法官的通称。
❹ 公都子：人名，是孟子的一个弟子。

解读

孟子对蚳䵷说："您辞去灵丘县官而请求做法官，这似乎很有道理，因为可以向齐王进言。可是现在你已经做了好几个月的法官了，还不能向齐王进言吗？"

蚳䵷向齐王进谏，齐王不听。蚳䵷因此辞职而去。齐国人说："孟子为蚳䵷的考虑倒是有道理，但是他怎样替自己考虑呢，我们就不知道了。"

孟子

公都子把齐国人的议论告诉了孟子。

孟子说:"我听说过:有官位的人,如果无法尽其职责就应该辞官不干;有进言责任的人,如果言不听,计不从,就应该辞职不干。至于我,既无官位,又无进言的责任,那我的进退去留,岂不是非常宽松而有自由的回旋余地吗?"

第六章

孟子为卿于齐,出吊于滕❶。王使盖❷大夫王驩❸为辅行。王驩朝暮见,反❹齐、滕之路,未尝与之言行事也。

公孙丑曰:"齐卿之位不为小矣,齐、滕之路不为近矣。反之而未尝与言行事,何也?"

曰:"夫既或治之,予何言哉?"

注释

❶ 滕:指的是春秋战国时代的滕国。
❷ 盖:齐国的一个邑名。
❸ 王驩(huān):盖邑的一个地方长官,是齐王的宠臣。
❹ 反:同"返",在这里是往返的意思。

解读

孟子在齐国任卿时,曾奉使到滕国去吊丧,齐王派盖邑大夫王驩作为副使。王驩同孟子朝夕相处,往返于齐、滕的旅途,孟子却不曾同他谈过吊丧的事。

公孙丑下

公孙丑问道:"齐卿的爵位,不算小了;齐、滕两国间的距离,不算近了,但来回一趟,却不曾同王驩谈过吊丧的事,这是为什么呢?"

孟子回答说:"他既然把事情都办了,我还说什么呢?"

第七章

孟子自齐葬于鲁❶。反于齐,止于嬴❷。充虞❸请曰:"前日不知虞之不肖,使虞敦匠❹,事严,虞不敢请。今愿窃有请也,木若以美然。"

曰:"古者棺椁无度❺,中古棺七寸,椁称之。自天子达于庶人,非直为观美也,然后尽于人心。不得,不可以为悦;无财,不可以为悦。得之为有财,古之人皆用之,吾何为独不然?且比化者❻无使土亲肤,于人心独无恔乎?吾闻之也,君子不以天下俭其亲。"

> 注释

❶ 自齐葬于鲁:孟子母亲在鲁国去世,时孟子在齐国做官,要赶赴鲁国埋葬母亲。

❷ 嬴:齐国南部的城市,靠近鲁国。

❸ 充虞:人名,是孟子的一名弟子。

❹ 敦匠:在这里是管理工匠的意思。

❺ 度:在这里是指厚薄的尺寸。

❻ 化者:在这里是死者的意思。

孟 子

> **解读**

　　孟子从齐国到鲁国埋葬母亲，又返回齐国，在嬴地暂停了下来。弟子充虞请问说："以前承蒙您高看我，让我负责管理棺椁的事。当时很匆忙，怕耽误了大事，我不敢请教。现在我想把心里的疑问说给您听：我认为棺木的质量似乎太好了些。"

　　孟子回答道："上古对棺椁的尺寸都没有规定，到中古时代，才规定棺木厚七寸，椁木的厚度以与棺木相配为准。从天子一直到平民百姓，讲究棺椁，并不仅仅是为了美观气派，而是必须这么做好了，才算活着的后代尽了孝心。如果为法规所限，不能用很好的木料，当然心中不好受；允许用很好的木料，没有足够财力置办，心里也不好受。有用很好木料的地位，财力又充足，古代的人都会这么做的，我为什么单单不这么做呢？而且只为了使死者的身体不和泥土接触，这么做对活着的后人来说就会心满意足了吗？我听说过这样的道理：有德行的人绝不会因为一心为天下人服务，就不充分地满足父母的物质需要。"

第八章

　　沈同❶以其私问曰："燕❷可伐与？"

　　孟子曰："可。子哙❸不得与人燕，子之❹不得受燕于子哙。有仕于此，而子悦之，不告于王，而私与之吾子之禄爵，夫士也，亦无王命而私受之于子，则可乎？何以异于是？"

　　齐人伐燕，或问曰："劝齐伐燕，有诸？"

　　曰："未也。沈同问：'燕可伐与？'吾应之曰：'可。'彼然而伐之也。彼如曰：'孰可以伐之？'则将应之曰：'为天吏❺则可以伐之。'今有杀人者，或问之曰：'人可杀与？'则将应之曰：'可。'彼如曰："孰可以杀之？'则将应之曰：'为士师，则可以杀之。'今以燕伐燕，何为劝之哉？"

注释

① 沈同：人名，是齐国的一个大臣。
② 燕：周代诸侯国名。本作匽、郾。周召公之后，世称北燕。战国时成为七雄之一。
③ 子哙：人名，是燕国的国君。
④ 子之：人名，是燕国的一个宰相。
⑤ 天吏：代表上天管理人民的官员之意。

解读

沈同以私人的身份问孟子："燕国可以攻伐吗？"

孟子说："可以！燕王子哙不应该把燕国轻率地交给别人，相国子之也不应该从子哙手中接受燕国。比方说，有这样一个人，你很喜欢他，便不向国君奏准而自作主张地把你的俸禄官位转让给他；而他呢，也没有得到国君的任命就从你手上接受了俸禄官位，这样行吗？子哙、子之私下互相授受的事和这个例子有什么不同吗？"

齐国去讨伐燕国。有人问："劝说齐国去攻伐燕国，有这回事吗？"

孟子说："没有！沈同私下问我：'燕国可以攻伐吗？'我回答说：'可以！'他们就这样去攻伐它了。如果他是问：'谁可以攻伐燕国？'我就会回答说：'只有代表上天管理人民的官员，才可以攻伐燕国。'比如现在有个杀人犯，有人问道：'犯人可以杀吗？'我将回答说：'可以！'如果他是问：'谁可以杀他呢？'我将回答说：'只有法官才有权杀他。'今以一个和燕国同样黑暗无道的齐国去攻打燕国，我怎么会劝说他们呢？"

第九章

燕人畔①。王曰："吾甚惭于孟子②。"

陈贾③曰："王无患焉。王自以为与周公孰仁且智？"

王曰："恶！是何言也？"

曰："周公使管叔监殷④，管叔以殷畔。知而使之，是不仁也；不知而使之，是不智也。仁智周公未之尽也，而况于王乎？贾请见而解之。"

见孟子，问曰："周公何人也？"

曰："古圣人也。"

曰："使管叔监殷，管叔以殷畔也，有诸？"

曰："然。"

曰："周公知其将畔而使之与？"

曰："不知也。"

"然则圣人且有过与？"

曰："周公，弟也；管叔，兄也，周公之过，不亦宜乎？且古之君子，过则改之；今之君子，过则顺之。古之君子，其过也，如日月之食⑤，民皆见之；及其更也，民皆仰之。今之君子，岂徒顺之，又从为之辞。"

注释

① 燕人畔：齐破燕，燕王哙死，子之亡。赵召燕公子职，遣乐池

公孙丑下

护送人燕而立为王。齐宣王志在吞并燕国，故云"畔"。

❷ 吾甚惭于孟子：孟子曾劝齐王"速出令，反其旄倪，止其重器，谋于燕众，置君然后去之"，齐宣王不听。

❸ 陈贾：人名，齐国的一名大夫。

❹ 周公使管叔监殷：武王既克纣，及封叔鲜于管，是为管叔，封叔度于蔡，是为蔡叔，使二人监纣子武庚，治殷遗民。

❺ 食：通"蚀"。这里是日食月食之意。

解读

燕国人起兵反抗齐国。齐王说："我对于孟子感到十分惭愧。"

陈贾说："大王不必耿耿于怀。您同周公相比，自以为谁更具有仁德和智慧？"

齐王说："嘿！你这是什么话？"

陈贾说："周公派管叔去监察殷国遗民，管叔率领殷国遗民叛乱。周公如预知这一结果而派遣管叔，这是没有仁德；如果没料到这一结果而派遣管叔，这是没有智慧。仁德和智慧，周公都没有完全达到，何况是大王呢？请让我去会见孟子，向他解释这件事。"

陈贾见到孟子，问他说："周公是什么样的人？"

孟子说："他是古代的圣人。"

陈贾说："他派管叔监察殷国遗民，管叔率领殷国遗民叛乱，有这么回事吗？"

孟子说："有。"

陈贾说："周公是预知管叔将要叛乱而派遣他的吗？"

孟子说："没有预料到。"

陈贾说："这么说来，圣人也有过错吗？"

孟子说："周公是弟弟，管叔是哥哥。周公的这种错误，不也是很近情理的吗？而且，古代的君子，有了过错就改正；现在的君子，有了过错却任其发展。古代的君子，他的过错像日食月食一样，百姓们都能看见；等到他改正时，百姓们都抬头望着他。现在的君子，岂止是任其发展，还要编造一番言辞来粉饰过错。"

第十章

孟子致为臣而归。王就见孟子，曰："前日愿见而不可得，得侍同朝，甚喜；今又弃寡人而归，不识可以继此而得见乎？"

对曰："不敢请耳，固所愿也。"

他日，王谓时子❶曰："我欲中国❷而授孟子室，养弟子以万钟❸，使诸大夫、国人皆有所矜式。子盍为我言之？"

时子因陈子❹而以告孟子，陈子以时子之言告孟子，孟子曰："然；夫时子恶知其不可也？如使予欲富，辞十万而受万，是为欲富乎？季孙曰：'异哉子叔疑！使己为政，不用，则亦已矣，又使其子弟为卿。人亦孰不欲富贵？而独于富贵之中有私龙断焉❺。'古之为市也，以其所有易其所无者，有司治之耳。有贱丈夫焉，必求龙断而登之，以左右望，而罔市利，人皆以为贱，故从而征之。征商自此贱丈夫❻始矣。"

> 注释
>
> ❶ 时子：人名，齐国的一个大臣。
> ❷ 中国：国都之中，"中"为介词，"国"指国都，即临淄城。
> ❸ 钟：古代容量单位。

④ 陈子：人名，指的是孟子的弟子陈臻。
⑤ 龙断：网罗市利之意。龙，同"垄"。
⑥ 丈夫：成年男子的通称。

解读

孟子辞去齐国大臣的职位准备回家。齐王来到孟子住处相见，说："以前想见您而见不到，后来能够在朝廷上共事，令人非常高兴。如今您又抛弃我而回家乡，不知从此以后还可以相见吗？"

孟子说："对此，我不敢有所期许，但却是我本来的愿望。"

过了一段时间，齐王对时子说："我想在城中给孟子一幢房屋，用万钟的粮食供养他的弟子，使国家的官吏和人民都有尊敬与效法的榜样。你为什么不去替我同孟子谈一谈？"

时子便托陈子转告孟子。陈子也就把时子的话告诉了孟子。孟子说："我知道了。时子那人怎能知道这事情不能做呢？假如我贪图财富，辞去十万钟的俸禄而接受一万钟的俸禄，这是贪图财富吗？季孙说过：'子叔疑这个人真怪！自己做官，不被任用，也就罢了，又让他的子弟做卿大夫。人谁不希望富贵？但是他偏偏希望把富贵垄断于一人之身。'古代设立集市，以其所有，交换其所无，有专门的机构来管理。但有一个卑贱的汉子，却希望把利益都垄断于自身，他左边瞧瞧，右边看看，想把好处都网罗过来。人们都认为这人卑贱，所以便征他的税。向商人征税就是从这个卑贱的人身上开始的。"

第十一章

孟子去齐，宿于昼①。有欲为王留行者，坐而言。不应，隐②几③

孟 子

而卧。客不悦曰："弟子齐❹宿而后敢言，夫子卧而不听，请勿复敢见矣。"

曰："坐，我明语子。昔者，鲁缪公❺无人乎子思❻之侧，则不能安子思；泄柳、申详无人乎缪公之侧，则不能安其身。子为长者虑，而不及子思，子绝长者乎？长者绝子乎？"

注释

❶ 昼：齐国西南部的近邑，在今山东淄博临淄西北。
❷ 隐：在这里是倚、靠的意思。
❸ 几：这是指古人席地而坐时有靠背的坐具。
❹ 齐：通"斋"。这里用为斋戒之意。
❺ 鲁缪公：鲁穆公，春秋战国时期鲁国的国君。
❻ 子思：战国初期思想家。相传曾授业于曾子。

解读

孟子离开齐国，在昼邑过夜。有个想为齐王挽留孟子的人，恭敬地坐着跟孟子说话。孟子不理会他，靠着小桌子打盹。客人不高兴地说："我先斋戒了一天，然后才敢来同您说话，而您却睡觉不听我的，今后并不敢来见您了。"

孟子说："坐下，我明白地告诉你。从前，鲁缪公对待子思，要是没有人在子思身边伺候致意，就不能使子思安心留下；要是没有贤人在鲁缪公身边，就不能使泄柳、申详安心。你替我这个长辈着想，却想不到鲁缪公怎样对待子思；这是你跟我这个长辈决绝呢，还是我这个长辈跟你决绝呢？"

公孙丑下

第十二章

孟子去齐。尹士❶语人曰:"不识王之不可以为汤武,则是不明也;识其不可,然且至,则是干❷泽❸也。千里而见王,不遇故去,三宿而后出昼,是何濡滞❹也?士则兹不悦。"

高子❺以告。曰:"夫尹士恶知予哉?千里而见王,是予所欲也;不遇故去,岂予所欲哉?予不得已也。予三宿而出昼,于予心犹以为速,王庶几改之!王如改诸,则必反予,夫出昼,而王不予追也,予然后浩然有归志。予虽然,岂舍王哉?王由❻足用为善。王如用予,则岂徒齐民安,天下之民举安!王庶几改之,予日望之。予岂若是小丈夫然哉?谏于其君而不受,则怒,悻悻然❼见于其面。去则穷日之力而后宿哉?"

尹士闻之曰:"士诚小人也。"

注释

❶ 尹士:是齐国人,名字叫尹士。
❷ 干:在这里是求取的意思。
❸ 泽:在这里是恩泽、恩惠的意思。
❹ 濡滞:迟延,犹豫不决。在这里是迟留的意思。
❺ 高子:人名,是孟子的一个弟子。
❻ 由:在这里是遵从、遵照的意思。
❼ 悻(xìng)悻然:怨恨、愤怒的样子。

孟子

解读

孟子离开齐国。尹士对别人说:"孟子如果不晓得齐王不能成为商汤、周武王那样的圣人,这是不聪明;如果明知他不能成为商汤、周武王,还来齐国,那就是为了追求禄位。不远千里来见齐王,得不到信用而离去,又在昼邑住了三天三夜才走,为什么这样磨磨蹭蹭的呢?我就不满意这一点。"

高子把尹士的话告诉了孟子。孟子说:"尹士哪里了解我呢?不远千里来见齐王,这是我的愿望;得不到信用而离去,难道是我所愿意的吗?我是不得已啊。我在昼邑住了三天三夜才走,在我心里还认为是很快的呢。我想王或许会改变态度:王如果改变态度,就一定会把我召回去。我离开了昼邑而王不派人来追,我这才毅然地有回乡的念头。我虽是这样,难道肯舍弃王吗?王还是可以行善的。王如果用我,那岂止齐国的百姓会得到安宁,天下的百姓都会得到安宁。我希望齐王能改变态度,我天天在盼望着!我难道会像那些器量狭小的人那样吗?规劝他的君主不被接受就生起气来,怨恨、愤怒的表情立即在脸上流露出来,一旦离开,就非要用尽一天的力气拼命快走,然后才肯歇宿吗?"

尹士听了孟子这话,说:"我实在是个小人啊!"

第十三章

孟子去齐,充虞路问曰:"夫子若有不豫色❶然。前日虞闻诸夫子曰:'君子不怨天,不尤人❷。'"

曰:"彼一时,此一时也。五百年必有王者兴,其间必有名世者❸。由周而来,七百有余岁矣。以其数,则过矣;以其时考之,则可

公孙丑下

矣。夫天未欲平治天下也，如欲平治天下，当今之世，舍我其谁也？吾何为不豫哉？"

注释

① 不豫色：不悦，不高兴。豫，快乐，愉快。
② 不怨天，不尤人：引自《论语·宪问》。尤，责怪、抱怨。
③ 名世者：指有名望而辅佐君王的人。

解读

孟子离开齐国，充虞在路上问道："老师的样子似乎有些不快乐。可是以前我曾听老师您讲过：'君子不抱怨上天，不责怪别人。'"

孟子说："那是一个时候，现在又是另一个时候。从历史上来看，每五百年就会有一位圣贤君主兴起，其中必定还有名望很高的辅佐者。从周武王以来，到现在已经七百多年了。从年数来看，已经超过了五百年；从时势来考察，也应该是时候了。大概老天不想使天下太平吧，如果想使天下太平，在当今这个世界上，除了我还有谁呢？我为什么不快乐呢？"

第十四章

孟子去齐，居休①。公孙丑问曰："仕而不受禄，古之道乎？"

曰："非也。于崇，吾得见于王，退而有去志，不欲变，故不受也。继而有师命②，不可以请。久于齐，非我志也。"

孟　子

注释

① 休：地名，在今山东滕州北。
② 师命：师旅之命，指发生战争。

解读

孟子离开齐国，住在休地。公孙丑问他："做官而不接受俸禄，是古时候的道理吗？"

孟子说："不是，在崇地的时候我见到齐王，退下来我就有离开的想法，我不想改变这种想法，所以就不接受俸禄。后来发生了战争，不能够申请离开。长期留在齐国，不是我的想法。"

滕文公上

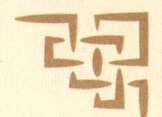

开篇讲的是滕文公还是世子的时候会见孟子的故事。这一章文字很长,内容却并不算太复杂。既可以把它看成孟子对当时流行的农家学说的有力批驳,又可以把它看成孟子对于社会分工问题的系统论述。

社会分工是人类历史发展的必然规律,也是文明的表现。从理论上说,生产力的发展必然导致社会分工,这是不可阻挡的历史趋势;社会分工又将进一步促进生产力的发展和社会进步,这也是必然的结果。

从实际情况来看,在原始社会中出现了农业和畜牧业的分离,这是第一次社会大分工。在原始社会末期,又出现了农业和手工业的分工。更进一步,随着人类由原始社会向文明社会过渡,脑力劳动和体力劳动之间、管理者与被管理者之间的分工也不可避免地出现了。

而这种分工的出现,就必然导致统治与被统治者、管理者与被管理者,甚至是压迫者与被压迫者、剥削者与被剥削者,一言以蔽之,也就是阶级矛盾和阶级对立的出现。这种分工和矛盾对立的出现,从人类发展的总体上来看,是不可阻挡的必然趋势;但从局部的阶段性的角度来看,它又充满了尖锐的斗争,充满了暴力和邪恶。正是面对这种令人困惑的复杂情况,思想家们提出了各自的观点和解决问题的办法。

孟子把各种社会问题的出现都归咎于社会分工,认为"贤者与民并耕而食,饔飧而治"是解决社会矛盾的最佳办法。

孟 子

第一章

滕文公为世子,将之楚,过宋而见孟子。孟子道性善,言必称尧舜❶。世子自楚反,复见孟子。

孟子曰:"世子疑吾言乎?夫道一而已矣。成𰯼❷谓齐景公曰:'彼,丈夫也;我,丈夫也。吾何畏彼哉?'颜渊曰:'舜,何人也?予,何人也?有为者亦若是。'公明仪❸曰:'文王,我师也,周公岂欺我哉?'今滕,绝长补短,将五十里也,犹可以为善国。《书》曰:'若药不瞑眩❹,厥疾不瘳。'"

注释

❶ 言必称尧舜:是开口不离尧舜的意思。
❷ 成𰯼(jiàn):是齐国人的人名。
❸ 公明仪:鲁国贤人,曾子的弟子。
❹ 瞑眩(míng xuàn):头晕目眩的意思。

解读

滕文公做太子的时候,准备去楚国,途经宋国时会见了孟子。孟子与他谈论了人性本是善良的道理,开口、闭口都不离尧和舜。

太子从楚国返回后,又去会见了孟子。

孟子说:"太子怀疑我说的话吗?天下的道理就这么一个。成𰯼对齐景公说:'他,是个男子汉;我,也是个男子汉。我凭什么畏惧他呢?'颜渊说:'舜是什么样的人?我是什么样的人?有作为的人都会像他那

滕文公上

样。'公明仪说：'周文王是我的老师，周公哪会骗我呢？'现在的滕国，截长补短，方圆将近五十里，还是可以治理成一个好国家。《尚书》上讲：'如果药物不让患者吃得头昏眼花，他的病就不会痊愈。'"

第二章

滕定公薨①，世子谓然友②曰："昔者孟子尝与我言于宋，于心终不忘。今也不幸至于大故③，吾欲使子问于孟子，然后行事。"

然友之邹问于孟子。

孟子曰："不亦善乎！亲丧，固所自尽④也。曾子曰：'生，事之以礼；死，葬之以礼，祭之以礼，可谓孝矣。'诸侯之礼，吾未之学也。虽然，吾尝闻之矣。三年之丧，齐疏之服❺，飦❻粥之食，自天子达于庶人，三代共之。"

然友反命，定为三年之丧。父兄百官皆不欲，曰："吾宗国❼鲁先君莫之行，吾先君亦莫之行也，至于子之身而反之，不可。且《志》曰：'丧祭从先祖。'曰：'吾有所受之也。'"

谓然友曰："吾他日未尝学问，好驰马试剑，今也父兄百官不我足也，恐其不能尽于大事，子为我问孟子。"

然友复之邹问孟子。

孟子曰："然，不可以他求者也。孔子曰：'君薨，听于冢宰，歠❽粥，面深墨，即位而哭，百官有司莫敢不哀，先之也。'上有好者，下必有甚焉者矣。君子之德，风也；小人之德，草也，草尚之风，必偃。'是在世子。"

然友反命。世子曰："然，是诚在我。"

五月居庐，未有命戒，百官族人可，谓曰知。及之葬，四方来观之，颜色之戚，哭泣之哀，吊者大悦。

注释

❶ 薨（hōng）：君主时代称诸侯或大官等人的死。
❷ 然友：人名，担任辅导太子的老师。
❸ 大故：重大的事故，指大丧、凶灾之类。
❹ 自尽：在这里是指尽自己最大的努力。
❺ 齐疏之服：用粗布做的缝边的丧服。齐，指衣服缝边。古代丧服叫作衰，不缝衣边的叫"斩衰"，缝衣边的叫"齐衰"。
❻ 飦（zhān）：稠粥。粥：稀粥。这里是偏义复词，指稀粥。
❼ 宗国：滕国面积小，是鲁国的附庸，故称鲁为"宗国"。

⑧ 歠（chuò）：指可以喝的，如粥、羹汤等。

解读

滕定公死了，太子对老师然友说："上次在宋国的时候孟子和我谈了许多，我记在心里久久不忘。今天不幸父亲去世，我想请您先去请教孟子，然后才办丧事。"

然友便到邹国去向孟子请教。

孟子说："好得很啊！父母的丧事本来就应该尽心竭力。曾子说：'父母活着的时候，依照礼节侍奉他们；父母去世，依照礼节安葬他们，依照礼节祭祀他们，就可以叫作孝了。'诸侯的礼节，我没有专门学过，但却也听说过。三年的丧期，穿着粗布做的孝服，喝稀粥，从天子一直到老百姓，夏、商、周三代都是这样的。"

然友回国报告了太子，太子便决定实行三年的丧礼。滕国的父老官吏都不愿意。他们说："我们的宗主鲁国的历代君主没有这样实行过，我们自己的历代祖先也没有这样实行过，到了您这一代便改变祖先的做法，这是不应该的。而且《志》上说过：'丧礼祭祖一律依照祖先的规矩。'还说：'道理就在于我们有所继承。'"

太子对然友说：'我过去没有做什么学问，只喜欢跑马舞剑。现在父老官吏们都对我实行三年丧礼不满，恐怕我处理不好这件大事，请您再去替我问问孟子吧！"

然友再次到邹国请教孟子。

孟子说："要坚持这样做，不可以改变。孔子说过：'君王死了，太子把一切政务都交给家事代理，自己每天喝稀粥，脸色深黑，就临孝子之位便哭泣，大小官吏没有谁敢不悲哀，这是因为太子亲自带头的缘故。'在上位的人有什么喜好，下面的人一定就会喜好得更厉害。领导人的德行是风，老百姓的德行是草。草受风吹，必然随风倒。所以，这件事完全取决于太子。"

然友回国报告了太子。太子说:"是啊,这件事确实取决于我。"

于是太子在丧庐中住了五个月,没有颁布过任何命令和禁令,大小官吏和同族的人都很赞成,认为太子知礼。等到下葬的那一天,四面八方的人都来观看,太子面容的悲伤,哭泣的哀痛,使前来吊丧的人都非常满意。

第三章

滕文公问为国。孟子曰:"民事❶不可缓也。《诗》云:'昼尔于茅❷,宵尔索绹❸;亟其乘屋❹,其始播百谷。'民之为道也,有恒产者有恒心,无恒产者无恒心。苟无恒心,放辟邪侈,无不为己。及陷乎罪,然后从而刑之,是罔民也。焉有仁人在位罔民而可为也?是故贤君必恭俭礼下,取于民有制。阳虎曰:'为富不仁矣,为仁不富矣。'夏后氏五十而贡,殷人七十而助,周人百亩而彻,其实皆什一也。彻❺者,彻也;助者,藉❻也。龙子曰:'治地莫善于助,莫不善于贡。'贡者,校数岁之中以为常。乐岁,粒米狼戾❼,多取之而不为虐,则寡取之;凶年,粪其田而不足,则必取盈焉。为民父母,使民盻盻然❽,将终岁勤动,不得以养其父母,又称贷而益之,使老稚转乎沟壑,恶在其为民父母也?夫世禄,滕固行之矣。《诗》云:'雨我公田,遂及我私。'惟助为有公田。由此观之,虽周亦助也。设为庠、序、学、校以教之,庠者养也,校者教也,序者射也。夏曰校,殷曰序,周曰庠,学则三代共之,皆所以明人伦也。人伦明于上,小民亲于下。有王者起,必来取法,是为王者师也。《诗》云'周虽旧邦,其命惟新',文王之谓也。子力行之，亦以新子之国。"

使毕战问井地。

孟子曰："子之君将行仁政，选择而使子，子必勉之！夫仁政，必自经界始。经界不正，井地不钧，谷禄不平，是故暴君污吏必慢其经界。经界既正，分田制禄可坐而定也。夫滕壤地褊小，将为君子焉，将为野人焉。无君子，莫治野人；无野人，莫养君子。请野九一而助，国中什一使自赋。卿以下必有圭田，圭田五十亩，余夫二十五亩。死徙无出乡，乡田同井，出入相友，守望相助，疾病相扶持，则百姓亲睦。方里而井，井九百亩，其中为公田。八家皆私百亩，同养公田，公事毕，然后敢治私事，所以别野人也。此其大略也，若夫润泽之，则在君与子矣。"

注释

❶ 民事：指与老百姓有关的事务。

❷ 昼尔于茅：白天去割茅草。昼，白天；尔，语气助词；茅，名词动用，割茅草。

❸ 宵尔索绹（táo）：在晚上搓好绳索。索绹，制绳索。

❹ 亟（jí）其乘屋：赶快修理房屋。亟，急；乘，修理。

❺ 彻：通的意思，是说周朝的这种税制是天下通行的税制。

❻ 藉（jiè）：借的意思，是说这种税制之所以叫"助"，是因为要借民力来耕种公田。

❼ 粒米狼戾（lì）：粒米，谷米，泛指粮食；狼戾，狼藉。

❽ 盻（xì）盻然：在这里是指勤劳不得休息的样子。

解读

滕文公询问治国的事情。孟子说："老百姓的事是刻不容缓的。《诗经》上说：'白天出外割茅草，晚上搓绳长又长，急急忙忙盖屋顶，开春就要播种五谷。'老百姓的基本情况是，有一定产业的人会有一颗永恒的向善的心，没有一定产业的人就不会有一颗永恒的向善的心。如果没有一颗永恒的向善的心，那么违礼犯法、胡作非为的事，什么都干得出来。等到他们犯了罪，然后便用刑罚处置他们，这就像是布下罗网陷害百姓。哪有有仁德的人做了君主却干陷害百姓的事的呢？所以贤明的君主必定要恭敬、节俭，以礼对待臣下，向百姓征税有一定的制度。阳虎曾说：'要发财致富就不能仁爱，要仁爱就不能发财致富。'夏朝每家授田五十亩，赋税采用'贡'法；商朝每家授田七十亩，赋税采用'助'法；周朝每家授田一百亩，赋税采用'彻'法，其实税率都是十分抽一。'彻'是'通'的意思；'助'是'借'的意思。龙子说：'管理土地的税法，没有比"助"法更好的，没有比"贡"法更差的。'贡法是比较若干年的收成确定一个常数，按常数收税。丰收年成，粮食多得到处抛撒，多征些粮不算暴虐，却征收得少；荒灾年成，每家粮食的收获量甚至还不够第二年给田地施肥的费用，而贡法却非要足数征收。国君作为百姓的父母，却使百姓一年到头劳累不堪，结果还不能养活父母，还得靠借贷来补足赋税，使得老人孩子抛尸于山沟野外，这样的国君哪能算是百姓的父母呢？做官的世代享受俸禄，滕国本来就实行了。《诗经》上说：'雨降到我们的公田里，于是也降到我们的私田里。'只有实行助法才有公田。由此看来，就是周朝也实行助法。要设立庠、序、学、校来教导百姓。'庠'是教养的意思；'校'是教导的意思；'序'是习射的意思。地方学校，夏代时叫'校'，商代时叫'序'，周代时叫'庠'，至于'大学'，三代共用这个名称，这些学校都是用来教人伦常关系的。这些伦常关系，诸侯卿大夫士都明白了，百姓自然就会紧密地团结在一起了。如果有圣王出现，必然会来效法的，这样就成了圣王的老师了。《诗经》上说：'周虽是古老的诸侯国，却新接受了天命。'这是说文王的。您努力实行吧，也以此来使您的国家为之一新。"

滕文公派毕战来请教井田的问题。

孟子说:"您的国君打算施行仁政,选派你到我这里来询问,你一定要努力啊!要行仁政,一定要从划定田界开始。划定田界不正,井田的大小就不均匀,作为俸禄的田租收入就不公平,因此暴君污吏必定要搞乱田地的界限。田界划分公正了,那么分配井田,制定官吏的俸禄,就可轻而易举地办好了。没有官吏,就没有人来管理老百姓;没有老百姓,就没有人来供养有关官吏。请考虑在郊野实行九分抽一的助法,在都市自行交纳十分抽一的赋税。卿以下的官吏一定要有可提供祭祀费用的圭田,圭田定为五十亩,对家中未成年的男子,另给二十五亩。百姓丧葬迁居都不离乡,土地在同一井田的各家,出入相互友爱,守卫防盗相互帮助,有病相互照顾,那么百姓之间就亲近和睦了。每一方里的土地定为一个井田,每一井田九百亩地,中间一百亩是公田。八家都有一百亩私田,首先共同耕作公田,公田耕种完毕,才敢忙私田上的农活,这就是使官吏和老百姓有所区别的办法。这是井田制的大概情况,至于如何改进完善,那就要靠你的国君和你的努力了。"

第四章

有为神农之言者许行,自楚之滕,踵门❶而告文公曰:"远方之人闻君行仁政,愿受一廛而为氓。"

文公与之处。其徒数十人,皆衣褐,捆屦、织席以为食❷。陈良之徒陈相与其弟辛,负耒耜而自宋之滕,曰:"闻君行圣人之政,是亦圣人也,愿为圣人氓。"

陈相见许行而大悦,尽弃其学而学焉。

| 孟 子

陈相见孟子，道许行之言曰："滕君则诚贤君也，虽然，未闻道也。贤者与民并耕而食，饔飧③而治。今也滕有仓廪府库，则是厉民而以自养也，恶得贤？"

孟子曰："许子必种粟而后食乎？"

曰："然。"

"许子必织布而后衣乎？"

曰："否，许子衣褐。"

"许子冠乎？"

曰："冠。"

曰："奚冠？"

曰："冠素。"

曰："自织之与？"

曰："否，以粟易之。"

曰："许子奚为不自织？"

曰："害于耕。"

曰："许子以釜甑爨，以铁耕乎④？"

曰："然。"

"自为之与？"

曰："否，以粟易之。"

"以粟易械器者，不为厉陶冶⑤；陶冶亦以其械器易粟者，岂为厉农夫哉？且许子何不为陶冶，舍皆取诸其宫中而用之？何为纷纷然与百工交易？何许子之不惮烦？"

曰："百工之事固不可耕且为也。"

"然则治天下独可耕且为与？有大人之事，有小人之事。且一人之身，而百工之所为备，如必自为而后用之，是率天下而路也。故曰，或劳心，或劳力，劳心者治人，劳力者治于人；治于人者食人，治人者食于人，天下之通义也。当尧之时，天下犹未平，洪水横流，泛滥于天下，草木畅茂，禽兽繁殖，五谷不登，禽兽逼人，兽蹄鸟迹之道交于中国。尧独忧之，举舜而敷治焉。舜使益掌火，益烈山泽而焚之，禽兽逃匿。禹疏九河，瀹济漯⁶而注诸海；决汝汉，排淮泗而注之江，然后中国可得而食也。当是时也，禹八年于外，三过其门而不入，虽欲耕，得乎？后稷⁷教民稼穑，树艺五谷，五谷熟而民人育。人之有道也，饱食、暖衣、逸居而无教，则近于禽兽。圣人有忧之，使契为司徒，教以人伦：父子有亲，君臣有义，夫妇有别，长幼有叙，朋友有信。放勋⁸曰：'劳之来之，匡之直之，辅之翼之，使自得之，又从而振德之。'圣人之忧民如此，而暇耕乎？尧以不得舜为己忧，舜以不得禹、皋陶为己忧。夫以百亩之不易为己忧者，农夫也。分人以财谓之惠，教人以善谓之忠，为天下得人者谓之仁。是故，以天下与人易，为天下得人难。孔子曰：'大哉尧之为君！惟天为大，惟尧则之。荡荡乎，民无能名焉。君哉舜也！巍巍乎，有天下而不与焉。'尧舜之治天下，岂无所用其心哉，亦不用于耕耳。吾闻用夏变夷者，未闻变于夷者也。陈良，楚产也，悦周公、仲尼之道，北学于中国，北方之学者未能或之先也，彼所谓豪杰之士也。子之兄弟事之数十年，师死而遂倍之。昔者孔子没，三年之外，门人治任将归，入揖于子贡，相向而哭，皆失声，然后归。子贡反，筑室于场独居三年，然后归。他日，子夏、子张、子游以有若似圣人，欲以所事孔子事之，强曾子。曾子曰：'不可。江汉以濯之，秋阳以暴⁹之，皓皓ⁱ⁰乎不可尚已。'今也南蛮鴃舌之人，非先王之道，子倍子之师而学之，亦异于曾子矣。吾闻出于幽谷迁于乔木者，

孟 子

未闻下乔木而入于幽谷者。《鲁颂》曰：'戎狄是膺，荆舒是惩。'周公方且膺之，子是之学，亦为不善变矣。"

"从许子之道，则市贾不贰，国中无伪，虽使五尺之童适市，莫之或欺。布帛长短同则贾相若，麻缕丝絮轻重同则贾相若，五谷多寡同则贾相若，屦大小同则贾相若。"

曰："夫物之不齐，物之情也，或相倍蓰❶，或相什百，或相千万。子比而同之，是乱天下也。巨屦小屦同贾，人岂为之哉？从许子之道，相率而为伪者也，恶能治国家？"

注释

❶ 踵（zhǒng）门：在这里是登门拜见的意思。踵，至，到。

❷ 衣褐，捆屦、织席以为食：穿粗麻衣，靠编草鞋、织草席谋生。衣，动词，穿；褐，粗麻短衣；屦，草鞋。

❸ 饔飧（yōng sūn）：饔，早餐；飧，晚餐。

❹ 釜：金属制的锅。甑（zèng）：用瓦做的茶饭器。爨（cuàn）：烧火做饭。铁：指用铁做的农具。

❺ 陶冶：指的是制陶、冶铁的工匠。

❻ 瀹（yuè）济漯（tà）：瀹，疏通，疏导；济漯，济水和漯水。

❼ 后稷：相传为周的始祖，名弃，尧帝时为农师。

❽ 放勋：尧的称号，放是大，勋是功劳，原本是史官的赞誉之辞，后来成为尧的称号。

❾ 秋阳以暴：秋阳，周历七八月相当于夏历五六月，所以这里所说的秋阳实际相当于今天的夏阳。暴，同"曝"，晒。

❿ 皓皓（hào）：指的是光明洁白的样子。

⓫ 蓰（xǐ）：五倍。后文的什、百、千、万都是指倍数。

滕文公上

解读

有一个奉行神农学说、名叫许行的人,从楚国到滕国,登门拜见滕文公,对他说:"我这个远方来的人听说您推行仁政,希望得到一个住所,做您的百姓。"

滕文公拨给了他住房。许行的门徒有几十人,都穿着粗麻织成的短服,以打草鞋、织席子谋生。陈良的门徒陈相和他的弟弟陈辛,扛着农具从宋国到滕国,说:"听说国君实行圣人的政治,国君也就是圣人了,我们希望做圣人的百姓。"

陈相见到许行,非常高兴,完全抛弃自己从前的学说,而向许行学习。

陈相见到孟子,转述许行的话说:"滕国君主,的确是个贤明的君主,虽然如此,还不懂得治国的道理。贤明的君主要和百姓一道耕种而维持生活,要亲自做饭,还要管理国事。现在滕国有储粮仓和财物库,这是

105

损害百姓来养活自己,哪里称得上贤明呢?"

孟子问:"许子一定要亲手种了谷粟才吃饭吗?"

陈相答:"是的。"

孟子问:"许子一定要亲手织布后才穿衣服吗?"

陈相答:"不是,许子只穿粗麻织成的衣服。"

孟子问:"许子戴帽子吗?"

陈相答:"戴。"

孟子问:"他戴什么帽子?"

陈相答:"戴白丝帽子。"

孟子问:"是自己织的吗?"

陈相答:"不是,是用谷粟换的。"

孟子问:"许子为什么不自己织呢?"

陈相答:"因为那会妨碍耕种。"

孟子问:"许子用锅甑做饭,用铁器耕田吗?"

陈相答:"是的。"

孟子问:"这些东西是他亲自制造的吗?"

陈相答:"不是,是用谷粟换的。"

孟子说:"用谷粟换取器械,不算是损害瓦匠铁匠;瓦匠铁匠也用器械换取谷粟,又哪里算是损害农夫呢?而且,许子为什么不烧窑冶铁,各种器械都从家中取用?为什么频繁地和各类工匠进行交易?为什么许子如此不嫌麻烦?"

陈相答:"各类工匠的工作,本来就不是能够一边耕种一边操作的。"

孟子说:"那么,难道治理天下偏偏能和耕种同时进行吗?有官吏的事情,有百姓的事情。况且,一个人身上所需要的生活资料,须靠各类工匠的产品才能齐备。如果每一种都一定要亲自制作才使用,那等于全天下的人都时刻奔走在道路上。所以说,有的人做脑力劳动,有的人做体力劳动,脑力劳动者统治人,体力劳动者受人统治;被统治者供养别人,统治者被人供养,这是普天之下通行的原则。在尧那个时代,天下还不太平,大水横溢,四处泛滥成灾,草木茂盛,飞禽走兽繁殖成群,五谷歉收,禽兽威胁人类安全,兽蹄鸟迹的印痕,全国随处可见。只有尧一人为此忧虑,他选派舜统领治理工作。舜命令伯益掌管火政,伯益放火烧山林川泽的草木,使禽兽逃散藏匿。禹又疏浚九条河道,疏通济水漯水而注入大海中;挖掘汝水汉水,开凿淮水泗水,疏导入长江,然后中原地区才能够耕种田地。在这个时候,禹在外地八年,三次经过自己的家门都没进去,即使他想耕种,能行吗?后稷教导百姓耕种收割,栽培五谷,五谷成熟了,百姓得以维持生活。人类生活是有规范的,吃饱了、穿暖了、住得安逸了,如果没有教养,那就跟禽兽差不多。圣人又为此忧虑,委任契担任司徒,以人际关系准则来教育人们:父子之间有血缘之亲,君臣之间有尊卑之义,夫妇之间有内外之别,长幼之间有上下之序,朋友之间有真诚之信。放勋说:'慰劳他们,安抚他们,纠正他们,训导他们,辅助他们,佑护他们,使他们各得其所,然后又予以提携和督察。'圣人忧虑百姓到这种地步,还有余暇耕种吗?尧把得不到舜这样的人作为自己的忧虑,舜把得不到禹、皋陶这样的人作为自己的忧虑。把百亩之地没耕种好作为忧虑的,那是农夫。把财物分给别人叫恩惠,把善良教给别人叫忠诚,为天下发现人才叫仁爱。所以说,把天下让给别人容易,为天下发现人才困难。孔子说:'尧做天子,真是伟大啊!只有天最伟大,也只有尧效法天,他的恩德浩荡,百姓不知怎样称赞他!舜也是伟大的君主!他的功勋崇高,却好像和他不相关似的。'尧舜治理天下,难道没有用尽心思吗,只是没有用在耕种上而已。我只听说过用华夏制度改变蛮夷制度,没有听说过用蛮夷制度改变华夏制度。陈良是楚国土生土长的人,喜爱周公、孔子的学说,由南到北求学于中原。北方的学者,没人能超过他,他真称得上是豪杰之士了。你们兄弟侍奉他几十年,老师一死竟然背叛了他。从前孔子死了,三年之后,门人收拾行装准备回家,走进子贡住处作揖告别，相对而哭，都泣不成声，然后才回去。子贡又回到墓地，在祭场搭建小屋，独自住了三年，然后才回去。过了些日子，子夏、子张、子游认为有若有点像孔子，想用侍奉孔子的礼节来侍奉有若，勉强曾子同意。曾子说：'不可以。孔子就像用长江汉水的水流冲洗过，用农历五六月的太阳曝晒过，光辉洁白无以复加。'现在，许行这怪腔怪调的南方蛮子，非难前代圣王的学说，你们却背叛你们的老师而向他学习，和曾子的态度太不相同了。我只听说过小鸟飞出幽暗山谷迁往高大树木上，没有听说过它飞下高大树木迁往幽暗山谷的。《鲁颂》中说：'痛击北狄和西戎，严惩荆舒使之痛。'这种国家，周公还要攻打它，你却学它的落后东西，这也是不善于变化啊！"

陈相说："听从许子的学说，市场的物价就没有两样，城内没有欺骗行为，即使五尺长的儿童到市场上去，也没有人欺骗他。布匹丝绸的长短相同，价格就一样；麻线丝絮的轻重相同，价格就一样；粮食的数量相同，价格就一样；鞋子的大小相同，价格就一样。"

孟子说："各类产品的品种质量不一致，这是自然的，有的价格相差一倍五倍，有的相差十倍百倍，有的价格相差千倍万倍。你把它们拉平，这是扰乱天下。粗糙的鞋和精致的鞋都卖一个价，人们难道愿意这样干吗？听从许子的学说，会一个接一个地弄虚作假，怎么能够治理好国家呢？"

第五章

墨者夷之❶因徐辟❷而求见孟子。孟子曰："吾固愿见，今吾尚病，病愈，我且往见，夷子不来。"

他日，又求见孟子。孟子曰："吾今则可以见矣。不直❸，则道不见，我且直之。吾闻夷子墨者，墨之治丧也，以薄为其道也。夷子思以易天下，岂以为非是而不贵也？然而夷子葬其亲厚，则是以所贱事亲也。"

　　徐子以告夷子。夷子曰："儒者之道，古之人'若保赤子'❹，此言何谓也？之则以为爱无差等，施由亲始。"

　　徐子以告孟子。孟子曰："夫夷子，信以为人之亲其兄之子，为若亲其邻之赤子乎？彼有取尔也，赤子匍匐将入井，非赤子之罪也。且天之生物也，使之一本，而夷子二本故也。盖上世尝有不葬其亲者，其亲死则举而委之于壑❺。他日过之，狐狸食之，蝇蚋❻姑嘬之。其颡❼有泚，睨而不视。夫泚❽也，非为人泚，中心达于面目，盖归反虆梩❾而掩之。掩之诚是也，则孝子仁人之掩其亲，亦必有道矣。"

　　徐子以告夷子。夷子怃然为间❿，曰："命之矣！"

注释

❶ 墨者夷之：信奉墨子学说，名叫夷之的人。

❷ 徐辟：人名，孟子的一个学生。

❸ 直：在这里是纯正而天真无邪的意思。

❹ 若保赤子：就像保护婴儿一样。赤子，婴儿。

❺ 委之于壑（hè）：抛弃在山沟里。委，抛弃；壑，山沟。

❻ 蚋（ruì）：一种昆虫。这里是指小蚊子。

❼ 颡（sǎng）：在这里是额，脑门的意思。

❽ 泚（cǐ）：蘸，浸湿。这里是指出汗的样子。

❾ 虆梩（lěi sì）：盛土的箕和挖土的锹。

❿ 怃然为间：怃然，怅惘的样子；为间，有顷、一会儿。

孟 子

解读

　　墨家的夷之通过徐辟要求拜见孟子。孟子说:"我本来愿意接见,不过我现在还在生病,病好了,我打算去看他,他不必来!"

　　过了一些时候,他又求见孟子。孟子说:"现在可以见他了。如果不直说,那道理就不明白,我还是直说吧。我听说夷子是墨家。墨家办丧事,以薄葬为原则。夷子也想用薄葬来改革天下风尚,恐怕以为不薄葬就不尊贵吧?但是夷子埋葬自己的父母却相当丰厚,那这就是用自己所鄙视的事情来对付父母了。"

　　徐子把这话告诉了夷子。夷子说:"儒家的学说认为,古代的君王爱护百姓好像爱护婴儿一般,这话是什么意思呢?我认为人与人之间的爱没有亲疏厚薄的区别,只是实行起来从父母开始。"

　　徐子又把这话告诉了孟子。孟子说:"夷子真以为人们爱他的侄儿,和爱他邻人的婴儿是一样的吗?他仅仅抓住了这一点,婴儿在地上爬,快要跌到井里,这不是婴儿自己的罪过。况且天生万物,只有一个根源,夷子却说有两个根源。道理就在这里。大概上古曾经有不埋葬父母的人,父母死了,把他抛弃在山沟中。过了一些时候,经过那里,看到狐狸在咬吃着父母的尸体,苍蝇蚊子在父母身上叮咬,那人额头上不禁冒着汗,斜着眼睛望望,不敢正视。这种汗,不是流给别人看的,是由于内心悔恨而在面貌上的表现,于是回家去取了锄头畚箕把尸体埋葬了。埋葬尸体确实是对的,那么,孝子仁人埋葬他的父母,也一定有他的道理了。"

　　徐子把这话告诉了夷子。夷子茫然若有所失,过了一会儿,说:"我懂得了。"

滕文公下

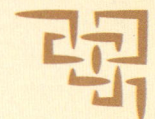

本篇主要论立身处世的"出处"、气节,以及施行仁政的方法等。孟子在现实中的遭遇说明了人心的遗失。人心的遗失,源于思想的不可为。但孟子恰恰在知其不可而为之的地方开始了王道思想。他的思想,是在私淑孔子、言必称尧舜的传统中有所创新,找到了"性善"的起点,创立了仁政的典范。

本篇以孟子的学生陈代的问话开始。孟子说明了君子在立身处世上不能苟且,不能搞机会主义的道理。最后指出,机会主义的路其实也是走不通的,因为"枉己者,未有能直人者也",把自己弄得弯曲起来,扭曲了人格,怎么还可能去让别人正直呢?这就又回到他的前辈孔子的说法上去了:"不能正其身,如正人何?"自己不能够正直,怎么可能去让别人正直呢?内容大同小异,没有多大区别。只不过孟子的出发点是反对投机取巧的机会主义。

从这里我们可以看到,虽然孔、孟都很倡导通权达变的思想,但在立身处世的出处方面,却是非常认真而不可苟且的。因为,对他们来说,这是一个原则问题。或许正是因为坚持这个原则而影响了他们的学说为当世所用,使他们在世的时候没有能够"大行其道"。另外,也许正因为他们坚持了这个原则,才使他们的学说在身后流传下去,历千年而不衰。

对于现代人来说,由于社会分工的愈益精细,职业的愈益分化,立身处世的"出处"问题似乎已不那么突出了。但面临择业,面临进退,面临铺天盖地的招聘广告和所谓"双向选择",是否还有必要考虑考虑自己的"出处"问题呢?

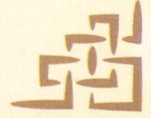

孟 子

第一章

陈代❶曰:"不见诸侯,宜若小然。今一见之,大则以王,小则以霸,且《志》曰'枉尺而直寻❷',宜若可为也。"

孟子曰:"昔齐景公田,招虞人❸以旌,不至,将杀之。志士不忘在沟壑,勇士不忘丧其元❹。孔子奚取焉?取非其招不往也。如不待其招而往,何哉?且夫枉尺而直寻者,以利言也。如以利,则枉寻直尺而利,亦可为与?昔者赵简子使王良与嬖奚乘,终日而不获一禽。嬖奚反命曰:'天下之贱工也。'或以告王良。良曰:'请复之。'强而后可,一朝而获十禽。嬖奚反命曰:'天下之良工也。'简子曰:'我使掌与女乘。'谓王良。良不可,曰:'吾为之范❺我驰驱,终日不获一;为之诡遇,一朝而获十。《诗》云:"不失其驰,舍矢如破❻。"我不贯❼与小人乘,请辞。'御者且羞与射者比,比而得禽兽,虽若丘陵,弗为也。如枉道而从彼,何也?且子过矣,枉己者,未有能直人者也。"

注释

❶ 陈代:人名,是孟子的一个弟子。
❷ 寻:古代长度单位,一寻等于八尺。
❸ 虞人:在这里是指管理狩猎场的官员。
❹ 元:在这里是头颅、脑袋的意思。
❺ 范:在这里是规范,法度的意思。

❻ 舍矢如破：在这里是指放箭速度非常快。
❼ 贯：通"惯"，习惯的意思。

解读

陈代说："不去拜谒诸侯，似乎只是从小处保证了自己的气节吧。现在一去谒见诸侯，其作用从大处看，可以实行王道仁政，从小处看，也可以称霸诸侯，而且《志》书上说过这样的话：'弯曲着的只有一尺长，伸展开来就有八尺长了。'所以去拜见诸侯并与之合作，似乎是可以那样去做的。"

孟子说："从前齐景公打猎，用旌旗召唤猎苑的管理员，管理人员不理睬，齐景公就准备杀他。可他一点儿也不怕掉脑袋，因此得到孔子称赞。可见有志气的人为了自己的节操不怕抛尸山沟，勇敢的人为了正义不怕掉脑袋。孔子对那个猎苑管理员，肯定他哪一点呢？就是肯定他不是自己应接受的召唤，就硬是不去。那么如果我不管诸侯有没有邀请便去，那又是怎样的行为呢？而且你所认为的弯曲着仅一尺长，伸展开来就有八尺长，那是从利益的角度考虑问题。如果单从利益的角度考虑问题，那么即使弯曲的有八尺而伸展开来仅仅一尺长，也是有利的，只不过利益小些而已，也可以去干吗？从前，赵简子叫王良替他所宠幸的小臣奚驾车外出打猎，出去一天却一只野兽也没打着。奚回来复命道：'王良真是天下最不会驾车的驭手。'有人便把这话告诉了王良，王良说：'那就请再来一次。'奚勉强同意了。结果一个早晨就猎获了十只野兽。奚回来向赵简子复命道：'王良真是天下非常优秀的驭手。'赵简子说：'那就叫他专为你驾车吧！'便把自己的决定告诉了王良。王良不干，说道：'我照一定的规则驾车，整天什么东西都打不着；但不按规定的方式驾车，一个早上就猎获十只野兽。《诗经·小雅·车攻》里说："按照规定奔驰，一放箭就会射中目标。"我不习惯替小人驾车，这个差事我不能干。'驾车人尚且以与不好的射手合作为羞耻，即使一块合作可以猎获堆积如山的禽兽，也

孟 子

不愿干。如果我们背离自己的思想主张去追附诸侯,那是为什么呢?而且你错了,使自己心灵扭曲的人,从来不可能使别人坦荡刚直。"

第二章

景春❶曰:"公孙衍❷、张仪❸岂不诚大丈夫哉?一怒而诸侯惧,安居而天下熄。"

孟子曰:"是焉得为大丈夫乎?子未学礼乎?丈夫之冠❹也,父命之;女子之嫁也,母命之,往送之门。戒之曰:'往之女家,必敬必戒,无违夫子。'以顺为正者,妾妇之道也。居天下之广居,立天下之正位,行天下之大道,得志,与民由之❺;不得志,独行其道。富贵不能淫❻,贫贱不能移,威武不能屈,此之谓大丈夫!"

注释

❶ 景春:人名,魏国人,是一个纵横家。
❷ 公孙衍:当时著名的人物,魏国人。
❸ 张仪:战国时著名的纵横家,魏国人。
❹ 丈夫之冠:男人成年的时候举行的加冠礼。
❺ 与民由之:在这里是与百姓同乐的意思。
❻ 淫:在这里是过分、过度的意思。

解读

景春说:"公孙衍和张仪,难道不是真正的大丈夫吗?他们一发怒,诸侯就害怕;他们一安于其位,天下的争斗就停止了。"

滕文公下

　　孟子说："这怎么能算大丈夫呢？你没有学习社会行为规范吗？男子行成年礼，父亲对他有所嘱托；女子要出嫁，母亲有所嘱托并送到大门口，告诫她说：'到了你自己的家，必须恭敬，必须谨慎，不要违抗丈夫。'以顺从作为准则，是为人妻妾的人生道路。辨别天下众多可辨别的东西，树立天下正确的名位，推行天下最大的道路，如果得志，就与民同乐；如果不得志，就自己走自己的道路。富贵时不能过度，贫贱时不要动摇改变意志，面对威武之势而不屈服，这才叫大丈夫！"

第三章

　　周霄问曰："古之君子仕乎？"

　　孟子曰："仕。《传》曰：'孔子三月无君，则皇皇❶如也，出疆必载质❷。'公明仪曰：'古之人三月无君则吊。'"

孟 子

"三月无君则吊,不以急乎?"

曰:"士之失位也,犹诸侯之失国家也。《礼》曰:'诸侯耕助以供粢盛❸,夫人蚕缫以为衣服。牺牲❹不成,粢盛不洁,衣服不备,不敢以祭。惟士无田,则亦不祭。'牲杀、器皿、衣服不备,不敢以祭,则不敢以宴,亦不足吊乎?"

"出疆必载质,何也?"

曰:"士之仕也,犹农夫之耕也。农夫岂为出疆舍其耒耜哉?"

曰:"晋国亦仕国❺也,未尝闻仕如此其急。仕如此其急也,君子之难仕,何也?"

曰:"丈夫生而愿为之有室,女子生而愿为之有家,父母之心人皆有之。不待父母之命、媒妁之言,钻穴隙相窥,逾墙相从,则父母、国人皆贱之。古之人未尝不欲仕也,又恶不由其道。不由其道而往者,与钻穴隙之类也。"

注释

❶ 皇皇:今作"惶惶",惶恐不安的样子。
❷ 载质:带着礼物。质,通"贽",初次拜见长辈所送的礼物。
❸ 粢盛(zī chéng):古代盛在祭器内以供祭祀的谷物。
❹ 牺牲:在这里是指为祭祀宰杀的牲畜。
❺ 仕国:在这里是指可以做官的国家。

解读

周霄问道:"古代的君子做官吗?"

孟子答道:"做官。《传记》上说:'孔子要是三个月没有君主任用他,就焦急不安,离开一个国家,一定要带着见面礼,以便和别国国君见面。'公明仪也说:'古代的人三个月没有君主任用,就要去安慰他。'"

滕文公下

周霄便说："三个月不被君主任用就去安慰他，不是太性急了吗？"

孟子答道："士失掉官位，就像诸侯失去国家一样。《礼》说过：'诸侯亲自参加耕种，是为了供给祭品；夫人亲自养蚕缫丝，是为了供给祭服。牛羊不肥壮，祭品不洁净，祭服不具备，不敢用来祭祀。士若没有供祭祀用的田地，那也不能祭祀。'牛羊祭具、祭服不具备，不敢用来祭祀，也就不能举行宴会，这不也应该安慰他吗？"

周霄又问："离开国界一定要带上见面礼，又是什么意思呢？"

孟子答道："士的做官，就好像农民的耕田。农民难道因为离开国界便舍弃他的农具吗？"

周霄说："晋国也是一个可以做官的国家，我却没听说过找官位是这样迫不及待的。找官位既迫不及待，君子却不轻易做官，又是什么道理呢？"

孟子说："男孩一生下来，父母便希望他早有妻室；女孩一生下来，父母便希望她早有婆家。做父母的，人人都有这样的心情。但是，若是不等爹妈开口，不经过媒人介绍，自己便挖墙洞扒门缝来互相窥望，翻过墙去私奔，那么，爹妈和周围的人都会轻视他。古代的人不是不想做官，但是又讨厌不经由合乎礼义的道路去找官做。不经合乎礼义的道路而奔向仕途的，正和男女挖墙洞扒门缝翻墙去私奔一样。"

第四章

彭更[1]问曰："后车数十乘，从者数百人，以传[2]食于诸侯，不以泰[3]乎？"

孟子曰："非其道，则一箪[4]食不可受于人；如其道，则舜受尧之

孟　子

天下，不以为泰。子以为泰乎？"

曰："否，士无事而食，不可也。"

曰："子不通功易事，以羡补不足，则农有余粟，女有余布；子如通之，则梓匠轮舆皆得食于子。于此有人焉，入则孝，出则悌，守先王之道，以待后之学者，而不得食于子，子何尊梓匠轮舆而轻为仁义者哉？"

曰："梓匠轮舆其志将以求食也，君子之为道也，其志亦将以求食与？"

曰："子何以其志为哉？其有功于子，可食而食之矣。且子食志乎，食功乎？"

曰："食志。"

曰："有人于此，毁瓦画墁❺，其志将以求食也，则子食之乎？"

曰："否。"

曰："然则子非食志也，食功也。"

注释

❶ 彭更：人名，孟子的一个学生。
❷ 传（zhuàn）：在这里是指招待宾客的馆舍。
❸ 泰：通"太"，在这里是过于、过分的意思。
❹ 箪（dān）：古代用竹子等编成的盛饭用的器具。
❺ 墁（màn）：用砖或石块等铺地面。在这里是土墙的意思。

解读

彭更问道："跟随先生的，车辆几十乘，人员几百人，由各诸侯国供给粮食，这样是否有些过分？"

孟子说:"不合乎正当途径,一篮子干粮也不能接受;合乎正当途径,像舜一般接受尧给予的整个天下都不过分。你认为我的作为过分了吗?"

彭更说:"我不是这个意思。但是,读书之人不干事,只吃白食,我觉得还是不应该。"

孟子说:"你如果不与各行各业的手工业生产者互通有无,用多余补不足,那么农民就会有剩余的粮食,女人就会有剩余的布匹;你如果与各种劳动者互通有无,那么木匠、造车匠,都可得到他们所需要的食物了。这里有个人,在家孝敬父母,出门尊敬长辈,严格遵守先王遗法,并把这些优秀传统教导给后来的学子,这样的人却不能从你那儿得到吃的,你为何独独尊重那一些木匠,并轻视施行仁义的读书人呢?"

彭更说:"各行手工业者,其劳作的动机就是为了谋生,读书的贤明人士,也是为了谋生吗?"

孟子说:"你为什么偏要寻找动机呢?这些工匠为你办事,应该供饭也就供应了。那么你是因为他们的动机呢,还是因为他们为你干了工作?"

彭更说:"因为动机。"

孟子说:"这里假如有个人,揭了你房上的瓦、污了你新粉刷过的墙,他也是为了弄到吃的,你会给他们吗?"

彭更说:"当然不给。"

孟子说:"那么你就不是因为动机而提供食物,而是因为他们给你做了工作才给他们东西吃。"

第五章

万章❶问曰:"宋,小国也。今将行王政,齐楚恶而伐之,则如

孟 子

之何？"

孟子曰："汤居亳❷，与葛❸为邻，葛伯放而不祀。汤使人问之曰：'何为不祀？'曰：'无以供牺牲也。'汤使遗之牛羊，葛伯食之，又不以祀。汤又使人问之曰：'何为不祀？'曰：'无以供粢盛也。'汤使亳众往为之耕，老弱馈食。葛伯率其民要其有酒食黍稻者夺之，不授者杀之。有童子以黍肉饷，杀而夺之。《书》曰'葛伯仇饷'，此之谓也。为其杀是童子而征之，四海之内皆曰：'非富天下也，为匹夫匹妇复仇也。''汤始征，自葛载'，十一征而无敌于天下。东面而征，西夷怨；南面而征，北狄怨，曰：'奚为后我！'民之望之若大旱之望雨也，归市者弗止，芸者不变，诛其君，吊其民，如时雨降，民大悦。《书》曰：'徯我后，后来其无罚。''有攸不惟臣，东征，绥厥士女，匪厥玄黄❹，绍我周王见休，唯臣附于大邑周。'其君子实玄黄于匪以迎其君子，其小人箪食壶浆以迎其小人，救民于水火之中，取其残而已矣。《太誓》曰：'我武扬威，侵于之疆，则取于残，杀伐用张，于汤有光。'不行王政云尔，苟行王政，四海之内皆举首而望之，欲以为君，齐楚虽大，何畏焉？"

注释

❶ 万章：人名，是孟子的一个弟子。
❷ 亳：地名，商汤的都城。此地具体在何处，说法较多。
❸ 葛：古国名，嬴姓，故城在今河南宁陵其北。
❹ 匪厥玄黄：匪，盛物的竹器，在这里作动同用，即装进筐子里；玄黄，本为束帛的颜色，在这里代指束帛。

滕文公下

解读

万章问道:"宋是一个小国家。现在想要实行仁政,齐、楚两个大国因此忌恨,而要攻伐它,这该怎么办呢?"

孟子说道:"汤住在亳地,和葛国是邻国,葛伯放纵无道,不行祭祀之礼。汤便派人去问:'为什么不祭祀?'葛伯回答说:"没有供祭祀用的牛羊。'汤派人把牛羊送给他,葛伯把牛羊吃了,并不用来祭祀。汤又派人去问:'为什么不祭祀?'葛伯回答说:'没有供祭祀用的谷米。'汤便派亳地的百姓前去为他耕种,老弱者负责送饭。葛伯却带领着他的百姓拦截那些拿着酒菜送饭的人,进行抢夺,不肯交出的便杀掉。有个小孩去送饭和肉,竟也杀死孩子,抢走了饭和肉。《尚书》上说:'葛伯仇视送饭人。' 说的就是这件事。汤因为葛伯杀了这个小孩才去征伐他,天下的人都说:'汤不是为了天下的财富,而是为了给老百姓报仇。''汤的征伐,是从葛国开始的',征伐十一次,而无敌于天下。向东面征伐,西方的夷人就埋怨;向南面征伐,北方的狄人就埋怨,说:"为什么不先征伐我们!'百姓们盼望他,就像在大旱的时候盼望雨水一样。作战时,做买卖的没有停止,种地的依旧耕地,杀掉暴君,安抚百姓,就像及时雨从天而降,老百姓非常高兴。《尚书》中说:'等待我们的王!王来了我们便不再受罪!''攸国不肯臣服,周王便东征讨伐,使男女百姓得到安宁,他们把黑色、黄色的丝帛装满筐,请求和周王相见,得到光荣,做周国的臣民。'那里的君子把黑色和黄色的丝帛装满筐来迎接君子,百姓便用筐盛饭、用壶装酒来迎接周王。周王出征是把百姓从水深火热中解救出来,除掉残暴之君罢了。《太誓》说:'我们的威武要发扬,攻伐彼国的疆土,杀掉残暴的君王,把该死的都清除掉,功绩比汤更显著。'不实行王政也就算了,如果要实行王政,天下的人举首盼望打算拥立他做君王,尽管齐国、楚国强大,有什么害怕的呢?"

孟 子

第六章

　　孟子谓戴不胜①曰:"子欲子之王之善与?我明告子。有楚大夫于此,欲其子之齐语也,则使齐人傅诸,使楚人傅诸?"

　　曰:"使齐人傅之。"

　　曰:"一齐人傅之,众楚人咻②之,虽日挞③而求其齐也,不可得矣;引而置之庄岳④之间数年,虽日挞而求其楚,亦不可得矣。子谓薛居州,善士也,使之居于王所。在于王所者,长幼卑尊皆薛居州也,王谁与为不善?在王所者,长幼卑尊皆非薛居州也,王谁与为善?一薛居州,独如宋王何?"

注释

① 戴不胜:人名,是宋国的一个臣子。
② 咻(xiū):在这里是喧哗、干扰的意思。
③ 挞(tà):打,用鞭、棍等打人。
④ 庄岳:齐国的街名和里名。

解读

　　孟子对戴不胜说:"你希望你的君王向善吗?我明白地告诉你。假如这里有个楚国大夫,希望他的儿子会说齐国话,那么是找齐国人辅导他呢?还是找楚国人辅导他呢?"

　　戴不胜说:"找齐国人辅导他。"

　　孟子说:"一个齐国人辅导他,众多的楚国人在旁边高声喧哗,干扰他，即使每天用鞭子抽打他，逼他说齐国话，也是不可能做到的；假如领他到齐国临淄的闹市庄岳之间住上几年，即使每天鞭打他，逼他说楚国话，也是做不到的。你说薛居州是个好人，让他住在宋王宫中。如果在王宫中的人，不论年老年幼、位高位低，都是薛居州那样的人，你的君王还能同谁一起干坏事呢？如果在王宫中的人，不论年老年幼、位高位低，都不是薛居州那样的人，你的君王又能同谁一起做好事呢？仅仅一个薛居州，能把宋王怎么样呢？"

第七章

公孙丑问曰："不见诸侯何义？"

孟子曰："古者不为臣不见。段干木❶逾垣而辟之❷、泄柳闭门而不纳，是皆已甚；迫，斯可以见矣。阳货欲见孔子而恶无礼，大夫有赐于士，不得受于其家，则往拜其门。阳货瞰❸孔子之亡也，而馈孔子蒸豚❹；孔子亦瞰其亡也，而往拜之。当是时，阳货先，岂得不见？曾子曰：'胁肩谄笑❺，病于夏畦。'子路曰：'未同而言，观其色赧赧然，非由之所知也。'由是观之，则君子之所养，可知已矣。"

注释

❶ 段干木：人名，魏文侯时的人。

❷ 辟之：避开他。辟，通"避"，躲避的意思。

❸ 瞰（kàn）：瞰的本意指看，特指向下看，又引申指窥伺。

❹ 蒸豚：在这里是指蒸熟的小猪。

❺ 谄笑：在这里是强装笑容的意思。

孟 子

解读

公孙丑询问说:"不主动拜见诸侯,是什么用意?"

孟子说:"在古代,不是臣属就不拜见。段干木翻越墙垣躲避魏文侯,泄柳关上大门不接待鲁缪公,这都做得过分了;迫不得已,还是可以相见的。阳货想要孔子来看望自己,又不愿失礼,大夫对士有所赏赐,士当时没有在家,不能亲自拜谢,就要前往大夫家拜谢。阳货探听到孔子外出时,给他送去一头蒸熟的小猪;孔子也探听到阳货不在家,才前去拜谢。在这时,阳货如果先去访问孔子,孔子哪能不见他?曾子说:'耸着肩膀,强笑以讨好人,比夏天里在菜地里干活还要累。'子路说:'没有共同语言而交谈,脸上表现出惭愧的神色,这种人是我看不起的。'由此看来,君子该怎样来培养自己的道德品质,是很清楚的。"

第八章

戴盈之❶曰:"什一,去关市之征,今兹未能。请轻之,以待来年然后已,何如?"

孟子曰:"今有人日攘❷其邻之鸡者,或告之曰:'是非君子之道。'曰:'请损之,月攘一鸡,以待来年然后已。'如知其非义,斯速已矣,何待来年?"

注释

❶ 戴盈之:人名,宋国的一个大夫。

❷ 攘(rǎng):在这里是窃取、偷盗的意思。

滕文公下

> **解读**

戴盈之说:"田租十分取一,取消关卡市场的税收,今年还不能办到。请先减轻,等到明年再完全办到,怎么样?"

孟子说:"现在有一个人每天都偷他邻居的鸡,有人告诫说:'这不是君子之道。'他却说:'请让我少偷一些,每月偷一只,等到明年再完全改正。'如果知道这样做不对,就应该赶快改正,为什么要等到明年呢?"

第九章

公都子曰:"外人皆称夫子好辩,敢问何也?"

孟子曰:"予岂好辩哉?予不得已也。天下之生久矣,一治一乱。当尧之时,水逆行,泛滥于中国,蛇龙居之,民无所定,下者为巢,上者为营窟。《书》曰:'洚水警余。'洚水者,洪水也。使禹治之,禹掘地而注之海,驱蛇龙而放之菹❶,水由地中行,江、淮、河、汉是也,险阻既远,鸟兽之害人者消,然后人得平土而居之。尧、舜既没,圣人之道衰,暴君代作。坏宫室以为污池,民无所安息;弃田以为园囿,使民不得衣食。邪说暴行又作,园囿、污池、沛泽多而禽兽至。及纣之身,天下又大乱。周公相武王诛纣,伐奄三年讨其君,驱飞廉于海隅而戮之,灭国者五十,驱虎、豹、犀、象而远之,天下大悦。《书》曰:'丕显哉,文王谟!丕承者,武王烈!佑启我后人,咸以正无缺。'世衰道微,邪说暴行有作,臣弑其君者有之,子弑其父者有之。孔子惧,作《春秋》。《春秋》,天子之事也,是故孔子曰:'知

孟 子

我者其惟《春秋》乎！罪我者其惟《春秋》乎！'圣王不作，诸侯放恣，处士横②议，杨朱③、墨翟④之言盈天下。天下之言不归杨，则归墨。杨氏为我，是无君也；墨氏兼爱，是无父也，无父无君是禽兽也。公明仪曰：'庖有肥肉，厩有肥马，民有饥色，野有饿莩，此率兽而食人也。'杨、墨之道不息，孔子之道不著，是邪说诬民、充塞仁义也。仁义充塞则率兽食人，人将相食。吾为此惧，闲⑤先圣之道，距杨墨，放淫辞，邪说者不得作。作于其心，害于其事；作于其事，害于其政。圣人复起，不易吾言矣。昔者禹抑洪水而天下平，周公兼夷狄、驱猛兽而百姓宁，孔子成《春秋》而乱臣贼子惧。《诗》云：'戎狄是膺⑥，荆舒是惩，则莫我敢承。'无父无君，是周公所膺也。我亦欲正人心，息邪说，距诐行，放淫辞，以承三圣者。岂好辩哉？予不得已也。能言距杨墨者，圣人之徒也。"

注释

① 菹（jù）：在这里是指水草丛生的沼泽地。
② 横（hèng）：这里是横暴，放纵的意思。假借为"犷"。
③ 杨朱：魏国人，战国初期思想家，主张"贵生""重己"。
④ 墨翟：战国初期思想家，墨家学派的创始人。
⑤ 闲：这里用为规范、限制、防御之意。
⑥ 膺（yīng）：在这里是接受，服从的意思。

解读

公都子说："别人都说先生喜欢辩论，我冒昧请问，这是为什么？"

孟子说："我哪里喜欢辩论呢？我是不得已才辩论的。世界的存在已经很久了，太平一阵，动荡一阵。在尧那个时代，洪水横流，中原地区四处泛滥。大地成为蛟龙的住所，民众没有安身之处。低地的人在树上搭巢，高地的人相连筑洞。《尚书》说：'洚水警戒我们。'洚水，就是没有边际的洪水。尧命令禹来治理它，禹疏通河道，使洪水注入大海中，驱赶蛟龙到草泽里。水顺着河道流动，长江、淮河、黄河、汉水便是这样。险阻已经排除，害人的鸟兽消失了，人们才得以在平原上居住。尧舜死了之后，圣人的仁政衰落。残暴的君主每代都出现，毁坏住宅来做深池，使民众没有地方歇息；抛弃农田来做园林，使民众得不到衣服食物。荒谬的学说、暴虐的行为又兴起，园林、深池、草泽多起来，禽兽纷纷涌出。等到商纣王时，天下又大乱。周公辅佐武王，诛杀商纣王，又征伐奄国，三年后杀了奄国君主，把飞廉驱赶到海边，也加以杀戮。灭亡的国家共五十个，把虎、豹、犀、象驱赶到远方，天下百姓非常高兴。《尚书》上说：'多么光明啊，文王的谋略！多么伟大啊，武王的功业！佑助、启迪我们的后辈子孙，使大家都行正道而没有缺点。'时势衰落，道义微弱，荒谬的学说、暴虐的行为又兴起，臣下杀死君主的事发生了，儿子杀死父亲的事发生了。孔子深为忧虑，写出了《春秋》。《春秋》这部书，是有关天子的事情，所以孔子说：'了解我的，大概是因为这部《春秋》吧！指责我的，也大概是因为这部《春秋》吧！'圣明的君王不再出现，诸侯放纵恣肆，在野人士乱发议论，杨朱、墨翟的学说流行天下。天下的言论，不属于杨朱一派，就属于墨翟一派。杨朱主张一切为自己，这是目无君主；墨翟主张普遍的爱，这是无视父亲。目无父君，这简直是禽兽。公明仪说：'厨房里有肥肉，马厩里有肥马，民众脸有饥色，野外躺着饿死的尸体，这是率领禽兽来吃人。'杨朱、墨翟的学说不消灭，孔子的学说不能光大，这是荒谬的学说欺骗民众，堵塞了仁义的道路。仁义的道路被堵塞，就等于率领禽兽来吃人，人与人也将互相吞食。我为此深为忧虑，所以要规范先圣的道路，抵制杨、墨的学说，批驳错误夸张的言论，使邪说歪理不能再流行。谬论出现在心中，就会危害政事；谬论体现在政事中，就会危害国政。即使圣人再出现，也不会否定我的话。从前大禹抑制洪水使天下太平，周公兼并夷族狄族、赶走猛兽使百姓安宁，孔子著成《春秋》使乱臣贼子害怕。《诗经》上说：'戎族狄族的人服从了，荆地楚地被惩罚了，没有人敢抗拒我。'不要父亲不要君主，是周公所要征服的。我也想要端正人心，破除邪说，抵制偏颇的行为，批驳错误夸张的言论，来继承大禹、周公、孔子三位圣人。我怎么是喜好辩论呢？我是不得不如此。凡是能够著书立说敢于抵制杨、墨学说的人，便不愧是圣人的学生。"

第十章

匡章❶曰："陈仲子❷岂不诚廉士哉？居於陵❸，三日不食，耳无闻，目无见也。井上有李，螬❹食实者过半矣，匍匐往将食之，三咽，然后耳有闻，目有见。"

滕文公下

孟子曰："于齐国之士，吾必以仲子为巨擘⑤焉。虽然，仲子恶能廉，充仲子之操，则蚓而后可者也。夫蚓，上食槁壤，下饮黄泉。仲子所居之室，伯夷之所筑与？抑亦盗跖⑥之所筑与？所食之粟，伯夷之所树与？抑亦盗跖之所树与？是未可知也。"

曰："是何伤哉？彼身织屦，妻辟纑⑦以易之也。"

曰："仲子，齐之世家也，兄戴，盖禄万钟。以兄之禄为不义之禄而不食也，以兄之室为不义之室而不居也，辟兄离母，处于於陵。他日归，则有馈其兄生鹅者，已频顣⑧曰：'恶用鶃鶃⑨者为哉？'他日，其母杀是鹅也与之食之，其兄自外至，曰：'是鶃鶃之肉也。'出而哇⑩之。以母则不食，以妻则食之；以兄之室则弗居，以於陵则居之，是尚为能充其类也乎？若仲子者，蚓而后充其操者也。"

注释

① 匡章：齐国名将，其言行见于《战国策》和《吕氏春秋》。
② 陈仲子：齐国人，又称田仲、陈仲、於陵仲子等。
③ 於陵：地名。在今山东周村及邹平东南。
④ 螬（cáo）：蛴螬，即金龟子的幼虫。
⑤ 巨擘（bò）：大拇指，引申为在某一方面杰出的人或事物。
⑥ 盗跖（zhí）：据说是春秋时有名的大盗，柳下惠的兄弟。
⑦ 辟纑（lú）：绩麻练麻。绩麻为辟，练麻为纑。
⑧ 频顣（cù）：即颦蹙，形容不高兴时愁眉皱额的样子。
⑨ 鶃（yì）鶃：亦作"鷊鷊"。鹅鸣声，亦借指鹅。
⑩ 哇：象声词，形容呕吐声。

解读

匡章说："陈仲子难道不是一个真正廉洁的人吗？住在於陵这个

地方，三天没有吃东西，耳朵没有了听觉，眼睛没有了视觉。井上有个李子，金龟子的幼虫已经吃掉了一大半。他爬过去，拿过来吃，吞了三口，耳朵才恢复了听觉，眼睛才恢复了视觉。"

孟子说："在齐国人中间，我一定把仲子看成大人物。但是，他怎么能叫廉洁呢？要推广仲子的操守，那只有把人变成蚯蚓之后才能办到。蚯蚓，在地面上吃干土，在地下喝泉水。可仲子所住的房屋，是像伯夷那样廉洁的人建筑的呢？还是像盗跖那样的强盗建筑的呢？他所吃的粮食，是像伯夷那样廉洁的人种植的呢？还是像盗跖那样的强盗种植的呢？这个还是不知道的。"

匡章说："那有什么关系呢？他亲自编草鞋，他妻子绩麻纺麻，用这些去交换其他生活用品。"

孟子说："仲子是齐国的宗族世家，他的哥哥陈戴在盖邑的俸禄便有几万石之多。可他认为他哥哥的俸禄是不义之财而不去吃，认为他哥哥的住房是不义之产而不去住，避开哥哥，离开母亲，住在於陵这个地方。有一天他回到家里，正好看到有人送给他哥哥一只鹅，他皱着眉头说：'要这种呃呃的东西做什么呢？'过了几天，他母亲把那只鹅杀了给他吃，他的哥哥恰好从外面回来，看见后便说：'你吃的正是那呃呃的东西的肉啊！'他连忙跑出门去，'哇'地一声便呕吐了出来。母亲的食物不吃，却吃妻子的；哥哥的房屋不住，却住在於陵，这能够算是推广他的廉洁的操守吗？像他那样的人，只有把人变成蚯蚓之后才能符合他的廉洁操守。"

离娄上

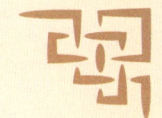

　　孟子在论述"仁政"主张时说，即使有离娄那样好的视力，公输子那样好的技巧，如果不用圆规和曲尺，也不能准确地画出方形和圆形；即使有师旷那样好的审音能力，如果不用六律，也不能校正五音；即使有尧舜的学说，如果不实施仁政，也不能治理好天下。

　　孟子认为，当时有一些诸侯，虽然有仁爱的心和仁爱的名声，但老百姓却受不到他的恩泽，不能成为后世效法的楷模。为什么呢？这是因为他没有实施前代圣王的仁政的缘故。所以说，只有好心，不足以治理政治；只有好办法，没实行也不行。这一章是要求当政者实施仁政的鼓吹与呐喊。具体落实到两个方面：一是"法先王"；二是选贤才。

　　"法先王"是因为"不以规矩，不能成方圆""不以六律，不能正五音""不以仁政，不能平治天下"。相反，"遵先王之法而过者，未之有也。"正反两方面的道理都说明了这一点，所以一定要"法先王"。孟子的"法先王"思想，实际上也就是孔子"祖述尧舜，宪章文武"思想的继承。

　　选贤才是因为"唯仁者宜在高位"。一旦不仁者窃据了高位，奸邪当道，残害忠良，必然就会是非颠倒，黑白混淆，世风日下，天下大乱。尤其是面对日益紧张激烈的市场竞争，许多新事物、新现象冒出来，其是与非，正与邪，往往使人感到困惑，感到难以评说。这时候，大家对"不以规矩，不能成方圆"的感受就更加真切而深刻了。所以，要求健全法律法规的呼声日益强烈。

孟子

第一章

　　孟子曰："离娄❶之明，公输子之巧，不以规矩❷，不能成方圆；师旷❸之聪，不以六律❹，不能正五音；尧舜之道，不以仁政，不能平治天下。今有仁心仁闻而民不被其泽，不可法于后世者，不行先王之道也。故曰，徒善不足以为政，徒法不能以自行。《诗》云：'不愆❺不忘，率由旧章。'遵先王之法而过者，未之有也。圣人既竭目力焉，继之以规矩准绳，以为方圆平直不可胜用也；既竭耳力焉，继之以六律，正五音不可胜用也；既竭心思焉，继之以不忍人之政，而仁覆天下矣。故曰：为高必因丘陵，为下必因川泽，为政不因先王之道，可谓智乎？是以惟仁者宜在高位，不仁而在高位是播其恶于众也。上无道揆也，下无法守也，朝不信道，工不信度，君子犯义，小人犯刑，国之所存者幸也。故曰：城郭不完，兵甲不多，非国之灾也；田野不辟，货财不聚，非国之害也；上无礼，下无学，贼民兴，丧无日矣。《诗》云：'天之方蹶，无然泄泄❻。'泄泄，犹沓沓也。事君无义，进退无礼，言则非先王之道者，犹沓沓也。故曰：责难于君谓之'恭'，陈善闭邪谓之'敬'，吾君不能谓之'贼'。"

注释

❶ 离娄：相传是黄帝时一个视力很好的人。
❷ 规矩：规，圆规；矩，指的是矩尺。
❸ 师旷：春秋时期晋国著名的乐师。

离娄上

④ 六律：定音器。共有十二个，古书所说的六律，通常是就阴阳各六的十二律而言的。
⑤ 愆：在这里是偏离的意思。
⑥ 泄泄（yì）：在这里是喋喋不休的意思。

解读

　　孟子说："即使有离娄那样好的眼力，公输子般那样好的技巧，如果不用圆规和矩尺，也不能画出方形和圆形；即使有师旷审音的听力，如果不用律吕，也不能校正五音；即使有尧舜之道，如果不行仁政，也不能治理好天下。现在有些诸侯，虽有仁爱的心肠和名声，但老百姓得不到他的恩泽，也不能为后代所效法，这是因为他不去实行先王之道。所以说，光有善心不足以治理政事；光有好办法自己也实行不起来。《诗经》上说：'不偏离，不遗忘，一切遵循旧规章。'遵循先王的法度而犯错误的，从来没有过。圣人既已竭尽了目力，又用圆规、曲尺、水平仪、绳墨来制作方、圆、平、直的东西，那些东西便用之不尽了；圣人既已竭尽了耳力，又用律吕来校正五音，各种音阶也就运用无穷了；圣人既已竭尽了心思，又实行仁政，那么仁德就遍及天下了。所以说：筑高台一定要凭借山陵，挖深池一定要凭借沼泽，治理国家不凭借先王之道，能说是聪明吗？因此，只有仁人才应该处于高位，不仁的人处于高位，就会把他的恶行播散给众人。在上位的人没有道德规范，在下层的人就没有应该遵守的法度，朝廷不相信道义，工匠不相信尺度，官吏触犯义理，百姓触犯刑法，国家能够生存下来，那真是太侥幸了。所以说：城墙不坚固，军备不充足，不是国家的灾难；田野没开辟，财货没有积聚，也不是国家的祸害；如果在上位的人没有礼义，在下的人没有受教育，违法乱纪的人都出来了，国家的灭亡也就快了。《诗经》上说：'上天正在动乱，不要这样泄泄。'泄泄就是喋喋不休的意思。侍奉君主不讲道义，应对进退没有礼貌，说话诋毁前代圣人的规矩，也就是'喋喋多言'。所以说：用仁政来要求君主叫作'恭';向君主讲述仁义,堵塞异端,这叫作'敬';如果认为君主不能为善,这就叫作'贼'。"

第二章

孟子曰:"规矩,方圆之至也;圣人,人伦之至也。欲为君尽君道,欲为臣尽臣道,二者皆法❶尧舜而已矣。不以舜之所以事尧事君,不敬其君者也;不以尧之所以治民治民,贼❷其民者也。孔子曰:'道二:仁与不仁而已矣。'暴其民甚,则身弑国亡;不甚,则身危国削,名之曰'幽、厉'❸,虽孝子慈孙,百世不能改也。《诗》云;'殷鉴不远,在夏后之世。'此之谓也。"

注释

❶ 法:在这里是效法,学习的意思。
❷ 贼:在这里是残害的意思。
❸ 幽、厉:周朝有周厉王和周幽王。厉王残暴,杀进谏者,终遭逐;幽王宠褒姒,任用奸臣,被申侯、犬戎所杀。

解读

孟子说:"圆规和曲尺,是画方形和圆形图案的标准;圣人,是人的道德行为规范的楷模。要做君王,就应全力实施为君之道;要做臣下,就应尽量遵守为臣之道,君道和臣道,都学习尧舜就可以了。不遵循舜用来事奉尧的行为准则去侍奉自己的君王,这是对君王的不敬;不遵循尧用来管理人民的原则去管理人民,这是残害老百姓。孔子说过:'治理国家的方法有两个：施行仁政和不行仁政罢了。'对人民暴虐无道，太过分了，就会落得自己被臣下杀死，国家灭亡的下场；即使稍好点也会落得自己不安全，国力衰弱的结果。这种情况，君主死了就会有'幽''厉'的恶谥，即使他们的后代是很孝顺的，经过一百代这个谥号也改变不了。《诗经》里说：'殷商有一面很近的镜子，就是前一代的夏朝。'说的就是这个意思。"

第三章

孟子曰："三代❶之得天下也以仁，其失天下也以不仁，国之所以废兴存亡者亦然。天子不仁，不保四海；诸侯不仁，不保社稷❷；卿、大夫不仁，不保宗庙❸；士、庶人不仁，不保四体。今恶死亡而乐不仁，是犹恶醉而强酒。"

注释

❶ 三代：在这里是指夏、商、周三个朝代。
❷ 社稷：在这里是国家、政权的意思。
❸ 宗庙：在这里是指卿大夫的采邑、领地。

解读

孟子说："夏、商、周三个朝代获得天下的原因，是由于施行了仁政，而失去天下的原因，却是由于没有施行仁政。一个国家的兴盛、衰落和生存、灭亡的原因，也同样是在于施不施行仁政。如果天子不行仁政，就无法保住他的天下；如果诸侯不行仁政，就无法保住他的国家；如果卿大夫不讲仁义，便不能保住他的地位和待遇；士人和老百姓不讲仁爱，便不能保全自己的性命。现在有的人既怕死又喜欢干不仁不义的坏事，这就恰如不愿喝醉酒，却又偏要硬着头皮灌自己酒一样。"

第四章

孟子曰："爱人不亲，反其仁❶；治人不治，反其智；礼人❷不答，反其敬。行有不得者皆反求诸己，其身正而天下归之。《诗》云：'永言配命，自求多福。'"

注释

❶ 反其仁：在这里是指反省自己是否仁爱。
❷ 礼人：在这里是对人有礼貌的意思。

解读

孟子说："爱别人却得不到别人的亲近，那就应反省自己是否仁爱；管理别人却不能够管理好，那就应反问自己的管理才智是否有问题；礼貌待人却得不到别人相应的礼貌，那就应反问自己的礼貌是否到家。凡是行为得不到预期的效果，都应该反省检查自己，自身行为端正了，天下的人自然就会归服。《诗经》说：'长久地与天命相配合，自己寻求更多的幸福。'"

第五章

孟子曰："人有恒❶言，皆曰'天下国家'。天下之本❷，在国；

国之本，在家；家之本，在身。"

注释

① 恒：平常，经常，常常。
② 本：事物的根源，与"末"相对，也是基础的意思。

解读

孟子说："大家常常谈论，都这样说'天下国家'。可以看出天下的基础是国，国的基础是家，而家的基础则是个人。"

第六章

孟子曰："为政不难，不得罪于巨室①。巨室之所慕，一国慕之；一国之所慕，天下慕之，故沛②然德③教溢乎四海。"

注释

① 巨室：指很有影响力的卿大夫家族。
② 沛：在这里是遍布的意思。
③ 德：在这里指的是客观规律。

解读

孟子说："治理政事并不难，只要不得罪那些卿大夫家族就可以了。世家大族所仰慕的，一个国家的人都会仰慕；一个国家的人所仰慕的，普天之下的人都会仰慕，因此就像大雨遍布一样，人生规律的教化就会到达四海。"

第七章

孟子曰："天下有道，小德役大德，小贤役大贤；天下无道，小役大，弱役强。斯二者，天也。顺天者存，逆天者亡。齐景公曰：'既不能令，又不受命，是绝物也。'涕出而女于吴。今也小国师大国而耻受命焉，是犹弟子而耻受命于先师也。如耻之，莫若师文王。师文王，大国五年，小国七年，必为政于天下矣。《诗》云：'商之孙子，其丽不亿❶。上帝既命，侯于周服。侯服于周，天命靡常。殷士肤敏❷，祼将于京❸。'孔子曰：'仁不可为众也。夫国君好仁，天下无敌。'今也欲无敌于天下而不以仁，是犹执热而不以濯也。《诗》云：'谁能执热，逝不以濯？'"

注释

❶ 其丽不亿：数目已不到十万。丽，数；亿，十万。
❷ 肤敏：在这里是俊美机敏的意思。
❸ 祼将于京：祼，亦作"灌"，古代祭祀中的一种仪节，把酒倒在地上以迎接鬼神；将，助；京，周都城镐京。

解读

孟子说："政治清明的时候，道德高的人统治道德不高的人，非常贤能的人统治不太贤能的人；政治黑暗的时候，便是大的统治小的，强的统治弱的。这两种情况，都取决于天。顺从天的生存，违背天的灭亡。齐景公说过：'既不能命令别人，又不接受别人的命令，只有绝路一条。'

因此流着眼泪把女儿嫁到吴国去了。如今小国以大国为师，却以听命于人为耻，这就好比学生以听命于老师为耻一样。如果真以为耻，最好以文王为师。以文王为师，大国只要五年，小国只要七年，就一定可以号令天下了。《诗经》说过：'商代的子孙，数目已不到十万。上帝既已授命于武王，他们也只好臣服于周。商国的子孙如今却臣服于周，可见天意没有一定。殷国的臣子也都聪明漂亮，如今只好酹酒于地，助祭于周京。'孔子也说过：'仁德的力量，不取决于人多人少。君主如果爱好仁，就将无敌于天下。'如今一些诸侯一心只想无敌于天下，却又不行仁政，这就好比苦于暑热却不肯洗澡一样。《诗经》上说：'谁能不以炎热为苦，却不去沐浴？'"

第八章

孟子曰："不仁者可与言哉？安其危而利其灾❶，乐其所以亡者。不仁而可与言，则何亡国败家之有？有孺子歌曰：'沧浪❷之水清兮，可以濯我缨；沧浪之水浊兮，可以濯我足。'孔子曰：'小子听之！清斯濯缨❸，浊斯濯足矣，自取之也。'夫人必自侮，然后人侮之；家必自毁，而后人毁之；国必自伐，而后人伐之。《太甲》曰：'天作孽，犹可违；自作孽，不可活。'此之谓也。"

> 注释

❶ 灾（zāi）：通"灾"。这里是灾祸的意思。
❷ 沧浪：水名。有汉水、汉水之别流，汉水之下流、夏水诸说。此处则是指青苍色的水。

孟 子

❸ 濯缨（zhuó yīng）：洗濯冠缨。濯，洗涤；缨，系帽子的丝绳儿。

解读

孟子说："不仁的人难道可以同他商谈吗？他们看到别人的危难却泰然处之；在别人的灾难中谋取利益，把导致别人亡国败家的灾祸当作乐事。如果这样的不仁之人能同他商议的话，那怎么还会有家败国亡的事呢？有个小孩唱道：'沧浪的水清时，可以用来洗我的帽缨；沧浪的水混浊时，可以用来洗我的双脚。'孔子说：'学生们听着，清的水可以洗帽缨，混浊的水可以洗脚。这是水自身决定的。'人必定是先有自取其辱的言行，然后别人才侮辱他；家一定有招致破败的因素，然后别人才有可能毁坏它；国家也一定是先有招致讨伐的原因，然后才招致别人的讨伐。《尚书·太甲》篇中说：'上天降下灾祸还可躲避；自己招来的灾祸，逃都逃不掉。'说的正是这个意思。"

离娄上

第九章

孟子曰:"桀、纣之失天下也,失其民也;失其民者,失其心也。得天下有道,得其民斯得天下矣;得其民有道,得其心斯得民矣;得其心有道,所欲与之聚之❶,所恶勿施尔也。民之归仁也,犹水之就下、兽之走圹❷也。故为渊驱鱼者,獭也;为丛驱爵❸者,鹯❹也;为汤、武驱民者,桀与纣也。今天下之君有好仁者,则诸侯皆为之驱矣。虽欲无王,不可得已。今之欲王者,犹七年之病求三年之艾❺也,苟为不畜,终身不得。苟不志于仁,终身忧辱,以陷于死亡。《诗》云:'其何能淑,载胥及溺。'此之谓也。"

注释

❶ 与之聚之:在这里是让百姓积聚起来的意思。
❷ 圹(kuàng):同"旷",旷野的意思。
❸ 爵:通"雀",在这里是飞禽的意思。
❹ 鹯(zhān):这里指鹞鹰一类猛禽。
❺ 艾:即艾蒿。一种菊科的多年生草本植物,叶制成艾绒,供针灸用。

解读

孟子说:"桀和纣之所以丧失天下,是因为失去了百姓;失去了百姓,是因为失去了民心。要获得天下的办法是,只要赢得百姓,便获得了天下;要赢得百姓的办法是,只要得到民心,也就得到了百姓;得到民心的办法是，百姓所盼望的，就给他们聚积起来，他们所厌恶的，不要强加给他们，如此而已。百姓归附仁德，就好像水往低处流、野兽往旷野跑一样。因此，从深池把鱼驱赶出来的是水獭；从丛林把飞禽驱赶出来的是鹞鹰一类的猛禽；替汤、武把百姓驱赶来的是桀、纣。现在天下的君王如果有好仁的人，那么诸侯都会替他把百姓驱赶来。即使他不想统一天下，也是不可能的。但当今这些想统一天下的人，就好像患七年之病要用三年的陈艾来医治一样，如果平常不积蓄，一辈子也不会得到。如果不立志行仁，一辈子都会忧患受辱，以致陷于死亡的境地。《诗经》上说：'那如何能办得好，只不过是互相拉扯落水被淹。'说的正是这个意思。"

第十章

孟子曰："自暴❶者，不可与有言也；自弃者，不可与有为也。言非❷礼义，谓之自暴也；吾身不能居仁由义，谓之自弃也。仁，人之安宅也；义，人之正路也。旷❸安宅而弗居，舍正路而不由，哀哉！"

注释

❶ 暴：在这里是残害的意思。
❷ 非：在这里是诋毁的意思。
❸ 旷：在这里是空旷的意思。

解读

孟子说："自己残害自己的人，不可能同他讲道理；自己抛弃自己的人，不可能同他有所作为。说话诋毁礼义，这就叫自己残害自己；自认为不能居心于仁、由义而行，这叫自己抛弃自己。仁是人们最安全的住所，又是人们最正确的道路。空着安全的住所不住，舍弃正确的道路不走，真可悲啊！"

第十一章

孟子曰："道在迩❶而求诸远，事在易而求诸难。人人亲其亲❷，长其长❸，而天下平。"

注释

❶ 迩：意为距离近，与"遐"反义。
❷ 亲其亲：在这里是指亲近自己的亲人。
❸ 长其长：在这里是指尊重自己的长辈。

解读

孟子说："道理在近处却往远处寻求，事情本来很容易却往难处去做。每个人只要亲近自己的父母，尊敬自己的长辈，天下就能够太平了。"

第十二章

孟子曰："居下位而不获于上❶，民不可得而治也。获于上有道，不信于友，弗获于上矣；信于友有道，事亲弗悦，弗信于友矣；悦亲有道，反身不诚，不悦于亲矣；诚身有道，不明乎善，不诚其身矣。是

孟 子

故，诚者，天之道也。思诚者，人之道也；至诚而不动者，未之有也；不诚，未有能动者也。"

注释

❶ 获于上：在这里是指得到上级的重用。

解读

孟子说："职位卑下而又不能得到上级的重用，是不可能把百姓治理好的。要取得上级的重用有方法，如果得不到朋友的信任，也就不会得到上级的重用了；要得到朋友的信任有方法，如果侍奉父母得不到父母欢心，也就不会得到朋友的信任了；要父母欢心有方法，如果反省自己没有做到诚心诚意，也就得不到父母的欢心了；要使自己做到诚心诚意有方法，如果不明白什么是善行，也就不会使自己诚心诚意了。所以，诚，是天然的道理。追求诚是做人的道理；极端诚心而不能使人感动，是从不会有的事；不诚心，是没有人会被感动的。"

第十三章

孟子曰："伯夷辟纣，居北海之滨，闻文王作兴，曰：'盍归乎来❶！吾闻西伯善养老者。'太公❷辟纣，居东海之滨，闻文王作兴，曰：'盍归乎来！吾闻西伯善养老者。'二老❸者，天下之大老❹也，而归之，是天下之父归之也。天下之父归之，其子焉往？诸侯有行文王之政者，七年之内，必为政于天下矣。"

注释

① 盍归乎来：盍，何不；来，句末语气词。
② 太公：商末周初人，姓姜名尚，字子牙，号太公望，是辅助周文王和周武王建立西周王朝的主要大臣。
③ 二老：在这里指的是伯夷和姜太公。
④ 大老：有声望、受人敬重的老人。

解读

孟子说："伯夷躲避纣王的暴政，住在北海边，听说文王兴盛起来了，便说：'何不到西伯那里去呢！我听说他能敬养老人。'姜大公躲避纣王的暴政，住到东海边，听说文王兴盛起来了，便说：'何不到西伯那里去呢！我听说他能敬养老人。'伯夷和太公是最受人敬重的两位老人，他们都归附文王，这等于天下的父亲都归附文王了。天下的父亲都去了，他们儿子还会往哪里去呢？如果诸侯中有实行文王的政治的，最多七年，就一定能掌握天下的政权了。"

第十四章

孟子曰："求①也为季氏②宰③，无能改于其德，而赋粟倍他日。孔子曰：'求非我徒也，小子鸣鼓而攻之可也。'由此观之，君不行仁政而富之，皆弃于孔子者也。况于为之强战④？争地以战，杀人盈野；争城以战，杀人盈城；此所谓率土地而食人肉⑤，罪不容于死⑥。故善战者服上刑，连诸侯者次之，辟⑦草莱、任土地⑧者次之。"

| 孟 子

注释

① 求：冉求，字子有，孔门弟子。
② 季氏：姓季孙，名肥，鲁国的正卿。
③ 宰：家宰，即季氏的总管。
④ 况于为之强战：况于，何况；为，帮助，替；强战，努力作战。
⑤ 率土地而食人肉：为了争夺土地而使人民丧生，就如同让土地来食人肉。
⑥ 罪不容于死：意即罪恶极大，处死刑也抵不上所犯的罪恶。
⑦ 辟：在这里是开垦、开拓的意思。
⑧ 任土地：利用土地。任，用。

解读

孟子说："冉求做季康子的总管，不但不能改变季康子的行为，反而把田赋增加了一倍。孔子说：'冉求不是我的学生了，你们可以大张旗鼓地攻击他。'由此看来，君主不实行仁政，臣下却帮助他聚敛财富，都是被孔子所唾弃的，何况替君主努力作战的人呢？为争夺土地而战，杀死的人遍布田野；为争夺城池而战，杀死的人堆满城池；这就是所谓带领土地来吃人肉，判处死刑都不足以赎回他们的罪过。所以好战的人应该受最重的刑罚，从事合纵连横的人该受次一等的刑罚，为了增加赋税使百姓开垦荒地的人，该受再次一等的刑罚。"

第十五章

孟子曰："存①乎人者，莫良于眸子②。眸子不能掩其恶。胸中正，则眸子瞭③焉；胸中不正，则眸子眊④焉。听其言也，观其眸子，人焉廋⑤哉？"

注释

① 存：在这里是观察、了解的意思。
② 眸（móu）子：本指瞳仁，在这里泛指眼睛。
③ 瞭（liǎo）：在这里是清晰，明亮的意思。
④ 眊（mào）：眼睛蒙蒙不清的样子。
⑤ 廋（sōu）：隐藏、藏匿、遮掩的意思。

解读

孟子说："要想观察了解一个人，没有比观察他的眼睛更好了。眼睛是心灵的窗户，无法遮掩一个人的内心活动。自己心术正，那么眼睛就清澈明亮；自己心术不正，那么眼睛就总像是蒙上了一层什么东西似的不明澈。一边听一个人讲话，一边注意打量他的眼睛，这个人的内心世界又能往什么地方躲藏呢？"

第十六章

孟子曰："恭①者不侮人，俭②者不夺人。侮夺人之君，惟恐不顺焉，恶得为恭俭？恭俭岂可以声音笑貌为哉？"

注释

① 恭：在这里是有礼貌的意思。
② 俭：在这里是勤俭节约的意思。

| 孟 子

解读

孟子说:"对别人有礼貌的人不会侮辱人,自己节俭的人不会掠夺人。侮辱人又掠夺人的君主,生怕别人不顺从自己,怎么能做到讲礼貌、重节俭呢?讲礼貌、重节俭这两种品德难道可以靠声音和笑脸表现出来吗?"

第十七章

淳于髡❶曰:"男女授受不亲,礼与?"

孟子曰:"礼也。"

曰:"嫂溺❷,则援之以手乎?"

曰:"嫂溺不援,是豺狼也。男女授受不亲,礼也;嫂溺援之以手者,权❸也。"

曰:"今天下溺矣,夫子之不援,何也?"

曰:"天下溺援之以道,嫂溺援之以手,子欲手援天下乎?"

注释

❶ 淳于髡(kūn):人名,齐国人,曾仕于齐威王、齐宣王和梁惠王。

❷ 溺(nì):在这里是指掉进水里。

❸ 权:在这里是权宜、变通的意思。

解读

淳于髡说:"男女之间不亲手传递接受东西,这是一种社会行为规范吗？"

孟子说："是社会行为规范。"

淳于髡说："如果嫂嫂掉进水中，要伸手去救她吗？"

孟子说："嫂嫂掉入水中不伸手去救，简直就是豺狼。所谓男女授受不亲，是一种社会行为规范；嫂嫂淹入水中，伸手去救，是一种权宜变通之计。"

淳于髡说："如今天下百姓都淹入水中，先生却不伸手去救援，这是为什么呢？"

孟子说："天下百姓都淹入水中，要想救援，就要有一定的道路。嫂嫂淹入水中，只是伸出一只手去救。你想让我用一只手去救援天下百姓吗？"

第十八章

公孙丑曰："君子之不教子，何也？"

孟子曰："势不行也。教者必以正❶，以正不行，继之以怒，继之以怒，则反夷❷矣。'夫子教我以正，夫子未出于正也'！则是父子相夷也。父子相夷，则恶矣。古者易子而教之，父子之间不责善❸。责善则离，离则不祥莫大焉。"

注释

❶ 正：在这里是严正、严厉的意思。
❷ 夷：在这里是中伤、伤害的意思。
❸ 责善：劝勉从善而互相责备。

| 孟 子

解读

公孙丑问:"君子不亲自教育自己的儿子,为什么呢?"

孟子回答说:"这是因为情势行不通。教育一定要用严正的道理,用严正的道理讲不通,紧接着就产生怒气,怒气一产生,反而就伤感情了。孩子会这样说:'您用严正的道理教训我,您自己也没有达到这严正道理的标准啊!'这样父子之间就伤感情了。父子之间伤了感情,就很不好。古时候,人们互相交换儿子来教育,使父子之间不会因为劝勉从善而互相责备。劝勉从善而互相责备,会使父子间产生隔阂,父子间一产生隔阂,就会有很不好的后果。"

第十九章

孟子曰:"事,孰为大?事亲为大。守,孰为大?守身为大。不失其身而能事其亲者,吾闻之矣;失其身而能事其亲者,吾未之闻也。孰不为事?事亲,事之本也;孰不为守?守身,守之本也。曾子养曾皙❶,必有酒肉;将彻❷,必请所与;问有余,必曰:'有。'曾皙死,曾元❸养曾子,必有酒肉;将彻,不请所与;问有余,曰:'亡❹矣。'将以复进也。此所谓养口体者也。若曾子,则可谓养志也。事亲若曾子者,可也。"

注释

❶ 曾皙(xī):曾参的父亲,也是孔子的弟子。
❷ 彻:在这里是撤除、撤去的意思。

③ 曾元：人名，是曾参的儿子。
④ 亡：在这里是没有的意思。

解读

孟子说："侍奉之事，什么为最大？侍奉父母为最大。操守之事，什么为最大？守住自身为最大。没有丧失操守，又能很好地侍奉父母亲的，我听说过；丧失了自身操守，又能很好地侍奉父母亲的，我没有听说过。谁不做侍奉人的事呢？侍奉亲人，是侍奉之事的最根本。谁不该守护自己操守呢？守住自身，是操守之事的最根本。曾子奉养他的父亲曾晳，每餐必定有酒和肉，饭后把饭菜撤走时，一定请示：'把剩下的饭菜送给谁？'如果问：'还有没有剩余？'必然回答说：'有。'曾晳去世以后，曾元奉养曾子，每餐也必定有酒和肉，但饭后把饭菜撤走时，不请示：'把剩下的饭菜送给谁？'如果问：'还有没有剩余？'必然回答说：'没有了。'其实他是想把剩下的饭菜下次再给曾子吃。这就是人们所说的仅仅是供养父母的身体。像曾子那样，才可称为奉养父母的意愿亲情。侍奉双亲像曾子那样的人，才算可以。"

孟 子

第二十章

孟子曰："人不足与适①也，政不足与间也。惟大人为能格②君心之非。君仁莫不仁，君义莫不义，君正莫不正。一正君而国定矣。"

注释

① 适：在这里是批评、谴责的意思。
② 格：在这里是度量、衡量的意思。

解读

孟子说："那些执政的小人不值得去批评和谴责，他们的政治也不值得去批评。只有大人才能够去衡量君主的过错。君主仁，就没有人不仁；君主义，就没有人不义；君主正直，就没有人不正直。把君主的过错纠正了，国家也就安定了。"

第二十一章

孟子曰："有不虞①之誉，有求全之毁②。"

注释

① 不虞：在这里是意想不到的意思。
② 毁：在这里是责备、诽谤的意思。

离娄上

> **解读**

孟子说:"有料想不到的赞誉,也有过分苛求的责备。"

第二十二章

孟子曰:"人之易❶其言也,无责❷耳矣。"

> **注释**

❶ 易:在这里是改变、变动的意思。
❷ 无责:在这里是没有责任感的意思。

> **解读**

孟子说:"人如果总是改变自己的言行,那他就是一个没有责任感的人。"

第二十三章

孟子曰:"人之患❶在好❷为人师❸。"

> **注释**

❶ 患:在这里是毛病的意思。
❷ 好(hào):喜爱,喜好,喜欢的意思。
❸ 为人师:是指做别人的老师。

孟 子

解读

孟子说:"人们的毛病就在于总是喜欢做别人的老师。"

第二十四章

乐正子❶从于子敖❷之齐。

乐正子见孟子,孟子曰:"子亦来见我乎?"

曰:"先生何为出此言也?"

曰:"子来几日矣?"

曰:"昔者❸。"

曰:"昔者,则我出此言也不亦宜乎!"

曰:"舍馆未定。"

曰:"于闻之也,舍馆定然后求见长者乎?"

曰:"克有罪。"

注释

❶ 乐正子:名克,鲁国人,孟子的学生,当时正在鲁国做官。

❷ 子敖:人名。指的是王骥,子敖是他的字。

❸ 昔者:在这里是前几天的意思。

解读

乐正子跟随王子敖到了齐国。

乐正子去见孟子。孟子问:"你也来看我吗?"

乐正子回答说:"先生为什么说出这样的话来呢?"

孟子问:"你来了几天了?"

乐正子回答说:"前天来的。"

孟子说:"前天来的,那么我说出这样的话,不是正合适吗?"

乐正子说:"住的地方还没有找好。"

孟子说:"你听说过没有,要找好了住所,然后才来求见长辈吗?"

乐正子说:"这是我的错误。"

第二十五章

孟子谓乐正子曰:"子之从于子敖来,徒餔啜❶也。我不意❷子学古之道而餔啜也。"

注释

❶ 餔啜(bū chuò):在这里是吃喝的意思。

❷ 不意:在这里是没有想到、没有料到的意思。

解读

孟子对乐正子说:"你跟随王子敖来,只不过是为着吃喝罢了。我没有想到,你学习古人之道竟然会是为着吃喝。"

第二十六章

孟子曰:"不孝有三,无后❶为大。舜不告❷而娶,为无后也。君子以为犹告也。"

注释

❶ 后：在这里指的是后代，子孙。
❷ 告：在这里是禀告的意思。

解读

孟子说："不孝的情况有三种，其中以没有后代的罪过为最大。舜没有禀告父母就娶妻，为的就是怕没有后代。所以，君子认为他虽然没有禀告，但实际上和禀告了一样。"

第二十七章

孟子曰："仁之实，事❶亲是也；义之实，从兄是也；智之实，知斯二者弗去是也；礼之实，节文❷斯二者是也；乐之实，乐斯二者，乐则生矣。生则恶可已也，恶可已，则不知足之蹈之、手之舞之。"

注释

❶ 事：在这里是侍奉的意思。
❷ 节文：在这里是指适当地调节。

解读

孟子说："仁的实际内容是侍奉父母；义的实际内容是顺从兄长；智的实际内容是明白以上两点的道理却又不违背它；礼的实际内容是能够适当地调节这两者；乐的实际内容是喜欢这两者，这样乐趣就会产生。乐趣一产生就会不可抑止，不可抑止就会不知不觉地手舞足蹈起来。"

第二十八章

孟子曰："天下大悦而将归己，视天下悦而归己，犹草芥❶也，惟舜为然。不得乎亲，不可以为人；不顺乎亲，不可以为子。舜尽事亲之道而瞽瞍❷厎豫❸，瞽瞍厎豫而天下化，瞽瞍厎豫而天下之为父子者定，此之谓大孝。"

注释

❶ 草芥：比喻轻贱的微不足道的东西。芥，小草。
❷ 瞽瞍（gǔ sǒu）：亦作"瞽叟"，人名，古帝虞舜之父。
❸ 厎豫（dǐ yù）：得以欢乐。

解读

孟子说："天下的人都心悦诚服地归顺自己。如果把天下的人都心悦诚服地归附自己，看得如同草芥一样轻微，那么只有舜才能这样做。不能得到父母的欢心，不可以做人；不能顺从父母的心意，不可以做儿子。舜竭尽全力来侍奉父母，他父亲瞽瞍变得高兴了，瞽瞍高兴了，天下的人就都受到了感化；瞽瞍高兴了，天下的父子伦常也由此确定了，这就叫大孝。"

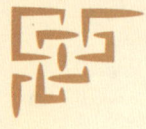

离娄下

　　本篇仍然是短章居多，内容涉及政治、历史、教育和个人立身处世等诸多方面，其中心思想仍然是"仁政"和"忠孝"及道德品质的修养等。子产用自己乘坐的车子去帮助老百姓过河，这在一般人看来是属于爱人民的美德，因此传为美谈。但孟子从政治家的角度来要求子产，则认为这是小恩小惠的行为，治末而没有能够治本，于事无补。

　　孟子认为，与其你这样一个一个地去帮助老百姓过河，倒不如利用你手中的权力为他们把桥修好，一劳永逸地解决问题，使他们再也没有过河的烦恼。政治家治国平天下，当以大局为重，而不应以小恩小惠去取悦于人，更不应以此来沽名钓誉。

　　孟子在谈到君臣关系时，说了这样一段话，对人非常有启发。

　　孟子告诉齐宣王说："君主把臣下当手足，臣下就会把君主当腹心；君主把臣下当狗马，臣下就会把君主当一般不相干的人；君主把臣下当泥土草芥，臣下就会把君主当仇敌。"

　　这段话说得通俗一点，也就是互相尊重，你敬我一尺，我敬你一丈。不然的话，反目成仇，两败俱伤，也就君不君，臣不臣；领导不像个领导，被领导不安于被领导。那又能怪谁呢？只能怪自己缺少做领导人的素质，不是一个合格的领导者。

第一章

孟子曰:"舜生于诸冯❶,迁于负夏❷,卒于鸣条❸,东夷之人也;文王生于岐周❹,卒于毕郢❺,西夷之人也。地之相去也千有余里,世之相后也,千有余岁。得志行乎中国,若合符节。先圣后圣,其揆❻一也。"

注释

❶ 诸冯:地名,在今山东菏泽以南。
❷ 负夏:地名,在今山东滋阳以西。
❸ 鸣条:地名,所相当的今地不详。
❹ 岐周:地名,在陕西岐山东北。
❺ 毕郢(yǐng):地名,在今陕西西安附近。
❻ 揆(kuí):在这里是道理、准则的意思。

解读

孟子说:"舜出生在诸冯,搬迁到负夏,死在鸣条,是东方人;文王生在岐周,死在毕郢,是西方人。两个地方相距一千多里,时代前后相距一千多年。可是,他们在中国实行他们的志向理想,就像符节那样完全吻合。前代的圣人和后代的圣人,他们的原则是相同的。"

孟 子

第二章

子产①听郑国之政,以其乘舆②济人于溱、洧③。

孟子曰:"惠而不知为政。岁十一月,徒杠④成;十二月,舆梁⑤成,民未病涉也。君子平其政,行辟人可也,焉得人人而济之?故为政者,每人而悦之,日亦不足矣。"

注释

❶ 子产:人名,春秋时郑国贤相公孙侨的字。
❷ 乘舆:所乘之车。舆,本义为车厢,此处以代车子。
❸ 溱、洧:在这里指的是溱水和洧水。
❹ 徒杠:可供徒步行走的小桥。杠,独木桥。
❺ 舆梁:桥梁。梁,指的是小桥。

解读

子产主持郑国的行政,用他的专车帮助别人渡过溱水和洧水。

孟子评论道:"虽然是个好人,却并不懂得政治。如果十一月修成走人的桥,十二月修成走车的桥,百姓就不会为渡河发愁了。君子只要修平政治,他外出时鸣锣开道都可以,哪能够一个一个地帮人渡河呢?如果从事政治的人一个一个地去讨人欢心,时间也不够用啊。"

第三章

孟子告齐宣王曰："君之视臣如手足，则臣视君如腹心；君之视臣如犬马，则臣视君如国人；君之视臣如土芥，则臣视君如寇雠❶。"

王曰："礼，为旧君有服❷，何如斯可为服矣？"

曰："谏行言听，膏泽❸下于民；有故而去，则君使人导之出疆，又先于其所往；去三年不反，然后收其田里。此之谓三有礼焉。如此，则为之服矣。今也为臣，谏则不行、言则不听，膏泽不下于民；有故而去，则君搏执之，又极之于其所往；去之日遂收其田里。此之谓寇雠。寇雠，何服之有？"

注释

❶ 寇雠（kòu chóu）：亦作"寇仇"，仇敌，敌人。
❷ 为旧君有服：在这里是指大夫为旧君服丧。
❸ 膏泽：在这里是给予恩惠的意思。

解读

孟子对齐宣王说："如果国君将臣子当作自己的手足，那么臣子自然将国君看成自己的腹心；如果国君将臣子当狗马，那么臣子自然将国君看成一般人；如果国君将臣子当泥土草芥，那么臣子自然将国君看成仇敌。"

齐宣王问："按照礼制，臣子应当为去世的国君服一定时期的丧服，国君怎样对待臣子，臣子才肯为他服丧服呢？"

孟 子

　　孟子回答说:"作为臣子,他的忠告能得到执行,他的建议能够被听从,恩泽加于百姓;臣子有其他原因要离开国境,国君就派人引导他出境,而且先派人到臣子要去的国家布置一番;臣子离开国家好几年不回来,才没收其田地和房屋。这几件事就叫三有礼。这样,臣子自然而然愿为国君服丧服。现如今,为臣子的,他的忠告不能得到执行,他的建议不能够被听从,恩泽不见加于百姓;臣子有其他原因要离开国境,国君就派人把他绑起来,而且还先派人到臣子要去的国家,说其坏话而使其走投无路;臣子离开国家之日,就立即没收他的田地和房屋。这样的话,臣子便视国君如敌寇仇敌。对敌寇仇敌一样的国君,臣子哪里愿意为他服丧服呢?"

第四章

　　孟子曰:"无罪而杀士,则大夫可以去;无罪而戮①民,则士可以徙②。"

注释

① 戮（lù）：在这里是屠杀的意思。
② 徙（xǐ）：在这里是迁移、搬走的意思。

解读

孟子说："没有罪而随便杀士人，那么大夫便可以离去；没有罪而随便屠杀百姓，那么士人便可以搬走。"

第五章

孟子曰："君仁①，莫不仁；君义，莫不义。"

注释

① 仁：在这里是实行仁政的意思。

解读

孟子说："君主行仁，便没有人不仁；君主行义，便没有人不义。"

第六章

孟子曰："非礼之'礼'，非义之'义'，大人①弗为②。"

孟 子

>[!注释]
> ❶ 大人：在这里是指有德行的人。
> ❷ 弗为：在这里是不愿意做的意思。

>[!解读]

孟子说："实际上不是礼的'礼'，实际上不是义的'义'，有德行的人是不愿意做的。"

第七章

孟子曰："中❶也养❷不中，才也养不才，故人乐有贤父兄也。如中也弃不中，才也弃不才，则贤、不肖之相去其间❸不能以寸。"

>[!注释]
> ❶ 中：在这里是指道德品质好的人。
> ❷ 养：在这里是教化，教导的意思。
> ❸ 相去其间：指的是两者之间的距离。

>[!解读]

孟子说："道德修养高的人要教导道德修养不高的人，有本事的人要教导没本事的人；因此人们乐意自己有贤能的父兄长辈。要是道德修养高的人抛弃道德修养不高的人，有本事的人抛弃没本事的人，那么贤能和不贤能的人之间的距离，就不能用分寸来计量了。"

离娄下

第八章

孟子曰："人有不为❶也，而后可以有为❷。"

注释

❶ 为：在这里是指不愿意做的事。
❷ 为：在这里是作为、成就的意思。

解读

孟子说："人首先要有不愿意做的事情，然后才能有所作为。"

第九章

孟子曰："言人之不善❶，当如后患❷何？"

注释

❶ 不善：在这里是指不好的地方，即坏话。
❷ 后患：在这里是指以后的祸患。

解读

孟子说："说别人的坏话，如果招来祸患怎么办？"

| 孟 子

第十章

孟子曰:"仲尼①不为已甚②者。"

注释

① 仲尼:孔子的字。孔子名丘,春秋鲁国人。
② 甚:在这里是超过、过分的意思。

解读

孟子说:"孔子做什么事情都不会过分。"

第十一章

孟子曰:"大人者,言不必信①,行不必果②,惟义所在。"

注释

① 信:在这里是诚实、不欺骗的意思。
② 果:在这里是结果、成果的意思。

解读

孟子说:"道德高尚的人,说话不一定要句句属实,做事不一定要追求结果,只要按道义行事就可。"

第十二章

孟子曰："大人者，不失其赤子之心❶者也。"

注释

❶ 赤子之心：比喻心地纯洁善良。赤子，初生的婴儿。

解读

孟子说："有德行的人，是能够保持婴儿般纯洁善良内心的人。"

第十三章

孟子曰："养生❶者不足以当大事，惟送死❷可以当大事。"

注释

❶ 养生：在这里是指赡养自己的父母。
❷ 送死：在这里是指父母去世后为他们送终。

解读

孟子说："赡养自己的父母不能算得上是大事，能够在父母去世后为他们送终才能算得上是大事。"

孟 子

第十四章

孟子曰："君子深造①之以道，欲其自得②之也。自得之，则居之安；居之安，则资之深；资之深，则取之左右逢其原③。故君子欲其自得之也。"

注释

① 深造：在这里是指进一步学习和钻研。
② 自得：是指能够自觉地得到。
③ 逢其原：遇到源泉。原，通"源"。

解读

孟子说："君子依靠好的方法来求得深造，这是想要自觉地有所得。自觉地有所得，就能够牢固地掌握它；能够牢固地掌握它，就能积累深；能积累深，就会运用自如遇到源泉。因此君子一定要自觉地有所得。"

第十五章

孟子曰："博学而详①说之，将以反说约②也。"

离娄下

注释

① 详：在这里是详细、详尽的意思。
② 约：在这里是简明扼要的意思。

解读

孟子说："广博地学习又能详细地解释它，进而达到简明扼要的地步。"

第十六章

孟子曰："以善服①人者，未有能服人者也。以善养人，然后能服天下。天下不心服而王②者，未之有也。"

注释

① 服：在这里是使……归服的意思。
② 王（wàng）：在这里是称王、称霸的意思。

解读

孟子说："用善来使人归服，是不能使人归服的。用真理来熏陶教育人，这样才能使天下的人都归服。天下的人不心服，却能称王、称霸的，从来没有过。"

孟 子

第十七章

孟子曰："言无实❶不祥❷。不祥之实，蔽❸贤者当❹之。"

注释

❶ 实：在这里是实话、实情的意思。
❷ 祥：在这里是不好、不吉祥的意思。
❸ 蔽：在这里是妨碍、阻碍的意思。
❹ 当：在这里是担当、承担责任的意思。

解读

孟子说："说话没有实际内容是不好的。这种不好的结果，应该由妨碍贤者的人来担当责任。"

第十八章

徐子❶曰："仲尼亟❷称于水，曰：'水哉，水哉！'何取于水也？"

孟子曰："原泉混混❸，不舍昼夜，盈科❹而后进，放乎四海。有本者如是，是之取尔。苟为无本，七八月之间雨集，沟、浍❺皆盈，其涸也可立而待也。故声闻过情，君子耻之。"

离娄下

注释

① 徐子：即徐辟，是孟子的一个弟子。

② 亟（qì）：在这里是屡次，多次的意思。

③ 原泉混混：源水滚滚而流。原，通"源"；混混，古音读"滚滚"，大水流动的样子。

④ 盈科：注满低洼地。盈，注满；科，低洼地。

⑤ 沟、浍（kuài）：都是指田间水沟。沟小，浍大。

解读

徐子问道："孔子屡屡称赞水说：'水呀，水呀！'他肯定水的什么呢？"

孟子回答说："有本源的泉水不断丰盛地流出来，昼夜不停，注满低洼地之后，继续向前奔流，一直流向大海。有本源的东西都会像这样最终形成大势，孔子就肯定水的这一点性质。倘若没有本源，到七、八月时候雨季来临，雨水丰沛，大小沟渠都灌满了，但由于没有本源，一会儿就可看到水会干涸。所以说，名声与实际情况不吻合，君子会引以为耻。"

第十九章

孟子曰："人之所以异于禽兽者几希①，庶民②去之，君子存之。舜明于庶物，察于人伦③，由仁义行，非行仁义也。"

注释

① 几希：在这里是一点点、很少的意思。

② 庶民：在这里是指普通的老百姓。
③ 人伦：指封建社会中人与人礼教所规定的君臣、父子、夫妇、兄弟、朋友及各种尊卑长幼关系。

解读

孟子说："人区别于禽兽的地方只有很少一点点，一般的人丢弃了它，君子保存了它。舜明白万事万物的道理，明察人伦关系，因此能遵照仁义行事，而不是勉强地施行仁义。"

第二十章

孟子曰："禹恶旨酒①而好善言。汤执中，立贤无方②。文王视民如伤③，望道而未之见④。武王不泄⑤迩，不忘远。周公思兼三王，以施四事，其有不合者，仰而思之，夜以继日；幸而得之，坐以待旦。"

注释

① 恶旨酒：不喜欢美酒。恶，不喜欢；旨酒，美酒。
② 立贤无方：推举贤人不拘泥常规。
③ 视民如伤：看待百姓，就像他们受了伤害一样。
④ 望道而未之见：寻求正道又好像没有见到。
⑤ 泄：在这里是轻慢、懈怠、轻侮的意思。

解读

孟子说："大禹不喜欢美酒而喜欢有益的话。汤坚持中正之道，推举贤人不拘泥于一定的常规。周文王看待百姓好像他们受了伤害不忍心侵扰，寻求正道又好像没有见到，毫不自满。周武王不轻侮身旁的臣子，不遗忘四方的诸侯。周公想要兼学夏、商、周三代的君主，以实行禹、汤、周文王和周武王四人的事业，如果有不符合的地方，抬着头思考，白天想不好，夜里接着想；幸而想通了，就坐着等待天亮立即实行。"

第二十一章

孟子曰："王者之迹熄而《诗》亡，《诗》亡然后《春秋》作。晋之《乘》❶，楚之《梼杌》❷，鲁之《春秋》❸，一也。其事则齐桓、晋文，其文则史，孔子曰：'其义则丘窃取之矣。'"

注释

❶《乘》：春秋时晋国的史书。后用以称一般的史书。
❷《梼杌》（táo wù）：楚国史书名。
❸《春秋》：鲁国史官把当时各国报道的重大事件，按年、季、月、日记录下来，一年分春、夏、秋、冬四季记录，简括起来就把这部编年史名为"春秋"。孔子依据鲁国史官所编《春秋》加以整理修订，成为儒家经典之一。

解读

孟子说："圣人派人采诗的事情终止了，《诗经》也就亡失了，《诗经》亡失以后，孔子便创作了《春秋》。各国都有叫作'春秋'的史书，晋国的又叫《乘》，楚国的又叫《梼杌》，鲁国的只叫《春秋》，都是一个样。记载的事情不过是齐桓公、晋文公之类，所用的笔法不过是一般史书的笔法。而孔子的《春秋》就不同,他说:'诗三百篇所寓有的褒善贬恶的大义,我在《春秋》里借用了。'"

第二十二章

孟子曰:"君子之泽①五世而斩,小人之泽五世而斩。予未得为孔子徒也,予私淑②诸人也。"

注释

① 泽:泽惠,影响,流风余韵。
② 淑:借为"叔",是取的意思。

解读

孟子说:"君子的流风余韵五代以后就断绝了,小人的流风余韵五代以后也中断了。我没有能够成为孔子的学生,我是私下从别人那里学来的。"

第二十三章

孟子曰:"可以取①,可以无取,取伤廉②;可以与,可以无与,与伤惠③;可以死,可以无死,死伤勇④。"

注释

① 取：在这里是拿的意思。
② 伤廉：在这里是指伤害自己的廉洁。
③ 伤惠：在这里是指滥用自己的恩惠。
④ 伤勇：在这里是指对勇德的亵渎。

解读

孟子说："可以拿，也可以不拿，拿了会损害廉洁；可以给，也可以不给，给了便是滥用自己的恩惠；可以死，也可以不死，死了就是对勇德的亵渎。"

第二十四章

逢蒙①学射于羿②，尽羿之道，思天下惟羿为愈己，于是杀羿。

孟子曰："是亦羿有罪焉。"

公明仪曰："宜若无罪焉。"

曰："薄乎云尔，恶得无罪？郑人使子濯孺子侵卫，卫使庾公之斯追之。子濯孺子曰：'今日我疾作③，不可以执弓，吾死矣夫！'问其仆④曰：'追我者谁也？'其仆曰：'庾公之斯也。'曰：'吾生矣。'其仆曰：'庾公之斯，卫之善射者也，夫子曰吾生，何谓也？'曰：'庾公之斯学射于尹公之他，尹公之他学射于我。夫尹公之他，端人⑤也，其取友必端矣。'庾公之斯至，曰：'夫子何为不执弓？'曰：'今日我疾作，不可以执弓。'曰：'小人学射于尹公之他，尹公

孟 子

之他学射于夫子,我不忍以夫子之道反害夫子,虽然,今日之事,君事也,我不敢废。'抽矢,扣轮,去其金,发乘矢而后反。"

注释

① 逢(péng)蒙:羿的学生和家众,后来叛变,帮助寒浞杀了羿。
② 羿:又称后羿,传说是夏代有穷国的君主。
③ 疾作:在这里是指疾病突然发作。
④ 仆:在这里是指驾车的人。
⑤ 端人:在这里是指正派的人。

解读

逢蒙跟羿学射箭,学得了羿的技巧后,他便想,天下只有羿的箭术比自己强了,于是便杀死了羿。

孟子说:"这事羿自己也有罪过。"

公明仪说:"羿不该有什么罪过吧。"

孟子说:"罪过不大罢了,怎么能说没有呢?从前郑国派子濯孺子侵入卫国,卫国派庾公之斯追击他。子濯孺子说:'今天我的疾病发作了,不能够拿弓,我死定了!'又问给他驾车的人说:"追我的人是谁呀?'驾车的人答道:'是庾公之斯。'子濯孺子便说:'那我不会死了。'给他驾车的人说:'庾公之斯是卫国著名的射手,先生反而说不会死了,这是为什么呢?'子濯孺子说:'庾公之斯是向尹公之他学的射箭,尹公之他是向我学的射箭。尹公之他是个正直的人,他所选择的朋友也一定正直。'庾公之斯追上来了,问:'先生为什么不拿弓呢?'子濯孺子说:'今天我疾病发作,不能够拿弓。'庾公之斯说:'我跟尹公之他学射箭,尹公之他又跟您学射箭。我不忍心用您的箭术反过来害您。不过,今天这事是国家的公事,我不敢不做。'于是抽出箭,在车轮上敲打了几下，把箭头拔掉，发了四箭然后就回去了。"

第二十五章

孟子曰："西子❶蒙不洁❷，则人皆掩鼻而过之。虽有恶人❸，齐戒❹沐浴则可以祀上帝。"

注释

❶ 西子：在这里指的是西施。
❷ 不洁：指不干净的脏东西。
❸ 恶人：在这里是指面貌丑陋之人。
❹ 齐（zhāi）戒：斋戒。齐，通"斋"。

解读

孟子说："美女西施身上沾染了脏东西，人们走过时就会捂着鼻子。即使是相貌丑恶的人，只要他斋戒沐浴，也可以祭祀上帝。"

第二十六章

孟子曰："天下之言性也，则故❶而已矣。故者以利❷为本。所恶于智者，为其凿❸也。如智者若禹之行水❹也，则无恶于智矣。禹之行水也，行其所无事也。如智者亦行其所无事❺，则智亦大矣。天之高

孟 子

也，星辰之远也，苟求其故，千岁之日至⁶可坐而致也。"

注释

① 故：事物的本质，客观规律。
② 利：顺，即顺应客观规律。
③ 凿：穿凿附会。即把讲不通的或不相干的道理、事情硬扯在一起进行解释。
④ 行水：使水流通。大禹治水，以疏通河道为主。
⑤ 行其所无事：指顺水性之自然。
⑥ 日至：在这里指的是冬至。

解读

孟子说："天下的人谈论人性，只要能够谈到事物的本质就可以了。求其本质，根本在于顺应客观规律。我们厌恶那些聪明人，就是因为他们容易陷于穿凿附会。假若聪明人像禹的治水一样，就不必对他们有所厌恶了。禹的治水，就是根据水性因势利导。假如聪明人也能顺着自然的本性

那才智也就很大了。天极高，星辰极远，只要能推求其规律，就是千年以后的冬至，都可以坐在这里推算出来。"

第二十七章

公行子❶有子之丧，右师❷往吊。入门，有进而与右师言者，有就右师之位而与右师言者。孟子不与右师言。右师不悦曰："诸君子皆与驩言，孟子独不与驩驩言，是简❸驩也。"

孟子闻之曰："礼，朝廷不历位❹而相与言，不逾阶而相揖也。我欲行礼，子敖以我为简，不亦异乎？"

注释

❶ 公行子：人名，齐国的大夫。
❷ 右师：官名，在这里指的是王驩。
❸ 简：在这里是简慢、怠慢的意思。
❹ 历位：是指跨越别人的位次。

解读

公行子的儿子死了，右师王驩去吊唁，他一进门，就有人走上前和他说话，后来又有人走近他的席位和他说话。孟子没有和他说话。王驩很不高兴，说："各位大夫都和我王驩说话，只有孟子不和我说话，这是对我的怠慢。"

孟子听到后，说："按照礼制，在朝廷中不应该跨过席位相互说话，也不应该越过班次相互作揖。我是按照礼制来行事，王驩却以为我怠慢了他，不是很奇怪吗？"

孟 子

第二十八章

孟子曰："君子所以异于人者，以其存心也。君子以仁存心，以礼存心。仁者爱人，有礼者敬人。爱人者，人恒爱之；敬人者，人恒敬之。有人于此，其待我以横逆❶，则君子必自反也：我必不仁也，必无礼也，此物奚宜❷至哉？其自反而仁矣，自反而有礼矣，其横逆由是也，君子必自反也：我必不忠。自反而忠矣，其横逆由是也，君子曰：'此亦妄人也已矣。如此，则与禽兽奚择❸哉？于禽兽又何难❹焉？'是故君子有终身之忧，无一朝之患也。乃若所忧则有之：舜人也，我亦人也，舜为法❺于天下，可传于后世，我由未免为乡人也，是则可忧也。忧之如何？如舜而已矣。若夫君子所患则亡矣，非仁无为也，非礼无行也，如有一朝之患，则君子不患矣。"

注释

❶ 横逆：强横、蛮横，不讲道理。
❷ 奚宜：在这里是怎么会应当的意思。
❸ 奚择：有什么区别。
❹ 难：责难、计较。
❺ 法：在这里是楷模、规范的意思。

解读

孟子说："君子与一般人的不同之处，就在于他们心里装的东西不一样。君子心里始终牢记仁，牢记礼。内心牢记仁的人爱别人，牢记礼的人尊重别人；爱人的人，别人永远爱他；尊重人的人，别人永远尊重他。假若有个人在这儿，他对待我蛮横无理，那么君子就一定会反省自己：我一定是对他不仁，一定是对他无礼了，不然他怎么应当以这种态度对待我呢？认真反省自己以后，认为自己的确做到了仁，的确做到了礼，而对方的强横无理依旧如前，君子就一定会再反省自己：我一定对别人不忠诚。认真反省自己之后，认为自己待人的确真挚诚恳，而对方仍然以蛮不讲理的态度待自己，这种情况下，君子就会说：'这个人只不过是个狂人而已，他像这样待人，那他和禽兽又有什么区别呢？而对禽兽又值得去责备什么呢！'因此君子有一种忧虑一辈子缠绕，却不会有突然发生的灾祸。像这样的忧虑是有的，那就是君子认为：舜是一个人，我也是一个人，舜做到了成为天下的楷模，做到了声名传播到后代，我却不能从普通人中脱颖而出，这才是应当忧虑的事情。有这种忧虑又怎么办才好呢？像舜那样做人就可以了。至于君子，别的忧患就没有了；不符合仁的事不干，不遵循礼的行为不做；倘若有突然降临的意外灾祸，君子也就问心无愧，无所害怕了。"

第二十九章

禹、稷当平世❶，三过其门而不入❷，孔子贤之。颜子当乱世，居于陋巷，一箪食，一瓢饮，人不堪其忧，颜子❸不改其乐，孔子贤之。

孟子曰："禹、稷、颜回同道。禹思天下有溺者，由己溺之也；稷思天下有饥者，由己饥之也，是以如是其急也。禹、稷、颜子易地则皆然。今有同室之人斗者，救之，虽被发缨冠❹而救之可也；乡邻有斗者，被发缨冠而往救之，则惑也，虽闭户可也。"

注释

① 平世：是指政治太平、安定的时代。
② 三过其门而不入：三次路过自己的家门都不进去。
③ 颜子：人名，是孔子弟子颜回，字子渊。
④ 被发缨冠：披头散发，帽子的带子也没有结好。被，通"披"。

解读

禹和稷处于政治清明、社会太平的时代，为了人民的事业三次路过家门都不进去。孔子很崇尚他们。颜子处于世事纷乱，政治秽浊的时代，住在破旧的小巷里，一筐饭，一瓢水，一般人都不能忍受那么清贫的生活，他却心安理得，自得其乐，孔子也很赞赏他。

孟子说："禹、稷和颜回是具有同样高尚品质的人。禹认为凡是天下的人遭了水灾，就好像是自己没有尽职尽责而使他们遭受了水灾；稷认为凡是天下的人受了饥饿之苦，都好像是自己失误而致使他们受饥挨饿，所以他们帮助天下的人才这么急迫。禹、稷、颜回他们三人如果调换一下，那么禹、稷也会住在破巷子里过清苦生活而自得其乐，颜回也会三过家门而不入。禹、稷的行为就好比现在同一间屋子里的人相互斗殴，为了救他们。即使散乱着头发，随便地戴着帽子急急忙忙去劝解，也是应当的。颜回的行为好比本地方的邻居在打斗，他却散乱着头发，随便戴上帽子急忙去劝解，这就有些不可理解了，即使关上门任其打斗，也是应当的。"

第三十章

公都子曰："匡章，通国皆称不孝焉，夫子与之游，又从而礼貌

离娄下

之❶，敢问何也？"

孟子曰："世俗所谓不孝者五：惰其四支，不顾父母之养，一不孝也；博弈❷好饮酒，不顾父母之养，二不孝也；好货财，私妻子，不顾父母之养，三不孝也；从❸耳目之欲，以为父母戮❹，四不孝也；好勇斗狠，以危父母，五不孝也。章子有一于是乎？夫章子，子父责善而不相遇也。责善，朋友之道也；父子责善，贼恩之大者。夫章子岂不欲有夫妻子母之属哉？为得罪于父，不得近，出妻屏❺子，终身不养焉。其设心以为不若是，是则罪之大者，是则章子已矣。"

注释

❶ 礼貌之：在这里是敬重他的意思。
❷ 博弈：古代指下围棋，也指赌博。
❸ 从：同"纵"，放纵，纵容。
❹ 戮：在这里是羞辱的意思。
❺ 屏：在这里是屏退、疏远的意思。

解读

公都子说："匡章这个人，是全齐国人都说的不孝之人。先生却跟他交游，又很礼貌待他，冒昧地问这是为什么？"

孟子说："社会上所说的不孝有五种情况：四肢懒惰，不管父母的赡养，这是第一种不孝；喜欢赌博又好酗酒，不管父母的赡养，这是第二种不孝；喜欢财物，偏爱妻子孩子，不管父母的赡养，这是第三种不孝；放纵耳朵和眼睛的欲望，给父母带来羞辱，这是第四种不孝；逞能显勇而斗狠，以危及连累父母，这是第五种不孝。匡章有哪一种情况呢？这个匡章，是因为父子之间相互以善相责而导致关系恶化。以善相责，本是交友之道；父子间以善相责，最伤害感情。这个匡章，难道不想有夫妻父子之间的感情吗？只因得罪了父亲，被疏远而不能亲近；才抛弃妻子儿女，终身得不到奉养。他在心里这样设想，如果不这样做，那不孝之罪就会更大，这就是匡章的真实情况。"

第三十一章

曾子居武城❶，有越寇❷。或曰："寇至，盍去诸？"

曰："无寓人于我室，毁伤其薪木。"

寇退，则曰："修我墙屋，我将反。"

寇退，曾子反。左右曰："待先生如此其忠且敬也，寇至，则先去以为民望，寇退则反，殆于不可。"

沈犹行❸曰："是非汝所知也。昔沈犹有负刍之祸，从先生者七十人，未有与焉。"

子思❹居于卫，有齐寇。或曰："寇至，盍去诸？"

子思曰："如伋去，君谁与守？"

孟子曰："曾子、子思同道。曾子，师也，父兄也；子思，臣也，微也。曾子、子思易地则皆然。"

注释

❶ 武城：鲁国的城邑名，在今山东肥城西南。

❷ 越寇：在这里指的是越国的军队。

❸ 沈犹行：人名，曾子的学生。

❹ 子思：战国初期思想家。姓孔，名伋，孔子之孙。相传曾经授

业于曾子。

> [!解读]

曾子住在武城时，越国军队来侵犯。有人便说："敌寇要来了，何不离开一下呢？"

曾子说："好吧，但是不要使别人借住在我这里，破坏那些树木。"

敌寇退了，曾子便说："把我的墙屋修理修理吧，我要回来了。"

敌寇退了，曾子也回来了。他旁边的人说："武城军民对您是这样的忠诚恭敬，敌人来了，便早早地走开，给百姓做了个坏榜样；敌寇退了，马上回来，这恐怕不可以吧？"

沈犹行说："这个不是你们所晓得的。从前先生住在我那里，有个名叫负刍的捣乱，跟随先生的七十个人也都早早地走开了。"

子思住在卫国，齐国军队来侵犯。有人说："敌人来了，何不走开呢？"

子思说："如果连我也走开了，君主同谁来守城呢？"

孟子说："曾子、子思其实殊途同归。曾子是老师，是前辈；子思是臣子，是小官。曾子、子思如果对换地位，他们也会像对方那样做的。"

第三十二章

储子❶曰："王使人间❷夫子，果有以异于人乎？"

孟子曰："何以异于人哉？尧、舜与人同耳。"

> [!注释]

❶ 储子：齐国人。担任过齐国的相。

孟 子

❷ 间（jiàn）：窥探、观察的意思。

解读

储子问："君主派人来窥探您，您真有和一般人不同的地方吗？"

孟子回答说："我有什么跟一般人不同的地方呢？尧、舜也和一般人相同啊。"

第三十三章

齐人有一妻一妾而处室❶者，其良人❷出，则必餍❸酒肉而后反。其妻问所与饮食者，则尽富贵也。其妻告其妾曰："良人出，则必餍酒肉而后反，问其与饮食者，尽富贵也，而未尝有显者❹来，吾将间良人之所之也。"

蚤❺起，施❻从良人之所之。遍国中无与立谈者，卒之东郭墦❼间，之祭者乞其余，不足，又顾而之他，此其为餍足之道也。其妻归告其妾曰："良人者所仰望而终身也，今若此。"

与其妾讪其良人，而相泣于中庭。而良人未之知也，施施❽从外来，骄其妻妾。由君子观之，则人之所以求富贵利达者，其妻妾不羞也，而不相泣者，几希矣。

注释

❶ 处室：指的是同处一室而生活。
❷ 良人：古代妻子对丈夫的称谓。

❸ 餍（yàn）：在这里是吃饱的意思。
❹ 显者：尊贵而有势力的人。
❺ 蚤：通"早"。
❻ 施：斜行，斜曲跟随，以免被发现。
❼ 墦（fán）间：坟墓之间。
❽ 施施：高高兴兴、得意扬扬的样子。

解读

　　齐国有一个人，家里有一个妻子一个妾。丈夫每次外出，都一定吃得饱饱的，喝得醉醺醺地回来。妻子问他跟什么人一块吃喝，他说都是一些财大气粗、地位显赫的人。妻子便告诉小妾说："丈夫每次外出，都一定吃饱肉，喝足酒之后才回家，问他和什么人一块儿吃喝，他说都是非常富有、地位显赫的人，但又不曾有高贵的人与咱们家来往，这就令人怀疑了，我准备去观察咱们丈夫究竟到什么地方去了。"

　　第二天一大早，她就隐藏在丈夫后面，丈夫到哪儿，她就跟到哪儿。她发现全城人没有哪一个站住和她丈夫交谈过，她丈夫最后到了东郊墓地，走向祭扫坟墓的人，向他们讨取残余祭品，不够，又东张西望到别处乞讨。这就是丈夫吃得饱饱的办法。妻子返家后，告诉小妾说："丈夫，是我们仰望依靠终身的人，今天才知道他竟是这样的一个人！"

　　于是俩人共同在家院里咒骂着，失望地哭泣着。她们的丈夫还不知道这个情况，得意扬扬地从外归来，在他的妻妾面前趾高气扬。在君子看来，那些人用来求取富贵，以得飞黄腾达的种种手段，能不使他们的妻妾引以为羞耻并共同哭泣的，实在太少了。

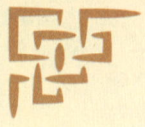

万章上

　　本章的首篇论述的是如何爱父母的问题。舜因为得不到父母的欢心，虽然他已经拥有了美色、财富和尊贵，虽然天下的士人喜欢他，但他依然不快乐。孟子感叹地说："人少，则慕父母；知好色，则慕少艾；有妻子，则慕妻子；仕则慕君，不得于君则热中。大孝终身慕父母。五十而慕者，予于大舜见之矣。"

　　孟子认为，人在年幼的时候，一般都爱慕父母；懂得喜欢女子的时候，又会爱慕年轻漂亮的姑娘；有了妻子孩子以后，便爱慕妻子孩子；当做了官便爱慕君王，得不到君王的赏识便会内心焦急得发热。不过，最孝顺的人却是终身都爱慕父母。到了五十岁还爱慕父母的，我在伟大的舜身上见到了。

　　我们知道，舜的父母是不爱他的，不过，这个母亲是个后妈，因为他的亲娘早就过世了。舜的父亲和他的后娘曾经多次设计要害死他，好在每次他都化险为夷。就是这样的父母，舜还爱他们。这真不是一般人能够做到的。所以孟子感叹道："大孝终身慕父母。五十而慕者，予于大舜见之矣。"

　　终身都爱慕父母的有两种情况：一种是终身都只爱慕父母，其他如年轻漂亮的姑娘、妻子孩子、君王等统统不爱。另一种是既终身爱慕自己的父母，又不妨碍爱姑娘，爱妻子孩子，爱君王等。

　　孟子这段话是通过对大舜做心理分析后引出的。大舜由于没有得到父母的喜爱，所以，即使获得了绝色美女和妻子孩子，也仍然郁郁寡欢，思慕父母之爱。所以，如果我们要做到"大孝"，那就应该既"终身慕父母"，又爱少女和妻子孩子，这才是健康正常的心态。

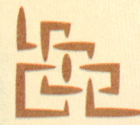

万章上

第一章

万章问曰:"舜往于田,号泣于旻天,何为其号泣也?"

孟子曰:"怨慕也。"

万章曰:"'父母爱之,喜而不忘;父母恶之,劳而不怨',然则舜怨乎?"

曰:"长息❶问于公明高❷,曰:'舜往于田,则吾既得闻命矣;号泣于旻天,于父母,则吾不知也。'公明高曰:'是非尔所知也。'夫公明高以孝子之心,为不若是恝❸,我竭力耕田,共为子职而已矣,父母之不我爱,于我何哉❹?帝使其子九男二女,百官牛羊仓廪备,以事舜于畎亩之中,天下之士多就之者,帝将胥❺天下而迁之焉。为不顺于父母,如穷人无所归。天下之士悦之,人之所欲也,而不足以解忧;好色,人之所欲,妻帝之二女,而不足以解忧;富,人之所欲,富有天下,而不足以解忧;贵,人之所欲,贵为天子,而不足以解忧。人悦之、好色、富贵,无足以解忧者,惟顺于父母可以解忧。人少,则慕父母;知好色,则慕少艾❻;有妻子,则慕妻子;仕则慕君,不得于君,则热中。大孝终身慕父母,五十而慕者,予于大舜见之矣。"

注释

❶ 长息:人名,公明高的一个学生。

❷ 公明高:人名,曾子的一个学生。

❸ 恝(jiá):无动于衷,不经心,满不在乎。

孟 子

❹ 于我何哉：我有什么办法呢。
❺ 胥：这里用为观察、考察的意思。
❻ 少艾：在这里是美女的意思。

解读

万章问道："舜到田里去，对着天痛哭，他为什么痛哭呢？"

孟子说："爱怨交织啊。"

万章问："'如果父母疼爱自己，就高兴得不能忘怀；如果父母讨厌自己，那也勤勉做事没有怨言。'既然这样，那舜是有所怨恨吗？"

孟子说："长息曾经问公明高：'舜到田里去，这我已经懂得了；但对着天哭泣诉说自己的父母，这我还不懂。'公明高说：'这不是你能理解的。'公明高以为孝子心里不能这样满不在乎。我努力耕田，尽到做孩子的责任就行了，父母不喜欢我，我有什么办法呢？尧派他的九个儿子两个女儿，以及各级官员带着牛羊粮食到田野中为舜服务，天下的士人多数

也都过去归附，帝尧也把整个天下让给了舜。但舜因为不能讨父母欢心，就像穷困的人无所倚靠一样。天下的士人都拥护他，这是谁都希望的，但这却不足以缓解他的忧愁；喜欢美色，是人的正常欲望，他娶了尧的两个女儿，却不足以缓解他的忧愁；富有，是谁都希望获得的，但这却不足以缓解他的忧愁；高贵，是谁都希望的，高贵得都做了天子，却仍然不足以缓解他的忧愁。人们拥护、美色、富贵都不能缓解他的忧愁，只有讨父母的欢心才可以缓解他的忧愁。人在小的时候，都恋父母；懂得了美色，就怀恋年轻漂亮的女子；有了妻子孩子，就怀恋妻子孩子；做官就怀恋国君，如果不能讨国君的欢心就内心焦急。最大的孝就是终身怀恋父母。直到五十岁还怀恋父母的，在伟大的舜这里我算见到了。"

第二章

万章问曰："《诗》云：'娶妻如之何？必告父母。'信斯言也，宜莫如舜，舜之不告而娶，何也？"

孟子曰："告则不得娶。男女居室，人之大伦也。为告，则废人之大伦，以怼❶父母，是以不告也。"

万章曰："舜之不告而娶，则吾既得闻命矣，帝之妻舜而不告❷，何也？"

曰："帝亦知告焉则不得妻也。"

万章曰："父母使舜完廪❸，捐阶❹，瞽瞍焚廪；使浚井，出，从而揜❺之。象❻曰：'谟❼盖都君，咸我绩。牛、羊，父母；仓、廪，父母；干、戈，朕；琴，朕；弤❽，朕；二嫂使治朕栖。'象往入舜宫，舜在床琴。象曰：'郁陶思君尔！'忸怩❾。舜曰：'惟兹臣庶，汝其于予治。'不识舜不知象之将杀己与？"

曰："奚而不知也？象忧亦忧，象喜亦喜。"

曰："然则舜伪喜者与？"

曰："否。昔者有馈生鱼于郑子产，子产使校人畜之池。校人烹之，反命曰："始舍之，圉❿圉焉，少则洋洋焉，攸然而逝。'子产曰：'得其所哉，得其所哉！'校人出，曰：'孰谓子产智？予既烹而食之，曰得其所哉，得其所哉。'故君子可欺以其方，难罔以非其道。彼以爱兄之道来，故诚信而喜之，奚伪焉？"

注释

❶ 怼（duì）：这里用为怨恨之意。
❷ 帝之妻舜而不告：帝尧把女儿嫁给舜，也不告诉其父母。
❸ 完廪（lǐn）：修缮粮仓。完，修缮；廪，谷仓。
❹ 捐阶：在这里是撤掉梯子的意思。
❺ 揜（yǎn）：这里用为掩盖、掩藏之意。
❻ 象：人名，舜的同父异母之弟。
❼ 谟：在这里是计谋、谋略的意思。
❽ 弤（dǐ）：这里用为漆成红色的弓之意。
❾ 忸怩（niǔ ní）：形容不好意思或不大方的样子。
❿ 圉（yǔ）：本义为监押之意，这里比喻犯人被监押而死气沉沉的样子之意。

解读

万章问："《诗经》上说：'娶妻应该怎么办？必须要禀告父母。'如果这话是真的，大舜最应该遵守这句话。可是大舜没有报告父母就娶妻了，这是为什么呢？"

孟子说："禀告了父母就娶不到妻子了。男女结合成家，是人生的重大伦常。如果禀告了，就要废弃这个伦常，从而就会怨恨父母，所以大舜没有报告父母。"

万章说："大舜不禀告父母而娶妻，我已经听懂其中的缘故了；帝尧嫁女儿给大舜而不禀告舜的父母，这又是为什么呢？"

孟子说："帝尧也知道如果告诉了舜的父母就不能把女儿嫁给舜了。"

万章说："父母叫舜去整修谷仓顶，然后撤掉了梯子，父亲瞽瞍放火焚烧谷仓。要舜去淘井，瞽瞍一出井就堵塞盖住了井口。舜的弟弟象说：'谋害舜都是我的功绩，牛羊分给父母，粮仓分给父母，盾和戈归我，琴归我，雕漆的弓归我，两个嫂嫂让她们侍候我睡觉。'象走进舜的屋子，舜却安坐在床上弹琴。象说：'我想你想得好苦啊。'但神色惭愧。舜说：'我心里想的唯有臣和百姓，你就协助我管理他们吧。'我不明白，舜难道不知道象要谋杀他吗？"

孟子说："怎么会不知道呢？象忧愁他也忧愁，象高兴他也高兴。"

万章说："那么，舜是假装高兴吗？"

孟子说："不。从前有人送条活鱼给郑国的子产，子产叫管理池沼的人把鱼养在池塘里，管池沼的人把鱼煮来吃了，却向子产汇报说：'刚放它时，好像犯人一样死气沉沉的，过了一会，就欢乐起来，很快就悠然游往水深处而找不见了。'子产说：'它得到它所在的地方了，它得到它所在的地方了！'小吏退出后，对人说：'谁说子产很有智慧？我已经把鱼煮熟吃了，他还说，它得到它所在的地方了，它得到它所在的地方了。'所以对君子可以欺骗其方正，却难以蒙蔽他离开正道。象用敬爱兄长的办法来欺骗舜，所以舜真诚地相信而感到高兴，怎么能说是假装的呢？"

孟子

第三章

万章问曰:"象日以杀舜为事,立为天子则放之,何也?"

孟子曰:"封之也,或曰放焉。"

万章曰:"舜流共工于幽州,放驩兜❶于崇山❷,杀三苗❸于三危❹,殛❺鲧❻于羽山,四罪而天下咸服,诛不仁也。象至不仁,封之有庳❼,有庳之人奚罪焉?仁人固如是乎?在他人则诛之,在弟则封之?"

曰:"仁人之于弟也,不藏怒焉,不宿怨焉,亲爱之而已矣。亲之,欲其贵也;爱之,欲其富也。封之有庳,富贵之也。身为天子,弟为匹夫,可谓亲爱之乎?"

"敢问或曰放者,何谓也?"

曰:"象不得有为于其国,天子使吏治其国而纳其贡税焉,故谓之放。岂得暴彼民哉?虽然,欲常常而见之。故源源而来。'不及贡,以政接于有庳。'此之谓也。"

> **注释**
>
> ❶ 驩兜:人名,舜时大臣,与共工互相勾结,结成死党。
> ❷ 崇山:地名,在今湖北崇阳南部。
> ❸ 三苗:古代国名,顽固不服舜的统治,舜因而杀其首领。
> ❹ 三危:地名,在今甘肃敦煌市东南部。
> ❺ 殛(jí):杀死的意思。

⑥ 鲧（gǔn）：古人名，夏禹的父亲。

⑦ 有庳（bì）：地名，旧说在今湖南道县之北。

解读

万章问道："象每天都把谋杀舜作为自己的工作，舜成为天子以后，却只流放了他，这是为什么呢？"

孟子答道："其实是把象封为诸侯，而有人说是流放了象罢了。"

万章说："舜把共工流放到了幽州，把驩兜流放到崇山，在三危杀了三苗国的国君，在羽山诛杀了鲧，这四个人被治了罪，天下都归服了，就因为这是讨伐不仁之人的缘故。象是天下最不仁的人了，舜却将有庳国分封给他。有庳国的老百姓有什么罪过呢？仁人难道是这样的吗？对别的不仁之人，就加以惩处；对自己的弟弟，就封以国土。"

孟子说："仁人对于自己的弟弟，不将愤怒藏在心中，不将怨恨留在胸中，那是因为亲他爱他罢了。亲近自己的弟弟，便要使他尊贵；喜爱自己的弟弟，便要使他富有。舜封给象有庳国，那是要使他变得富有、尊贵。自己身为天子，而弟弟却是个老百姓，这可以说是亲爱自己的弟弟吗？"

万章说："那么请问先生，有人说那是流放，这怎么讲呢？"

孟子说："象不能施教于他的封国，天子便派遣了官吏帮他治理国家，缴纳贡税，所以有人说那是流放。他难道能暴虐他的国民吗？即使这样，舜还是常常想见到象，象也不断地来和舜相见。古书中说：'不一定要等到规定的上朝纳贡之时，才去相见，平常也可以假借政治上的事来接见象。'说的就是这个意思。"

第四章

咸丘蒙❶问曰:"语云:'盛德之士,君不得而臣,父不得而子。'舜南面❷而立,尧帅诸侯北面而朝之,瞽瞍亦北面而朝之。舜见瞽瞍,其容有蹙❸。孔子曰:'于斯时也,天下殆哉,岌岌乎❹!'不识此语诚然乎哉?"

孟子曰:"否,此非君子之言,齐东野人之语也。尧老而舜摄也。《尧典》曰:'二十有八载,放勋乃徂落❺,百姓如丧考妣,三年,四海遏密八音❻。'孔子曰:'天无二日,民无二王。'舜既为天子矣,又帅天下诸侯以为尧三年丧,是二天子矣。"

咸丘蒙曰:"舜之不臣尧,则吾既得闻命矣。《诗》云:'普天之下,莫非王土;率土之滨,莫非王臣。'而舜既为天子矣,敢问瞽瞍之非臣,如何?"

曰:"是诗也,非是之谓也;劳于王事而不得养父母也,曰:'此莫非王事,我独贤劳也。'故说诗者,不以文害辞,不以辞害志,以意逆志,是为得之。如以辞而已矣。《云汉》之诗曰:'周余黎民,靡有孑遗。'信斯言也,是周无遗民也。孝子之至,莫大乎尊亲;尊亲之至,莫大乎以天下养。为天子父,尊之至也;以天下养,养之至也。《诗》曰:'永言孝思,孝思维则。'此之谓也。《书》曰:'祗载见瞽瞍,夔夔❼齐栗,瞽瞍亦允诺。'是为父不得而子也。"

注释

① 咸丘蒙：孟子的弟子。咸丘，本是鲁国地名，这是以地为姓。

② 南面：古代君主的位次坐北朝南。

③ 蹙（cù）：在这里是指不安的样子。

④ 天下殆哉，岌岌乎：是"天下岌岌乎殆哉"的倒装句。殆，危险；岌岌，山高的样子，比喻危险。

⑤ 徂落：在这里是死、去世的意思。

⑥ 八音：金、石、丝、竹、匏、土、革、木所制的乐器发出的声音，泛指音乐。

⑦ 夔夔（kuí）：谨慎、恐惧的样子。

解读

咸丘蒙问道："俗话说：'道德修养很高的人，君王不能以他为臣，父亲不能以他为子。'舜面南而坐，做了天子，尧率领诸侯北面去朝见他，他父亲瞽瞍也向北面去朝见他。舜见到瞽瞍，神情惶惶不安。孔子说：'在此时，天下岌岌可危呀！'不知道这话果真如此吗？"

孟子说："不。这不是君子说的话，而是齐东野人的话。是尧老了而叫舜代理天子。《尧典》说："二十八年后，尧死了，百姓像死了父母那样服丧三年，四海之内停止了音乐。'孔子说：'天上没有两个太阳，百姓没有两个君王。'假如舜在尧死以前已经做了天子，又率领诸侯为尧服丧三年，这就是同时有两个天子。"

咸丘蒙说："舜不以尧为臣，我已经明白了。《诗经》上说：'天下所有的领土没有一块不是君王的；环绕四周的土地上，没有一人不是君王的臣民。'既然舜已经做了天子，那么请问，瞽瞍不是他的臣民，这是为什么呢？"

孟子答道："这首诗，不是你所说的那个含义，而是说作诗的人为

孟 子

王事勤劳，不能侍奉父母，又说：'这些事没有一件不是君王的，为什么偏要我一个人辛苦。'因此，解释诗的人，不能因文字而误解词句，也不能因词句而误解原意。要用自己的思想去推测作者的原意，这才能真正理解。假如只是拘泥于词句，那么《云汉》这首诗说：'周朝剩下的百姓，没有一个人生存。'相信这句话，那就是周朝连一个人也没能存留。孝子最大的孝，莫过于尊敬父母；尊敬父母的最高程度，莫过于以天下来奉养父母。作为天子的父亲，是尊贵到了极点；以天下作为奉养，是奉养的极点了。《诗经》说：'永远提倡孝道，孝道便是天下的法则。'说的就是这个意思。《尚书》中也说：'恭恭敬敬地见瞽瞍，态度谨慎地颤抖，瞽瞍也因之真正相信了他，顺利而行了。'这怎么能说父亲不能以他为子呢？"

第五章

万章曰："尧以天下与舜，有诸？"

孟子曰："否，天子不能以天下与人。"

"然则舜有天下也，孰与之？"

曰："天与之。"

"天与之者，谆谆然❶命之乎？"

曰："否，天不言，以行与事示之而已矣。"

曰："以行与事示之者，如之何？"

曰："天子能荐人于天，不能使天与之天下；诸侯能荐人于天子，不能使天子与之诸侯；大夫能荐人于诸侯，不能使诸侯与之大夫。昔者，尧荐舜于天而天受之，暴❷之于民而民受之，故曰天不言，以行与事示之而已矣。"

曰："敢问荐之于天而天受之，暴之于民而民受之，如何？"

曰："使之主祭而百神享之，是天受之；使之主事，而事治，百姓安之，是民受之也。天与之，人与之，故曰，天子不能以天下与人。舜相尧二十有八载，非人之所能为也，天也。尧崩，三年之丧毕，舜避尧之子于南河③之南，天下诸侯朝觐④者，不之尧之子而之舜；讼狱⑤者，不之尧之子而之舜；讴歌者，不讴歌尧之子而讴歌舜，故曰，天也。夫然后之中国，践天子位焉。而居尧之宫，逼尧之子，是篡也，非天与也。《泰誓》曰：'天视自我民视，天听自我民听。'此之谓也。"

注释

① 谆谆然：恳切地再三叮咛告诫的样子。
② 暴（pù）：暴露，公开，显现。
③ 南河：黄河在尧都城的南边，所以叫南河。
④ 觐（jìn）：诸侯秋季朝见天子或朝拜圣地。
⑤ 讼狱：在这里是诉讼、打官司的意思。

解读

万章问道："尧把天下送给舜，有这件事吗？"

孟子说："没有，天子不能把天下送给人。"

万章问："既然这样，那么舜拥有天下是谁给他的呢？"

孟子说："天给他的。"

万章问："天把天下给他，是通过反复的叮咛、告诫吗？"

孟子说："不，天不说话，不过是用行为和事件表示它的意旨罢了。"

万章问："怎么样用行为和事件表示它的意旨呢？"

孟子说："天子能把人推荐给天，不能让天把天下给这个人；诸侯能把人推荐给天子，不能让天子把诸侯的职位给这个人；大夫能把人推荐给诸侯，不能让诸侯把大夫的职位给这个人。从前，尧把舜推荐给天，天接受了；把舜介绍给百姓，百姓接受了。所以说，天不说话，不过是用行为和事件表示它的意旨罢了。"

万章问："请问把舜推荐给天，天接受了；把舜介绍给百姓，百姓接受了，这是什么意思呢？"

孟子说："叫舜主持祭祀，所有神灵都来享用祭品，这就表明天接受了他；叫舜主持政事，政事办得很好，百姓对他很满意，这是百姓接受了他。天授给他，老百姓授给他，所以说，天子不能把天下送给人。舜辅助尧治理天下二十八年，不是人的意志所能决定的，而是天意。尧去世之后，三年的丧期结束，舜为了让尧的儿子继承天子之位，自己逃避到了黄河的南面，可是天下诸侯来朝见天子的，不到尧的儿子那里，却到舜那里；打官司的，不到尧的儿子那里，却到舜那里；歌功颂德的人，不歌颂尧的儿子，而歌颂舜。所以说，这是天意。舜这才回到国都，登上天子之位。如果舜当时住进尧的宫室，逼迫尧的儿子让位。这就是篡位了，不是天授给他了。《尚书·泰誓》说：'百姓的眼睛就是天的眼睛，百姓的耳朵就是天的耳朵。'说的就是这个意思。"

第六章

万章问曰："人有言：'至于禹而德衰，不传于贤而传于子。'有诸？"

孟子曰："否，不然也。天与贤，则与贤；天与子，则与子。昔者舜荐禹于天，十有七年，舜崩，三年之丧毕，禹避舜之子于阳城❶，天下之民从之，若尧崩之后不从尧之子而从舜也。禹荐益于天，七年，禹崩，三年之丧毕，益避禹之子于箕山之阴❷，朝觐讼狱者不之益而之启，曰：'吾君之子也。'讴歌者不讴歌益而讴歌启，曰：'吾君之子也。'丹朱之不肖，舜之子亦不肖，舜之相尧、禹之相舜也，历年多，施泽于民久。启贤，能敬承继禹之道，益之相禹也历年少，施泽于民未久。舜、禹、益相去久远，其子之贤、不肖，皆天也，非人之所能为也。莫之为而为者，天也；莫之致而至者，命也。匹夫而有天下者，德必若舜、禹，而又有天子荐之者，故仲尼不有天下。继世以有天下，天之所废必若桀、纣者也，故益、伊尹、周公不有天下。伊尹相汤以王于天下，汤崩，太丁未立❸，外丙❹二年，仲壬四年。太甲颠覆汤之典刑❺，伊尹放之于桐❻，三年，太甲悔过，自怨自艾❼，于桐处仁迁义❽，三年，以听伊尹之训己也，复归于亳。周公之不有天下，犹益之于夏，伊尹之于殷也。孔子曰：'唐虞禅，夏后、殷、周继，其义一也。'"

注释

❶ 阳城：据传在今河南登封东南告成镇一带。

❷ 箕山之阴：箕山，相传在今河南登封东南。山北为阴。

❸ 太丁未立：太丁没能继立为王就死了。

❹ 外丙：外丙是太丁的弟，仅在位两年就死了。

❺ 太甲颠覆汤之典刑：太甲，太丁的儿子，汤的嫡长孙。颠覆，破坏；典刑，国家的法度。

❻ 桐：地名。据传在今河南省虞城南。

❼ 自怨自艾：怨恨自己，改正自己的错误。艾，本义是割草，引申为斩绝自新之意。

❽ 处仁迁义：意思是以仁义为归宿。处仁，居于仁；迁义，移于义。

> 解读

万章问道："有人说：'到禹的时候道德就衰微了，天下不传给贤人，却传给自己的儿子。'有这样的事吗？"

孟子答道："没有，不是这样的。天要传给贤人，便传给贤人；天要传给儿子，便传给儿子。从前，舜把禹推荐给天，十七年之后，舜死了，三年之丧完毕，禹为了让位给舜的儿子，便躲避到阳城去。可是，天下的百姓跟随禹，正好像尧死了以后，他们不跟随尧的儿子却跟随舜一样。禹把益推荐给天，七年之后，禹死了，三年之丧完毕，益又为了让位给禹的儿子，便躲到箕山之北去。当时，朝见天子的人、打官司的人都不去益那里，而去启那里，说：'他是我们君主的儿子呀！'歌颂的人也不歌颂益，而歌颂启，说："他是我们君主的儿子呀！"尧的儿子丹朱不好，舜的儿子也不好。而且，舜辅助尧，禹辅助舜，经历的年岁多，对百姓施与恩泽的时间长。启很贤明，能够恭敬地继承禹的治国之道。益辅助禹，经历的年岁少，对百姓施与恩泽的时间短。舜、禹、益之间相距时间的长短，以及他们儿子的好坏，都是天意，不是人力所能做到的。没有人这样做而竟然做了的，是天意；没有人叫他来而竟来了的，是命运。一个普通男人而能得到天下，他的道德必然要像舜和禹一样，而且还要有天子推荐他，所以孔子虽是圣人，因没有天子的推荐，不能得到天下。世代相传而得到天下的，天要废弃的，一定是像夏桀、商纣那样的人，所以益、伊尹、周公虽是圣人，因为他们的君主不像桀和纣，也不能得到天下。伊尹辅助汤统一了天下，汤死了，太丁未立就死了，外丙在位二年，仲壬在位四年，太丁的儿子太甲继位。太甲破坏了汤的法度。伊尹把他流放到桐邑。三年之后，太甲悔过，自感怨恨，自己悔改，在桐邑，事事都以仁义为归宿。三年之后，完全听从伊尹对自己的训诲了，于是又把太甲迎回到亳都做天子。周公没有得到天下，正好像益在夏朝、伊尹在殷朝一样。孔子说：'唐尧、虞舜以天下让贤，夏、商、周三代却世世代代传之子孙，道理是一样的。'"

第七章

万章问曰："人有言：'伊尹以割烹❶要汤❷。'有诸？"

孟子曰："否，不然。伊尹耕于有莘❸之野，而乐尧舜之道焉。非其义也，非其道也：禄之❹以天下，弗顾也；系马千驷，弗视也。非其义也，非其道也：一介不以与人，一介❺不以取诸人。汤使人以币❻聘之，嚣嚣然❼曰：'我何以汤之聘币为哉，我岂若处畎亩之中，由是以乐尧舜之道哉？'汤三使往聘之，既而幡然❽改曰：'与我处畎亩之中，由是以乐尧舜之道，吾岂若使是君为尧舜之君哉？吾岂若使是民为尧舜之民哉，吾岂若于吾身亲见之哉？天之生此民也，使先知觉后知，使先觉觉后觉也。予，天民之先觉者也；予，将以斯道觉斯民也。非予觉之，而谁也？'思天下之民，匹夫匹妇有不被尧舜之泽者，若己推而内之沟中，其自任以天下之重如此，故就汤而说之以伐夏救民。吾未闻枉己而正人者也，况辱己以正天下者乎？圣人之行不同也，或远或近，或去或不去，归洁其身而已矣。吾闻其以尧舜之道要汤，未闻以割烹也，《伊训》曰：'天诛造攻自牧宫，朕载自亳。'"

| 孟　子

注释

① 割烹：切肉烹饪，这里是指做厨子。

② 要汤：是指向汤有所企求。

③ 有莘（shēn）：莘，国名；有，语气助词，无实在意义。

④ 禄之：禄，给某人俸禄，作动词用。

⑤ 一介：犹一芥，即一点点的意思。

⑥ 币：本意指生丝绸，古代多以之为馈赠客人及享聘的礼物，后将所有享聘礼物都统称为币。

⑦ 嚣嚣然：轻松无所谓的样子。

⑧ 幡然：幡与"翻"同，完全改变过来的样子。

解读

万章问孟子："有人说：'伊尹自己甘为厨子，用切肉烹饪去向汤企求做官。'有这事吗？"

孟子回答说："不，不是这样的。伊尹是在莘国郊野从事农耕，并且以尧舜之道为乐。如果不符合义，不符合道，即使将整个天下作为他的俸禄，他都不会回头望一下；即使送他四千匹马拴在那儿，他也不会瞧上一眼。如果不符合义，不符合道，他就会一丁点都不给别人，也不从别人那儿索取一点点。汤曾派遣人带上礼物去聘请他，他却宠辱不惊地说道：'我为什么要接受汤的聘礼呢？我为什么不安于从事农耕，并在那种生活方式中以尧舜之道自得其乐呢？'汤三次派人去聘请他，不久，他完全改变态度，说道：'我与其从事农耕，并由此以尧舜之道为乐，还不如使这个君主像尧舜那样贤明，还不如使当代的老百姓像尧舜时代的老百姓那么纯朴善良，还不如使尧舜盛世在现在出现！上天造就了人类社会，就是要让先知先觉的人启迪、开导后知后觉的人。我就是芸芸众生中的先觉者，我应当用尧舜之道使广大人民觉悟。不是我去使他们觉悟，又有谁去呢？'伊尹为天下的老百姓着想：如果有哪一个人不曾承受过尧舜那样的恩泽，就好比是自己将这个人推进了山沟中一样。伊尹就是这样挑起了拯救天下的重任，所以他才接近汤，说服汤讨伐夏桀，救助人民。我从未听说过自己不端正却能使别人端正的事，何况自己能甘受屈后还匡正天下呢！圣人的行为可能不同：有的疏远君主，有的接近君主，有的离开朝廷，有的留在朝廷，最根本的一点就是要保持自身的洁净，我只听说过伊尹用尧舜之道向汤企求，没有听说过他用切肉烹饪的方式向汤有所企求。《伊训》上说过：'上天的讨伐，其实是在夏桀的宫室里由他自己开始的，我不过是从殷都亳邑开始谋划而已。'"

第八章

万章问曰："或谓孔子于卫主痈疽❶，于齐主侍人瘠环❷，有

孟 子

诸乎？"

孟子曰："否，不然也，好事者为之也。于卫主颜雠由[3]。弥子[4]之妻与子路之妻，兄弟也。弥子谓子路曰：'孔子主我，卫卿可得也。'子路以告，孔子曰：'有命。'孔子进以礼，退以义，得之不得曰'有命'，而主痈疽与侍人瘠环，是无义无命也。孔子不悦于鲁、卫，遭宋桓司马将要而杀之，微服[5]而过宋。是时孔子当阨，主司城贞子[6]，为陈侯周[7]臣。吾闻观近臣，以其所为主；观远臣，以其所主。若孔子主痈疽与侍人瘠环，何以为孔子？"

注释

[1] 痈疽（yōng jū）：人名，卫灵公的宠臣。
[2] 侍人瘠（jí）环：名叫瘠环的太监。侍人，即寺人、奄人，即后来所谓的宦官，或称太监。
[3] 颜雠由：人名，亦作颜浊邹，卫国大夫。
[4] 弥子：人名，卫灵公的宠臣弥子瑕。
[5] 微服：变易平常的服装以避人耳目。
[6] 司城贞子：人名，陈国的一个官员。
[7] 陈侯周：人名，陈国国君，陈怀公的儿子。

解读

万章问道："有人说孔子在卫国住在卫灵公所宠幸的宦官痈疽家里，在齐国的时候也住在宦官瘠环家里。真有这一回事吗？"

孟子说："不，不是这样的，这是好事之徒编造的话。孔子在卫国时住在颜雠由家中。弥子瑕的妻子和子路的妻子是姊妹。弥子瑕对子路说：'孔子若是住在我家中，卫国卿相的位置便可以得到。'子路把这话告诉了孔子。孔子道：'一切听从命运。'孔子依礼法而进，依道义而退，所以他当不当官都听从命运。如果他住在宦官痈疽和瘠环家中，这种行为，便是无视礼义和命运了。孔子在鲁国和卫国不得意，又碰上了宋国的司马桓预备拦截他并将他杀死，只得化装悄悄地路过宋国。这时候，孔子正处在困难的境地，便住在司城贞子家中，做了陈侯周的臣子。我听说过，观察在朝的臣子，看他所招待的客人；观察外来的臣子，看他所寄居的主人。如果孔子真的以宦官痈疽和瘠环为主人，还怎么能算'孔子'呢？"

第九章

万章问曰："或曰：'百里奚❶自鬻于秦养牲者五羊之皮，食牛，以要秦穆公。'信乎？"

孟子曰："否，不然，好事者为之也。百里奚，虞❷人也，晋人以垂棘之璧与屈产之乘假道于虞以伐虢❸。宫之奇谏，百里奚不谏，知虞公之不可谏而去之秦，年已七十矣。曾不知以食牛干秦穆公之为污也，可谓智乎，不可谏而不谏，可谓不智乎？知虞公之将亡而先去之，不可谓不智也。时举于秦，知穆公之可与有行也而相之，可谓不智乎？相秦而显其君于天下，可传于后世，不贤而能之乎？自鬻以成其君，乡党自好者不为，而谓贤者为之乎？"

注释

❶百里奚：人名，虞国大夫，虞灭后被转卖到楚国，秦穆公听说他有贤才，遂以五张羊皮的代价将他赎出，任命他为秦国大夫。

❷虞：周初所封诸侯国名，在今山西平陆东北。

孟 子

❸ 虢（guó）：周朝诸侯国名，在今山西平陆境内。

解读

万章问："有人说，百里奚把自己卖给秦国饲养牲畜的人，得到五张羊皮，去跟人家放牛，以此求取秦穆公的使用，你相信这件事吗？"

孟子说："不，不是这样的，这是好事之徒编造出来的。百里奚是虞国人，晋国人用垂棘产的璧玉和屈地产的良马为礼物，向虞国借路以便去征伐虢国。宫之奇劝谏虞君，百里奚不劝谏，因为他知道虞君是劝谏不了的于是就离去了。他到秦国时，已有七十岁了，竟然不知道以养牛的方式去求秦穆公是一种卑劣的方式吗？这能说是明智吗？知道不可劝谏而不劝谏，能说是不明智吗？知道虞君将要毁亡而事先离开他，就不可以说不明智了。当时在秦国被选荐，知道秦穆公是个有作为的人而辅佐，难道说不明智吗？辅佐秦国而使秦国的君主扬名于天下，能留传于后代，不贤明能做到这样吗？卖掉自己以成就君主，连一般乡党中清白的人都不肯干，怎么能说贤者肯这样干呢？"

万章下

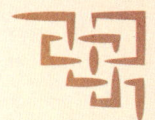

  本篇内容涉及圣人风范、古代礼制、交朋结友、立身处世和大臣的权力、职责等。本篇的第一章，孟子罗列了四种圣人的典型：伯夷清高，伊尹具有强烈的责任感和使命感，柳下惠随遇而安，孔子识时务。比较而言，孟子认为前三者都还只具有某一方面的突出特点，而孔子则是集大成者，金声而玉振，具有"智"与"圣"相结合的包容性。显然，孟子给了孔子以最高赞誉。

  孟子曰："伯夷，圣之清者也；伊尹，圣之任者也；柳下惠，圣之和者也；孔子，圣之时者也。孔子之谓集大成，集大成也者，金声而玉振之也。金声也者始条理也，玉振之也者终条理也。始条理者智之事也。终条理者圣之事也。"

  孟子说："伯夷，眼睛不看丑陋的事物，耳朵不听邪恶的声音。不是他理想的君主，不侍奉；不是他理想的百姓，不使唤。天下太平就出来做官，天下混乱就隐退不出。"

  施行暴政的国家，住有暴民的地方，伯夷都不愿意居住。他认为和没有教养的乡下人相处，就像穿戴着上朝的礼服礼帽却坐在泥涂或炭灰上一样。当殷纣王暴虐统治的时候，他隐居在渤海边，等待着天下太平。所以，听到过伯夷风范的人，贪得无厌的会变得廉洁，懦弱的会变得意志坚定。

  以我们今天的眼光来看，伯夷过于清高，清高得有点不食人间烟火，所以他最后要与叔齐一道"不食周粟"，饿死于首阳山。但是，所谓"饿死事小，失节事大"的观念也就由此生成，对后世产生了深远的影响。

第一章

孟子曰："伯夷，目不视恶色，耳不听恶声，非其君不事，非其民不使。治则进，乱则退。横政之所出，横民之所止，不忍居也。思与乡人处，如以朝衣朝冠坐于涂炭也。当纣之时，居北海之滨，以待天下之清也。故闻伯夷之风者，顽夫廉，懦夫有立志。伊尹曰：'何事非君，何使非民。'治亦进，乱亦进。曰：'天之生斯民也，使先知觉后知，使先觉觉后觉。予，天民之先觉者也，予将以此道觉此民也。'思天下之民匹夫匹妇有不与被尧舜之泽者，若己推而内之沟中，其自任以天下之重也。柳下惠不羞污君，不辞小官；进不隐贤，必以其道；遗佚❶而不怨，厄穷而不悯。与乡人处，由由然不忍去也。'尔为尔，我为我，虽袒裼裸裎❷于我侧，尔焉能浼❸我哉？'故闻柳下惠之风者，鄙夫❹宽，薄夫❺敦。孔子之去齐，接淅❻而行；去鲁，曰'迟迟吾行也'，去父母国之道也。可以速而速，可以久而久，可以处而处，可以仕而仕，孔子也。"

孟子曰："伯夷，圣之清者也；伊尹，圣之任者也；柳下惠，圣之和者也；孔子，圣之时者也。孔子之谓集大成，集大成也者，金声而玉振之也。金声❼也者始条理也，玉振❽之也者终条理也。始条理者智之事也，终条理者圣之事也。智譬则巧也，圣譬则力也。由射于百步之外也，其至尔力也，其中非尔力也。"

万章下

注释

① 遗佚：在这里是不被重用的意思。
② 袒裼裸裎：四个字意思相近，同义复用，都是赤身露体的意思。
③ 浼（měi）：在这里是沾染、污染的意思。
④ 鄙夫：在这里是指心胸狭窄的人。
⑤ 薄夫：在这里是指刻薄的人。
⑥ 接淅：在这里是淘米的意思。
⑦ 金声：在这里是指钅斤钟发出的声音。
⑧ 玉振：指玉磬收束的余韵。古代奏乐，先以钅斤钟起音，结束以玉磬收尾。

解读

孟子说："伯夷，眼睛不看丑陋的事物，耳朵不听邪恶的声音。不是他理想的君主，不侍奉；不是他理想的百姓，不使唤。天下太平就出来做官，天下混乱就隐退不出。施行暴政的国家，住有暴民的地方，他都不愿意居住。他认为和没有教养的乡下人相处，就像穿戴着上朝的礼服礼帽却坐在泥途或炭灰上一样。当殷纣王暴虐统治的时候，他隐居在渤海边，等待着天下太平。所以，听到过伯夷风范的人，贪得无厌的会变得廉洁，懦弱的会变得意志坚定。伊尹说：'哪个君主不可以侍奉？哪个百姓不可以使唤？'所以，他是天下太平做官，天下混乱也做官。他说：'上天生育这些百姓，就是要让先知的人来开导后知的人，先觉的人来开导后觉的人。我就是这些人中先知先觉的人，我要开导这些后知后觉的人。'他认为天下的百姓中，只要有一个普通男子或普通妇女没有承受到尧舜的恩泽，就好像是他自己把别人推进山沟之中去了一样，这就是他以挑起天下的重担为己任的态度。柳下惠不以侍奉坏君主为耻辱，也不因官小而不做。做官不隐藏自己的才能，坚持按自己的原则办事。不被重用不怨恨，穷困也不忧愁。与没有教养的乡下人相处，也照样很自在地不忍离去。他说：'你是你，我是我，你就是赤身裸体在我旁边，对我又有什么污染呢？'所以，听到过柳下惠风范的人，心胸狭窄的人会变得宽阔起来，刻薄的人会变得厚道起来。孔子离开齐国的时候，不等把米淘完就走；离开鲁国时却说：'我们慢慢走吧，这是离开父母之邦的路啊！'应该快就快，应该慢就慢；应该隐居就隐居，应该做官就做官。这就是孔子。"

孟子说："伯夷是圣人里面最清高的；伊尹是圣人里面最负责任的；柳下惠是圣人里面最随和的；孔子是圣人里面最识时务的。孔子可以称为集大成者。集大成的意思，就好比乐队演奏，以钚钟声开始起音，以玉磬声结束收尾。钚钟声起音，是为了有条有理地开始，玉磬声收尾是为了有条有理地结束。有条有理地开始是智方面的事，有条有理地结束是圣方面的事。智好比是技巧，圣好比是力量。犹如在百步以外射箭，箭能射到靶子那么远，是靠你的力量；射中了，却是靠技巧而不是靠力量。"

第二章

北宫锜❶问曰："周室班❷爵禄也，如之何？"

孟子曰："其详不可得闻也，诸侯恶其害己也，而皆去其籍❸，然而轲也，尝闻其略也。天子一位，公一位，侯一位，伯一位，子、男同一位，凡五等也。君一位，卿一位，大夫一位，上士一位，中士一位，下士一位，凡六等。天子之制地方千里，公侯皆方百里，伯七十里，子、男五十里，凡四等。不能五十里，不达于天子，附于诸侯，曰附庸。天子之卿受地视侯，大夫受地视伯，元士受地视子、男。大国地方百里，君十卿禄，卿禄四大夫，大夫倍上士，上士倍中士，中士倍下士，下士与庶人在官者同禄，禄足以代其耕也。次国地方七十里，君十卿禄，卿禄三大夫，大夫倍上士，上士倍中士，中士倍下士，下士与庶人在官者同禄，禄足以代其耕也。小国地方五十里，君十卿禄，卿禄二大夫，大夫倍上士，上士倍中士，中士倍下士，下士与庶人在官者同禄，禄足以代其耕也。耕者之所获，一夫百亩。百亩之粪④，上农夫食九人，上次食八人，中食七人，中次食六人，下食五人。庶人在官者⑤，其禄以是为差。"

注释

① 北宫锜（qí）：人名，卫国人。
② 班：通"颁"。在这里是颁布的意思。
③ 籍：在这里是指相关的文献。
④ 粪：这里是施肥治田的意思。
⑤ 庶人在官者：在这里是指百姓在官府做事的。

解读

北宫锜问道："周代制定颁布的爵位和俸禄的等级制度，具体是怎样的呢？"

孟子答道："详细情况已经不能知道了，诸侯因为厌恶那种制度对自己不利，便都把有关文献全都毁掉了，但我也曾经听说过大概的情况。天子为一级，公为一级，侯为一级，伯为一级，子、男同为一级，共五个等级。君为一级，卿为一级，大夫为一级，上士为一级，中士为一级，下士为一级，共六个等级。天子直接管理的土地纵横一千里，公侯各一百里，伯七十里，子、男各五十里，共四个等级。土地纵横如果不足五十里的国家，不能直接同天子发生关系，只能附属于诸侯，叫作'附庸'。天子的卿所受的封地同于侯，大夫所受的封地同于伯，元士所受的封地同于子、男。大国土地纵横各一百里，国君的俸禄是卿的十倍，卿的俸禄是大夫的四倍，大夫的俸禄为上士的两倍，上士的俸禄是中士的两倍，中士的俸禄是下士的两倍，下士的俸禄等同于在官府当差的庶民，这些俸禄足以抵偿他们耕种的收入了。中等的国家土地纵横七十里，国君的俸禄是卿的十倍，卿的俸禄是大夫的三倍，大夫的俸禄为上士的两倍，上士的俸禄是中士的两倍，中士的俸禄是下士的两倍，下士的俸禄等同于在官府当差的庶民，这些俸禄足以抵偿他们耕种的收入了。小国土地纵横五十里，国君的俸禄是卿的十倍，卿的俸禄是大夫的两倍，大夫的俸禄是上士的两倍，上士的俸禄是中士的两倍，中士的俸禄是下士的两倍，下士的俸禄等同于在官府当差的庶民，这些俸禄足以抵偿他们耕种的收入了。耕种人的收入靠一个农夫分的百亩土地。一百亩的土地，上等的农夫可以养活九个人，次一点的农夫可以养活八个人，中等的农夫可以养活七个人，次一点的农夫可以养活六个人，下等农夫可以养活五个人。庶民在官府当差的，他们的俸禄也参照这个来划分等级。"

第三章

万章问曰："敢问友？"

孟子曰："不挟❶长、不挟贵、不挟兄弟而友。友也者，友其德也，不可以有挟也。孟献子❷，百乘之家❸也，有友五人焉，乐正裘、牧仲，其三人，则予忘之矣。献子之与此五人者友也，无献子之家者也，此五人者，亦有献子之家，则不与之友矣。非惟百乘之家为然也，虽小国之君亦有之。费惠公曰：'吾于子思，则师之矣；吾于颜般，则友之矣；王顺、长息，则事我者也。'非惟小国之君为然也，虽大国之君亦有之。晋平公之于亥唐也，入云则入，坐云则坐，食云则食；虽疏食菜羹，未尝不饱，盖不敢不饱也。然终于此而已矣，弗与共天位也，弗与治天职也，弗与食天禄也，士之尊贤者也，非王公之尊贤也。舜尚❹见帝，帝馆甥于贰室❺，亦飨舜，迭为宾主，是天子而友匹夫也。用下敬上，谓之贵贵；用上敬下，谓之尊贤。贵贵、尊贤，其义一也。"

注释

❶ 挟：在这里是倚仗的意思。
❷ 孟献子：鲁国大夫，名叫仲孙蔑。
❸ 家：在这里指的是家庭背景。
❹ 尚：同"上"，因为是普通百姓拜见天子，故称为"上"。
❺ 贰室：副宫，招待的官邸。

解读

万章问道："请问交友的原则是什么？"

孟子答道："不依仗年纪大、不依仗地位尊贵、不依仗兄弟的富贵而交朋友。交朋友，是因他的品德而去结交他，不能有任何倚仗的因素。孟献子，是家有一百辆车马的大夫，他有五位朋友，其中两人是乐正裘、牧仲，另外三人我忘记了。献子和这五人相交，并没有显出自己是大夫的架势。这五个人，如果也认为献子是大夫，那么献子就不会和他们结交了。并非仅仅是家有一百辆车马的大夫如此，即使是小国的君王也结交朋友。费惠公说：'我对于子思，把他看成是老师；我对于颜般，则看成是朋友；王顺、长息，只是服侍我的人。'并非仅仅是小国的君王如此，即使是大国的君王也结交朋友。晋平公对于亥唐，亥唐叫他进去便进去，叫他坐下就坐下，叫他吃饭便吃饭；即使是粗饭菜汤，也没有一次不吃饱，是因为不敢不吃饱。然而晋平公也就只能做到这一步罢了。毕竟他没有跟亥唐一起共列官位，没有一起共治国事，没有一起共享俸禄。这是士人对

孟 子

贤者的尊敬，不是王公对贤者的尊敬。舜拜见尧，尧请这位女婿住在副宫中，也请他吃饭。互相间是客人和主人的关系，这是天子同普通百姓交友的例子，地位卑下的人事敬地位尊贵的人，叫尊敬贵人；地位高贵的人尊敬地位卑下的人，叫尊敬贤者。尊敬贵人和尊敬贤者，是同样的道理。"

第四章

万章问曰："敢问交际何心❶也？"

孟子曰："恭也。"

曰："却之却之❷为不恭，何哉？"

曰："尊者赐之，曰：'其所取之者义乎，不义乎？'而后受之，以是为不恭，故弗却也。"

曰："请无以辞却之，以心却之。曰'其取诸民之不义也'，而以他辞无受，不可乎？"

曰："其交也以道，其接也以礼，斯孔子受之矣。"

万章曰："今有御人于国门之外❸者，其交也以道，其馈也以礼，斯可受御与？"

曰："不可。《康诰》曰：'杀越人于货❹，闵❺不畏死，凡民罔不譈❻。'是不待教而诛者也，殷受夏，周受殷，所不辞也。于今为烈，如之何其受之？"

曰："今之诸侯取之于民也，犹御也。苟善其礼际矣，斯君子受之，敢问何说也？"

曰："子以为有王者作，将比今之诸侯而诛之乎，其教之不改而后诛之乎？夫谓非其有而取之者盗也，充类至义❼之尽也。孔子之仕于鲁也，鲁人猎较❽，孔子亦猎较。猎较犹可，而况受其赐乎？"

曰："然则孔子之仕也，非事道❾与？"

曰："事道也。"

"事道奚猎较也？"

曰："孔子先簿正祭器❿，不以四方之食供簿正。"

曰："奚不去也？"

曰："为之兆也。兆足以行矣，而不行，而后去，是以未尝有所终三年淹也。孔子有见行可之仕⓫，有际可之仕⓬，有公养之仕⓭。于季桓子，见行可之仕也；于卫灵公，际可之仕也；于卫孝公，公养之仕也。"

注释

❶ 交际何心：与人交往的时候应该如何存心。

孟 子

❷ 却之却之:在这里是反复推辞的意思。

❸ 御人于国门之外:御,止、拦截;国门,城门。

❹ 杀越人于货:越,语气助词;于,取。

❺ 闵(mǐn):通"暋",强横的意思。

❻ 罔不譈(duì):罔,无。譈,同"憝",怨恨、憎恶。

❼ 充类至义:指把这件事提高到原则性的高度。

❽ 猎较:打猎时,展开争夺猎物的比赛,所得猎物供祭祀之用。较,较量。

❾ 事道:以道为事,以行道为事业。

❿ 簿正祭器:先用簿书规定祭器,使之有一个定数,不再用其他地方没有保障的东西来充祭品,建立确定的制度。这样猎较这种陋习也就会自然而然地废止了。

⓫ 行可之仕:有行道的可能而做官。

⓬ 际可之仕:国君能对自己以礼相待而做官。

⓭ 公养之仕:因国君能供养贤人而做官。

解读

万章问道:"请问,同别人交往要抱什么样的心态?"

孟子说:"要有恭敬之心。"

万章问:"对别人赠送的礼物拒绝了又拒绝是不恭敬的,为什么呢?"

孟子说:"有地位的人赐给的礼物,自己先这么考虑:'他得来这些东西是合乎义的呢,还是不合乎义的呢?'然后才接受,人们认为这是不恭敬的,所以不拒绝。"

万章说:"请不要用言语拒绝,而在心里拒绝,心里想,'这是他从百姓那里取来的不义之财',用别的理由拒绝接受,不行吗?"

孟子说:"他以正道相交往,按礼节相交接,这样,孔子也会接受的。"

万章说："如果有个在城外拦路抢劫的人，他以正道相交往，按礼节相交接，这样也可以接受他抢来的赃物吗？"

孟子说："不可以。《尚书·康诰》上说：'杀死别人抢劫财物，强横不怕死，对这种人，人们没有不痛恨的。'这种人是不必先行教育就可以处死的。殷朝从夏朝继承了这个规定，周朝从殷朝继承了这个规定，都没有废掉它。到现在这种拦路抢劫的行径更为猖獗，怎么还能接受这种抢来的赃物呢？"

万章说："现在的诸侯从老百姓那里掠取财物，就像拦路抢劫一样。如果他们交往礼节搞好了，这样君子就可以接受他们的礼物，请问这又怎么解释呢？"

孟子说："你认为如果有圣王出现，他将会把现在的诸侯统统杀掉呢，还是先行教育，如果仍不悔改，然后才把他们杀掉呢？我们所说的不是他自己拥有的东西他却拿走了，就是抢劫，这不过是提高到原则性高度所说的话。孔子在鲁国做官时，鲁国人有打猎时争夺猎物的习俗，孔子也去参与争夺了。打猎争夺猎物尚且可以，何况接受别人赠给的礼物呢？"

万章说："那么孔子做官，不是为了行道吗？"

孟子说："是为了行道。"

"行道为什么还去争夺猎物呢？"

孟子说："孔子先用文书规定祭祀该用的祭物和祭器，规定不用别处的食物充做祭品。"

万章说："孔子为什么不辞官离去呢？"

孟子说："为了试行自己的主张。试行的结果证明足以行得通，君主却不推行，这之后才离开那里。所以，孔子不曾在一个国君那里待满过三年的。孔子有时是看到有行道的可能而做官，有时是因为君主对他以礼相待而做官，有时是因为君主能供养贤士而去做官。对于季桓子，就是看到有行道的可能而去做官；对于卫灵公，是他能对自己以礼相待而去做官；

对于卫孝公，则是因为他能供养贤士而去做官。"

第五章

孟子曰："仕非为贫也，而有时乎为贫；娶妻非为养也，而有时乎为养。为贫者，辞尊居卑①，辞富居贫。辞尊居卑，辞富居贫，恶乎宜乎？抱关击柝②。孔子尝为委吏③矣，曰：'会计当而已矣。'尝为乘田④矣，曰：'牛羊茁壮长而已矣。'位卑而言高，罪也；立乎人之本朝⑤，而道不行，耻也。"

注释

① 辞尊居卑：辞去高位而甘居卑职。
② 抱关击柝：看门打更。抱关，守门的小卒。击柝，打更。柝，指打更用的梆子。
③ 委吏：在这里是指管仓库的小吏。
④ 乘田：管苑囿的小吏，负责牲畜的饲养和放牧。
⑤ 人之本朝：自己的主张不能得到施行。

解读

孟子说："做官不是因为贫穷，但有时也是因为贫穷；娶妻不是为了孝养父母，但有时也是为了孝养父母。因为贫穷而做官的，便应该拒绝高官而居于低位，拒绝厚禄而只接受薄禄。拒绝高官而居于低位，拒绝厚禄而只接受薄禄，做什么合适呢？比如说做守门打更一类的小吏。孔子曾经做过管理仓库的小吏，只说：'出入的账目清楚了。'又曾经做过管理牲畜的小吏，只说：'牛羊都长得很壮实。'地位低下却议论朝廷大事，这是罪过；在朝廷做官而不能实现自己的抱负，这是耻辱。"

第六章

万章曰："士之不托❶诸侯，何也？"

孟子曰："不敢也。诸侯失国，而后托于诸侯，礼也；士之托于诸侯，非礼也。"

万章曰："君馈之粟，则受之乎？"

曰："受之。"

"受之何义也？"

曰："君之于氓也，固周之。"

曰："周之则受，赐之则不受，何也？"

曰："不敢也。"

曰："敢问其不敢何也？"

曰："抱关击柝者皆有常职以食于上，无常职而赐予上者，以为不恭也。"

曰："君馈之，则受之，不识可常继乎？"

曰："缪公之于子思也，亟问，亟馈鼎肉❷。子思不悦，于卒也，摽使者出诸大门之外❸，北面稽首再拜而不受。曰：'今而后知君之犬马畜伋。❹'盖自是台无馈也❺。悦贤不能举，又不能养也，可谓悦贤乎？"

曰："敢问国君欲养君子，如何斯可谓养矣？"

221

孟 子

曰："以君命将之，再拜稽首而受。其后廪人❻继粟❼，庖人继肉，不以君命将之。子思以为鼎肉，使己仆仆尔❽亟拜也，非养君子之道也。尧之于舜也，使其子九男事之，二女女❾焉，百官牛羊仓廪备，以养舜于畎亩之中，后举而加诸上位❿。故曰，王公之尊贤者也。"

注释

❶ 托：寄食，即不仕而食其禄。

❷ 鼎肉：是指煮熟了放在鼎里的肉。

❸ 于卒也，摽（biāo）使者出诸大门之外：卒，最终，最后。摽，挥之使去，把人赶走。意思是在最后一次，他把送鼎肉的使者赶出了大门。

❹ 今而后知君之犬马畜伋：今天才知道君把我当犬马一样畜养。

❺ 台无馈也：台，始。无馈，不再馈送礼物了。

❻ 廪人：在这里指管粮仓的官。

❼ 继粟：在这里指不断地送来粟米。

❽ 仆仆尔：烦琐地，急急忙忙地。

❾ 二女女：后一个"女"字作动词。

❿ 加诸上位：使他居于很高的职位。

解读

万章说："士不能寄居于别国靠国君的赏赐生活，这是为什么呢？"

孟子说："是不敢。诸侯丧失了自己的国家后，在别国寄居，这是合乎礼的；士寄居别国是不合乎礼的。"

万章道："君主如果赠给他粟米，那接受不接受呢？"

孟子说："接受。"

"接受，又是什么道理呢？"

孟子答道："君主对于由外国来的人士，本来可以周济他。"

万章问道:"周济他,就接受;赐予他,就不接受,又是什么道理呢?"孟子答道:"是不敢当。"

万章问道:"为什么不敢当呢?"

孟子答道:"守门打更的人都有一定的职务,因而接受上面的给养。没有一定的职务,却接受上面赐予的,这是不恭敬的。"

万章问道:"君主给他馈赠,他就接受,不知道可以经常如此吗?"

孟子答道:"鲁缪公对子思就屡次问候,送给他熟肉。子思很不高兴。最后一次,子思把来人赶出大门,自己面朝北方磕头作揖而拒绝了,说:'今天我才知道君主把我当成犬马一样地畜养。'大概从此以后缪公再不给子思送礼了。缪公既然喜得贤人,却不能重用,又不能礼貌地照顾其生活,可以说是爱慕贤人吗?"

万章问道:"国君对君子给以生活照顾,要怎样才叫有礼貌呢?"

孟子答道:"先称述君主的旨意,送给他,他便作揖磕头,接受下来。然后管理仓廪的人经常送来粟米,掌供膳食的人经常送来肉食,这些都不用再称述君主的旨意了。子思认为,为了一块肉自己就屡次地作揖行礼,这便不是照顾君子了。尧对于舜,让自己的九个儿子向舜学习,把自己的两个女儿嫁给他,而且各种官吏和牛羊,仓库无不具备,以使舜在田野之中得到了周到的生活照顾,然后提拔他到很高的职位上。所以说,这才是天子诸侯尊敬贤者的范例。"

第七章

万章曰:"敢问不见诸侯,何义也?"

孟子曰:"在国曰市井之臣,在野曰草莽之臣,皆谓庶人。庶人

孟 子

不传质❶为臣，不敢见于诸侯，礼也。"

万章曰："庶人，召之役，则往役；君欲见之，召之则不往见，何也？"

曰："往役，义也；往见，不义也。且君之欲见之也，何为也哉？"

曰："为其多闻也，为其贤也。"

曰："为其多闻也，则天子不召师，而况诸侯乎？为其贤也，则吾未闻欲见贤而召之也。缪公亟见于子思，曰：'古千乘之国以友士，何如？'子思不悦，曰：'古之人有言曰：事之云乎，岂曰友之云乎？'子思之不悦也，岂不曰：'以位，则子，君也；我，臣也。何敢与君友也？以德，则子事我者也，奚可以与我为友？'千乘之君求与友之而不可得也，而况可召与？齐景公田，招虞人以旌，不至，将杀之。志士不忘在沟壑，勇士不忘丧其元。孔子奚取焉？取其非招不往也。"

曰："敢问招虞人何以？"

曰："以皮冠。庶人以旃❷，士以旂❸，大夫以旌。以大夫之招招虞人，虞人死不敢往；以士之招招庶人，庶人岂敢往哉？况乎以不贤人之招招贤人乎？欲见贤人而不以其道，犹欲其入而闭之门也。夫义，路也；礼，门也。惟君子能由是路，出入是门也。《诗》云：'周道如砥❹，其直如矢。君子所履，小人所视。'"

万章曰："孔子，君命召，不俟驾而行，然则孔子非与？"

曰："孔子当仕有官职，而以其官召之也。"

注释

❶ 质：同"贽"，初次相见，所送的表示诚意的礼物。

❷ 旃（zhān）：指的是旗帜弯曲的把柄。
❸ 旂（qí）：这里是指旗帜上的铃铛。
❹ 砥：即"砥"字，磨刀石。因磨刀石平滑，故以喻道路平坦无碍。

解读

万章问道："请问士子不应当去谒见诸侯，这是因为什么呢？"

孟子答道："没有公职的人，如果居住在城市里，就叫市井之臣；如果居住在农村，就叫草莽之臣，他们都可以称为老百姓。老百姓不送给诸侯见面礼，而成为其臣属，不敢去谒见诸侯，这是合乎'礼'的要求的。"

万章又说："一般平民百姓，召他去服役，他就去服役，君主想见他，召唤他去，他却不去拜见，这又怎么解释呢？"

孟子回答说："去服役，这是他分内的事；去拜谒诸侯，却是不应该的。而且君主想同个平民百姓会晤，到底又为的是什么呢？"

万章说："为的是他见多识广，为的是他品行高尚。"

孟子说道："如果是因为这人见多识广，那就应该以他为老师。但连天子都不能召唤老师去，何况比天子低一级的诸侯呢？如果是因为这个人品行高尚，那我也从没听说过想要和贤能之人相会，却不尊重地召唤人家去的事。从前鲁缪公屡屡去拜访子思，并且对子思说道：'古代具有千辆兵车实力的国君如果去和士人交朋友，是怎么做的呢？'对鲁缪公时时不忘自己地位高贵和财富众多，子思很不高兴，他说：'古代人的话是说国君以士人为师吧，哪里说的是与士人交朋友呢？'子思的不高兴，难道不是基于这样的认识吗？从地位上来看，那您是君主，我是臣子，臣下哪里敢同你君主交朋友呢？从道德品行上来看，那么您应当向我学习，以我为师，怎么可以平起平坐和我交朋友呢？具有一千辆兵车国力的国君想与他交朋友都做不到，何况采用召唤这种不尊重人的方式去和他交朋友呢？从前齐景公田猎，用以羽毛作装饰的旌旗去召唤猎苑管理官吏，那官吏不应召而来，齐景公就准备杀了他。有志气的人不怕弃尸山沟，勇敢的人不惧掉脑袋。孔子对这位管理猎苑的小官吏，肯定他哪一点呢？就是肯定他不是自己应该接受的召唤，就顶着不去应召。"

万章说道："请问召唤管理猎苑的小官吏应当用什么方式呢？"

孟子答道："应当用皮帽子召唤他。召唤一般平民百姓应用全幅红绸做的曲柄旗，召唤士应用挂着响铃的旗帜，召唤大夫才该用有羽毛作装饰的旌旗。齐景公用召唤大夫的方式去召唤猎苑管理人员，那个管理猎苑的小官吏当然为了遵循礼制死也不敢去应召。同样，以召唤士人的方式去召唤一般平民百姓，一般平民百姓敢违背礼制去应召吗？何况鲁缪公是用召唤不贤之人的方式去召唤贤人呢？想同贤能之人会见，却不遵循规矩礼节，就好像要请人家进屋却关着大门一样。义，就像是大路；礼，就像是大门。只有君子才能做到沿着这条大路行走，从礼的大门进出。《诗经》篇里说过：'大路像磨刀石一样平坦，像箭杆一样笔直，这是君子所行走的，小人所应遵循效法的。'"

万章再问道："孔子听说有国君的召唤，不等车马准备好就自己先赶去应召，那么孔子做得不对吗？"

孟子回答说："那是因为当时孔子正有官职在身，国君是以他担任的官职去召唤他，他当然会急急忙忙地赶去了。"

第八章

孟子谓万章曰："一乡之善士❶斯友❷一乡之善士，一国之善士斯友一国之善士，天下之善士斯友天下之善士。以友天下之善士为未足，又尚❸论古之人。颂❹其诗，读其书，不知其人，可乎？是以论其世也。是尚友也。"

注释

❶ 善士：在这指的是闻名的贤才。
❷ 友：在这里用作动词，是结交的意思。
❸ 尚：同"上"，仰慕的意思。
❹ 颂：通"诵"，吟诵的意思。

解读

孟子对万章说："全乡闻名的贤才也结交全乡闻名的贤才，全国闻名的贤才也结交全国闻名的贤才，全天下闻名的贤才也结交全天下闻名的贤才。和闻名天下的贤才交往还觉得不够，就仰慕、谈论古代的贤才。吟诵他们传下来的诗歌，读他们传下来的书籍，如果对他们的为人不了解，能行吗？因此也要谈论他们所处的时代。这就是相当于和历史上的人交朋友。"

第九章

齐宣王问卿❶，孟子曰："王何卿之问也？"

王曰："卿不同乎？"

曰："不同。有贵戚之卿❷，有异姓之卿。"

王曰："请问贵戚之卿。"

曰："君有大过则谏，反复之而不听，则易位❸。"

孟 子

王勃然变乎色。

曰:"王勿疑也。王问臣,臣不敢不以正对❹。"

王色定,然后问异姓之卿。

曰:"君有过则谏,反复之而不听,则去。"

注释

❶ 卿:此处作动词用,即有关卿的事。
❷ 贵戚之卿:即同一宗族中之为卿大夫者。
❸ 易位:在这里是另立新王的意思。
❹ 正对:在这里是指以真正的情况回答。

解读

齐宣王询问关于公卿的事。孟子说:"王所问的是哪种公卿呢?"

宣王反问道:"公卿难道还不同吗?"

孟子答道:"不一样。公卿分为和王室同宗族的公卿,和不与王室同宗族的公卿两种。"

宣王说:"请问和王室同宗族的公卿是怎样的呢?"

孟子回答道:"君王有重大过错,他就劝谏;反复劝谏都不听取意见,就废了他的王位另立新王。"

宣王突然变了脸色。

孟子说:"您不要奇怪。您问我,我不敢不以实相告。"

宣王缓过劲来,又问非王族的公卿是怎样。

孟子回答说:"君王有错误就进谏批评,反复进谏,意见却不被采纳,就自己离职而去。"

告子上

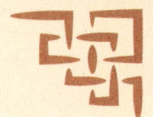

本章是告子与孟子关于"仁义"的讨论。告子曰:"性犹杞柳也,义犹桮棬也;以人性为仁义,犹以杞柳为桮棬。"

告子这段话的核心在哪里呀?仁义相对于人而言是必须把原来的人经过一个改造,完了之后人才会具有这种仁义之性,就好比是杞柳之木性要经过一个改造,完了之后才能够产生一个杯子的器具之性一样,因此仁义相对于人而言不是本有的,而是后天改造以后形成的。

告子说仁义是靠后天外在的学习、改造而来。但是孟子不这么认为,为什么呢?

第一,谁来教化?所有人的道德都是要在后天通过教化而获得,那谁来教育教育者,最初的教育从哪里来?

第二,被教育的对象他如何接受?如果他内在的没有一种道德本性的话,他怎么能够识别你给他讲的这种道德律令的有效性、价值性、合理性,他不能够识别这种有效性、价值性、合理性,他又怎么去接受你?

第三,如果这个道德律令始终是靠外在的后天的东西来强加的话,当这种外在环境外在动力不足的情况下,或者在社会风气变成一种普遍不利于道德教化的风气的情况下,这个时候善的动力在哪里,行善成德的动力在哪里?

所以说,孟子要讲的其实是一切的道德主义者归根结底不能够解决的道德的起源,也不能够解决主体修善成德的动力,不能从根本上解决支撑主体成就道德君子的支撑问题。

| 孟 子

第一章

告子曰："性犹杞柳也❶，义犹桮棬也❷；以人性为仁义，犹以杞柳为桮棬。"

孟子曰："子能顺杞柳之性而以为桮棬乎？将戕贼❸杞柳而后以为桮棬也？如将戕贼杞柳而以为桮棬，则亦将戕贼人以为仁义与？率天下之人而祸仁义者，必子之言夫！"

注释

❶ 杞（qǐ）柳：树名，枝条柔韧。
❷ 桮棬（bēi quān）：器名，杯盘。
❸ 戕贼：在这里是毁伤的意思。

解读

告子说："人性就好比杞柳树，义理就像杯盘。用人性实行仁义，就像用杞柳树制成杯盘。"

孟子说："您能够顺着杞柳树的本性制成杯盘吗？还是要毁伤杞柳树的本性来制成杯盘呢？如果要毁伤杞柳树的本性才能制成杯盘，那是不是也要毁伤人的本性才能实行仁义呢？引导天下的人来损害仁义的，一定是您的这番言论啊！"

告子上

第二章

告子❶曰:"性犹湍水❷也,决诸东方则东流,决诸西方则西流。人性之无分于善不善也,犹水之无分于东西也。"

孟子曰:"水信无分于东西。无分于上下乎?人性之善也,犹水之就下也。人无有不善,水无有不下。今夫水,搏而跃之,可使过颡❸;激而行之,可使在山。是岂水之性哉?其势则然也。人之可使为不善,其性亦犹是也。"

注释

❶ 告子:人名,墨子的学生。
❷ 湍(tuān)水:湍急的流水。
❸ 颡(sǎng):额头,脑门的意思。

解读

告子说:"人性就好比急流的水,东方开了缺口便向东流,西方开了缺口便向西流。人性没有善和不善,正好比水不管东流西流一样。"

孟子说:"水诚然没有东流西流的定向,难道也没有向上或者向下的定向吗?人性的善良,正好比水性的向下流。人没有不善良的,水没有不向下流的。当然,拍水使它跳起来,可以高过额角;戽水使它倒流,可以引上高山,这难道是水的本性吗?形势使它这样罢了。人所以能够做坏事,他的本质也正是这样。"

孟子

第三章

告子曰:"生之谓性❶。"

孟子曰:"生之谓性也,犹白之谓白与?"

曰:"然❷。"

"白羽之白也,犹白雪之白;白雪之白,犹白玉之白与?"

曰:"然。"

"然则犬之性犹牛之性,牛之性犹人之性与?"

注释

❶ 生之谓性:"生"和"性"是同源字,意义上有联系。

❷ 然:对,不错。在这里表示肯定。

解读

告子说:"天生的属性叫性。"

孟子说:"天生的属性叫性,就像一切东西的白色都称作白吗?"

答道:"是这样。"

"白羽毛的白,犹如白雪的白;白雪的白,犹如白玉的白吗?"

答道:"是这样。"

"这样说来,那么狗性犹如牛性,牛性犹如人性吗?"

告子上

第四章

告子曰:"食色,性也。仁,内也,非外也;义,外也,非内也。"

孟子曰:"何以谓仁内义外也?"

曰:"彼长而我长之,非有长于我也;犹彼白而我白之,从其白于外也,故谓之外也。"

曰:"异于白马之白也,无以异于白人之白也;不识长马之长也,无以异于长人之长与?且谓长者义乎?长之者义乎?"

曰:"吾弟则爱之,秦人之弟则不爱也,是以我为悦者也,故谓之内。长楚人之长,亦长吾之长,是以长为悦者也,故谓之外也。"

曰:"耆❶秦人之炙❷,无以异于耆吾炙,夫物则亦有然者也,然则耆炙亦有外欤?"

注释

❶ 耆:通"嗜",特别爱好的意思。
❷ 炙(zhì):在这里是指烤熟的肉。

解读

告子说:"饮食男女,是人的本性。仁是内在的东西,而非外在的东西;义是外在的东西,而非内在的东西。"

孟子说:"凭什么说仁是内在的,而义是外在的?"

告子说:"因为他年龄大,我就尊敬他,但这并非是我心的本意。这犹如有东西是白色的，我便认为它是白色的，由于它的外表是白色的被我看到的缘故，所以说它是外在的。"

孟子说："白马的白色和白人的白色或者是没有差别。不知道对老马的怜悯之心和对老人的尊敬之心有什么不相同呢？你说的义，是老人义呢，还是尊敬老人的人义？"

告子说："如果是我自己的弟弟，我便爱他；如果是秦人的弟弟，我便不会爱他，这是由我自己内心高兴这样做，所以说仁是内在的东西。尊敬楚国的老人，也尊敬我自己亲人中的老人，这是由年纪大的人而决定的，所以说义是外在的东西。"

孟子说："喜欢吃秦国人的烤肉，和喜欢吃自己的烤肉没有什么不相同，各种事物都会有这种情形，那么，难道喜欢吃烤肉的本性也是外在的东西吗？"

第五章

孟季子问公都子曰："何以谓义内也？"

曰："行吾敬，故谓之内也。"

"乡人长于伯兄一岁，则谁敬？"

曰："敬兄。"

"酌则谁先？"

曰："先酌乡人。"

"所敬在此，所长在彼，果在外，非由内也。"

公都子不能答，以告孟子。

孟子曰："敬叔父乎，敬弟乎？彼将曰：'敬叔父。'曰：'弟为尸❶，则谁敬？'彼将曰：'敬弟。'子曰：'恶在其敬叔父也？'彼将曰：'在位故也。'子亦曰：'在位故也。庸❷敬在兄，斯须之敬在乡人。'"

季子闻之，曰："敬叔父则敬，敬弟则敬，果在外，非由内也。"

公都子曰："冬日则饮汤，夏日则饮水，然则饮食亦在外也？"

注释

❶ 尸：古代祭祀用男女儿童作为受祭的代理人，称之为"尸"。
❷ 庸：在这里是平常的意思。

解读

孟季子问公都子："根据什么说义是内在的东西？"

公都子答："恭敬出自我的内心，所以说是内在的东西。"

又问："本乡有人比大哥大一岁，该恭敬谁呢？"

答道："恭敬哥哥。"

问："如果在一块儿饮酒，应先给谁斟酒？"

答道："先给本乡人斟酒。"

"你心里恭敬的是大哥，而斟酒时却先敬别人，可见义是外在的东西，而不是出自内心的。"

公都子答不上来，便把它告诉了孟子。

孟子说："你可以这样问：'恭敬叔父呢？还是恭敬弟弟呢？'他会说：'恭敬叔父。'你再问：'如果弟弟做了受祭的代理人，那该恭敬谁呢？'他会说：'恭敬弟弟。'那你就说："那么为什么又说恭敬叔父呢？'他会说：'那是因为弟弟在于当受恭敬的地位。'那你也就说：'是因为所处地位的缘故。平常时恭敬哥哥，临时的场合就恭敬乡人。"

孟季子听到这番话，又说："对叔父也是恭敬，对弟弟也是恭敬，义毕竟是外在的，而不是出自内心的。"

公都子说："冬天喝热水，夏天喝凉水，那么难道饮食也是外在的吗？"

第六章

公都子曰："告子曰：'性无善无不善也。'或曰：'性可以为善，可以为不善；是故文武兴，则民好善；幽厉兴，则民好暴。'或曰：'有性善，有性不善；是故以尧为君而有象；以瞽瞍为父而有舜；以纣为兄之子，且以为君，而有微子启、王子比干❶。'今曰'性善'，然则彼皆非与？"

孟子曰："乃若其情，则可以为善矣，乃所谓善也。若夫为不善，非才❷之罪也。恻隐之心，人皆有之；羞恶之心，人皆有之；恭敬之心，人皆有之；是非之心，人皆有之。恻隐之心，仁也；羞恶之心，义也；恭敬之心，礼也；是非之心，智也。仁义礼智，非由外铄❸我也，我固有之也，弗思耳矣。故曰：'求则得之，舍则失之。'或相倍蓰而无算者，不能尽其才者也。《诗》曰：'天生蒸民❹，有物有则。民之秉彝❺，好是懿德。'孔子曰：'为此诗者，其知道乎！故有物必有则；民之秉彝也，故好是懿德❻。'"

> **注释**
>
> ❶ 微子启、王子比干：微子启是商纣王的庶兄，比干是商纣王的叔父。

② 才：是指天生的禀赋、资质。
③ 铄：熔铸，这里是授予的意思。
④ 蒸民：众民。蒸，原作"烝"，众多。
⑤ 秉彝（bǐng yí）：在这里是持执常道的意思。
⑥ 懿（yì）德：在这里是指美好的品德。

解读

公都子说："告子说：'人性没有善良和不善良的区别。'有人说：'人性可以变得善良，也可以变得不善良。所以周文王、周武王兴起的时候，百姓就爱好善良；周幽王、周厉王出现的时候，百姓就变得横暴。'又有人说：'有人本性善良，有人本性不善良。所以以尧这样的圣人为君主，却有像这样坏的臣民；以瞽瞍这样的父亲，却有舜这样优秀的儿子；有纣这样恶的侄儿，并且以他为君主，却有微子启、王子比干。'现在您说'本性善良'，那么这些说法都是错的吗？"

孟子说："说到人天生的秉性，都是可以使他趋向善的，这就是我说的本性善良。至于有人变得不善了，不是天生禀赋的过错。同情心，人人都有；羞耻心，人人都有；恭敬心，人人都有；是非心，人人都有。同情心便是仁；羞耻心便是义；恭敬心便是礼；是非心便是智。仁、义、礼、智不是从外面授予我的，是我本来就具有的，只是自己没有自觉地意识到罢了。所以说：'只要追求就能得到它们，如果放弃就会失掉它们。'有的人比别人相差一倍、五倍甚至无数倍，这是他不能充分发挥他的天赋禀性的缘故。《诗经》上说：'上天生养万民，每一事物都有其固有的法则。老百姓能秉持这常道，都爱好美好的德行。'孔子说：'作这首诗的人，真懂得道啊！每一事物都有其固有的法则。老百姓能秉持这天生常道，所以能爱好美好的德行。'"

孟 子

第七章

　　孟子曰："富岁①，子弟多赖②；凶岁，子弟多暴，非天之降才尔殊也，其所以陷溺其心者然也。今夫麰麦③，播种而耰④之，其地同，树之时又同，浡然而生，至于日至之时，皆熟矣。虽有不同，则地有肥硗⑤、雨露之养、人事之不齐也。故凡同类者，举相似也，何独至于人而疑之？圣人，与我同类者。故龙子曰：'不知足而为屦⑥，我知其不为蒉⑦也。'屦之相似，天下之足同也。口之于味，有同耆也；易牙⑧先得我口之所耆者也。如使口之于味也，其性与人殊，若犬马之与我不同类也，则天下何耆皆从易牙之于味也？至于味，天下期于易牙，是天下之口相似也。惟耳亦然，至于声，天下期于师旷，是天下之耳相似也。惟目亦然，至于子都，天下莫不知其姣也；不知子都之姣者，无目者也。故曰，口之于味也，有同耆焉；耳之于声也，有同听焉；目之于色也，有同美焉。至于心，独无所同然乎？心之所同然者何也？谓理也、义也。圣人先得我心之所同然耳。故理义之悦我心，犹刍豢⑨之悦我口。"

> 注释
>
> ❶ 富岁：在这里是丰年的意思。
> ❷ 赖：通"懒"，懒惰的意思。
> ❸ 麰（móu）麦：大麦。
> ❹ 耰（yōu）：播种后用耰翻土、盖土。

❺ 硗（qiāo）：土质硬，不肥沃。

❻ 屦（jù）：古代用麻葛制成的一种草鞋。

❼ 蒉（kuì）：古代用草编的筐子，一般用来盛土。

❽ 易牙：人名，是春秋时齐桓公的宠臣，擅长调味，传说曾烹其子为羹以献桓公。

❾ 刍豢（chú huàn）：指牛、羊、猪、狗等牲畜。

解读

孟子说："丰年的时候，少年子弟大多懒惰；荒年的时候，少年子弟大多强暴，并不是天生的本性不同，而是由于环境使他们人性堕落所造成的。以大麦为例，播种后用土把种子盖好，同样的土地，同样的播种时间，它们蓬勃地生长。到了夏至时，全都成熟了。虽然有收获多少的不同，但那是由于土地的肥瘠、雨水的多少、人工的勤劳和懒惰而造成的。所以凡是同类的事物，其主要的方面都是相似的，为什么一说到人就产生疑问了呢？圣人与我也是同类的人。所以龙子说：'编一双草鞋不用知道

脚的长短，我也知道是绝不会编成一个筐子的。'草鞋样子相近，是因为天下人的脚都大致相同。口对于味道，有相同的嗜好，易牙就是先掌握了我们的共同嗜好的人。假如口对于味道，每个人都根本不同，就像狗、马与我们完全不同类一样，那么天下的人怎么会都喜欢易牙烹调出来的味道呢？一说到口味，天下的人都期望做到易牙那样，这说明天下人的口味都是相近的。对耳朵来说也是这样，一提到音乐，天下的人都期望做到师旷那样，这说明天下人的听觉都是相近的。对眼睛来说也是这样，一提到子都，天下人没有不认为他美的。不认为子都美丽的，是没有眼睛的人。所以说，口对于味道，有相同的嗜好；耳朵对于声音，有相同的听觉；眼睛对于美色，有相同的美感。一说到心，难道就偏偏没有相同的地方了吗？心相同的地方在哪里？在理，在义。圣人不过就是先掌握了我们内心相同的东西。所以理义使我的心高兴，就像猪、狗、牛、羊肉使我觉得味美一样。"

第八章

孟子曰："牛山❶之木尝美矣，以其郊于大国也，斧斤伐之，可以为美乎？是其日夜之所息，雨露之所润，非无萌蘖❷之生焉，牛羊又从而牧之，是以若彼濯濯❸也。人见其濯濯也，以为未尝有材焉，此岂山之性也哉？虽存乎人者，岂无仁义之心哉？其所以放其良心者，亦犹斧斤之于木也，旦旦而伐之，可以为美乎？其日夜之所息，平旦❹之气，其好恶与人相近也者几希，则其旦昼❺之所为，有梏亡❻之矣。梏之反覆，则其夜气不足以存；夜气不足以存，则其违禽兽不远矣。人见其禽兽也，而以为未尝有才焉者，是岂人之情也哉？故苟得其养，无物不长；苟失其养，无物不消。孔子曰：'操则存，舍则亡；出入无时，莫知其乡。'惟心之谓与？"

注释

① 牛山：战国时齐国都城临淄郊外的山名。
② 萌蘖（niè）：指植物长出新芽。
③ 濯濯（zhuó）：形容山光秃秃的、没有草木的样子。
④ 平旦：黎明，也就是天刚亮时。
⑤ 旦昼：第二天的白天。
⑥ 梏亡：指因受束缚而消亡。梏，拘禁、束缚。

解读

孟子说："牛山的树木曾经是很茂盛的，但是由于它们在大都的郊外，经常遭到人们用斧子去砍伐，还能够保持茂盛吗？当然，山上的树木日日夜夜都在生长，雨水露珠也在滋润着，并非没有清枝嫩芽长出来，但随即又有人赶着牛羊去放牧，所以也就像这样光秃秃的了。人们看见它光秃秃的，便以为牛山从来也不曾有过高大的树木，这难道是这山的本性吗？即使在一些人身上也是如此，难道没仁义之心吗？他们放任良心失去，也像用斧头砍伐树木一样，天天砍伐，还可以保持茂盛吗？他们日日夜夜的生息，在天刚亮时的清明之气，这些在他心里所产生出来的好恶与一般人相近的也有那么一点点，可到了第二天，他们的所作所为，又把它们窒息而消亡了。反复窒息的结果，便使他们夜晚的息养之气不足以存在了，夜晚的息养之气不足以存在，也就和禽兽差不多了。人们见到这些人的所作所为和禽兽差不多，还以为他们从来就没有过天生的资质。这难道是人的本性如此吗？所以，假如得到滋养，没有什么东西不生长；假如失去滋养，没有什么东西不消亡。孔子说过：'把握住就存在，放弃就失去；进出没有一定的时候，也不知道它去向何方。'这指的就是人心吧？"

| 孟 子

第九章

孟子曰:"无或①乎王之不智也。虽有天下易生之物也,一日暴之,十日寒之②,未有能生者也。吾见亦罕矣③,吾退④而寒之者⑤至矣,吾如有萌焉何哉?今夫弈之为数⑥,小数也;不专心致志,则不得也。弈秋⑦,通国之善弈者也。使弈秋诲二人弈,其一专心致志,惟弈秋之为听。一人虽听之,一心以为有鸿鹄将至,思援弓缴⑧而射之,虽与之俱学,弗若之矣。为是其智弗若与?曰:非然也。"

注释

① 或:同"惑",在这里是奇怪的意思。
② 寒之:使其受寒。这里的寒用作动词。
③ 吾见王亦罕矣:见,被接见。意思是王接见我的时间很少。
④ 退:离开,是指不与王见面。
⑤ 寒之者:这里的意思是进谗言说我坏话的人。
⑥ 数:在这里是技术、技艺的意思。
⑦ 弈秋:人名,当时下围棋的高手,名秋。
⑧ 缴(zhuó):系在箭上的丝绳,射鸟用。这里指箭。

解读

孟子说:"王不聪明,不足奇怪。虽然有一种最容易生长的植物,晒它一天,冻它十天,也是不能够生长的。我和王相见的次数太少了,我离开王,那些给王坏影响的小人就来到王的周围。王虽萌发有善心,我对他能有什么帮助呢?下棋不过是雕虫小技,如果不一心一意,就学不会。弈秋是全国最好的棋手。假使让他教两个人下棋,一个人专心专意,只听弈秋的话。另一个人虽然听着,心里却想着,有只天鹅要飞来了,想拿弓箭去射它。他虽然和那人一道学习,他的成绩一定不如人家。这是因为他不如人家聪明吗?不是这样的。"

第十章

孟子曰:"鱼,我所欲也;熊掌,亦我所欲也。二者不可得兼,舍鱼而取熊掌者也。生。亦我所欲也;义,亦我所欲也。二者不可得兼,舍生而取义者也。生亦我所欲,所欲有甚于生者,故不为苟得也;死亦我所恶,所恶有甚于死者,故患有所不辟也。如使人之所欲莫甚于生,则凡可以得生者,何不用也?使人之所恶莫甚于死者,则凡可以辟患者,何不为也?由是则生而有不用也,由是则可以辟患而有不为也,是故所欲有甚于生者,所恶有甚于死者。非独贤者有是心也,人皆有之,贤者能勿丧耳。一箪食,一豆❶羹,得之则生,弗得则死,呼尔❷而与之,行道之人弗受;蹴尔❸而与之,乞人不屑也。万钟则不辩礼义而受之,万钟于我何加焉?为宫室之美、妻妾之奉,所识穷乏者得❹我与?乡❺为身死而不受,今为宫室之美为之;乡为身死而不受,今为妻妾之奉为之;乡为身死而不受,今为所识穷乏者得我而为之,是亦不可以已乎?此之谓失其本心。"

注释

❶ 豆:这里指古代盛羹汤的器具。

孟 子

② 呼尔：在这里是轻蔑地呼喝之意。
③ 蹴（cù）尔：在这里是用脚践踏的意思。
④ 得：通"德"，这里指以我为德，即感激的意思。
⑤ 乡：同"向"，向来，一向，从前。

解读

孟子说："鱼是我所喜欢的，熊掌也是我所喜欢的。如果这两样东西不允许都获得，就放弃鱼而要熊掌。生命是我所热爱的，义也是我所热爱的，如果不允许同时拥有这两者，就牺牲生命而不违背义。生命本是我所热爱的，但还有比生命更值得我去热爱的，所以我不因为热爱生命就苟且偷生。死本是我厌恶的，但还有比死更令人厌恶的，所以我不因为厌恶死就逃避有的灾难。如果使人们所喜爱的东西没有哪一样能超过对生命的喜爱，那么，一切可以保存生命求得生存的手段，有什么不可以使用的呢？如果令人们厌恶的东西没有哪一样能超过对死亡的厌恶，那么，一切可以逃避灾祸的事，有什么不可以去干的呢？但有的人虽然依此而行，就可以保证生命无虞，却不那么去做；有的人虽然依此而行，就能够避免灾祸，却不那么去干。因此可以得出结论：有比生命更值得热爱的东西，有比死亡更使人厌恶的东西。这种观念不单是圣贤之人有，其实人人都有，只不过圣贤之人能够保持这个观念罢了。一筐饭，一碗羹，得到它就可以活命，得不到它就要饿死。如果吆喝着给人，就是过路的饿肚子的人都不会接受，脚踩过以后再扔给人，就是乞丐也不屑要。 但是，竟有人对万钟之多的俸禄却不问是否合乎礼义就接受下来。那么多的财富对我有什么好处呢？为了住宅的豪华、妻妾的侍奉以及我认识的贫苦人感激我吗？过去宁肯死都不接受的，现在却为了住宅的豪华而接受了；过去宁肯死都不接受的，现在却为了获得众多妻妾的侍奉而接受了；过去宁肯死都不接受的，现在却为了自己所认识的贫苦人感激我而接受了。这种情况难道就不能改正过来吗？如果不能改正，那就叫丧失了人的本性。"

告子上

第十一章

　　孟子曰："仁，人心也；义，人路也。舍其路而弗由，放①其心而不知求②，哀哉！人有鸡犬放，则知求之；有放心，而不知求。学问之道无他，求其放心而已矣。"

注释

① 放：丧失，走失，失去的意思。
② 求：在这里是寻找，追求的也意思。

解读

　　孟子说："仁，是人的心灵；义，是人的道路。舍弃必由之路而不走，丧失了善良的心灵而不懂得去寻找，真是可悲啊！一个人，有鸡和狗走失了，便晓得去寻找；有善良的心灵丧失了，却不晓得去寻找。学问之道没有别的，把那丧失的善良之心找回来就可以了。"

第十二章

　　孟子曰："今有无名之指屈而不信①，非疾痛害事也，如有能信之者，则不远秦楚之路，为指之不若人也。指不若人，则知恶之；心不若人，则不知恶，此之谓不知类②也。"

孟 子

注释

① 信:同"伸",伸直的意思。
② 不知类:不懂得轻重,舍本逐末。

解读

孟子说:"现在有人,他的无名指弯曲而不能伸直,虽然并不疼痛,也不妨碍做事情。但是只要有人能使它伸直,就是到秦国、楚国去,也不会嫌远,只因为无名指不如别人。无名指不如别人,就知道厌恶;心不如别人,却不知道厌恶。这叫不知轻重,舍本逐末。"

第十三章

孟子曰:"拱把①之桐梓②,人苟欲生之,皆知所以养之者。至于身,而不知所以养之者,岂爱身不若桐梓哉?弗思甚也。"

注释

① 拱把:这里是树干细小的意思。拱,两手所围。把,一手所握。
② 桐梓:桐木与梓木。两者皆良材。

解读

孟子说:"一两把粗的桐树、梓树,人们如果想要让它们生长,都知道如何去培养它们。至于自身,却不知道怎样来修养,难道是爱自己还不如爱桐树、梓树吗?真是太不动脑筋了。"

告子上

第十四章

孟子曰："人之于身也，兼所爱。兼所爱，则兼所养也。无尺寸之肤不爱焉，则无尺寸之肤不养也。所以考其善不善者，岂有他哉？于己取之而已矣。体有贵贱①，有小大。无以小害大，无以贱害贵。养其小者为小人，养其大者为大人。今有场师②，舍其梧槚③，养其樲棘④，则为贱场师焉。养其一指而失其肩背，而不知也，则为狼疾⑤人也。饮食之人，则人贱之矣，为其养小以失大也。饮食之人无有失也，则口腹岂适为尺寸之肤哉？"

注释

① 贵贱：重要部分和次要部分。
② 场师：筑地以种植树木为场，主管场地者乃场师。
③ 梧槚（jiǎ）：梧即梧桐，槚即楸树的别称，古代亦称茶树为槚。两种树均木质上乘。
④ 樲（èr）棘：樲即酸枣树，棘就是荆棘，两种树均不能成材。
⑤ 狼疾：即"狼藉"，在这里是指思绪混乱。

解读

孟子说："人对于自己的身体，每个部分都爱护。都爱护，就都要保养好。没有哪一点皮肤肌肉不爱护，就没有哪一点皮肤肌肉不保养好。因此看一个人善不善于保养好自己，难道还有别的办法吗？不过是看他对自己身体哪一部分注重罢了。身体有重要的部分，也有次要的部分；有小的

部分,也有大的部分。不能因为小的部分而损害了大的部分,不能因为次要的部分而损害了重要的部分。只注重保养好小的部分的是小人,而注重保养好大的部分的是君子。假如有一位种植员,不注重梧桐和楸树这类能成大材的树木,却去细心培植酸枣树、荆棘树这类成不了材的树,那他一定不是一个合格的种植员。如果有人只知保养好自己的一个指头,而自己的肩、背这些重要部分病变了,自己却还不明白,那么这个人一定是个思维紊乱的人。只讲吃喝却不注意自己的精神修养的人,别人都看不起他,只因为他保养好了小的部分却丧失了大的部分如果讲吃讲喝的人,不愿意拿出些注意力来培养自己的精神世界,那么吃喝的目的难道仅仅就为了使自己长一身肥肉吗?"

第十五章

公都子问曰:"钧❶是人也,或为大人,或为小人,何也?"

告子上

孟子曰："从❷其大体❸为大人，从其小体❹为小人。"

曰："钧❶是人也，或从其大体，或从其小体，何也？"

曰："耳目之官❺不思，而蔽于物。物交物，则引之❻而已矣。心之官则思，思则得之，不思则不得也。此天之所与我者。先立乎其大者，则其小者不能夺也。此为大人而已矣。"

注释

❶ 钧：同"均"，一样，同样的意思。
❷ 从：在这里是注重的意思。
❸ 大体：即本文后面所指的"心"。
❹ 小体：即本文后面所指的"耳目"。
❺ 官：官能，此处不应解为"器官"。
❻ 引之：省略了宾语，"引之"即引导到迷途上去。

解读

公都子问道："同样是人，有的成为君子，有的却成为小人，为什么呢？"

孟子回答道："注重自己心的成为君子，只重耳目之欲的就成为小人。"

公都子又问："同样是人，有的注重自己内心精神世界的修养，有的只注重自己耳目之欲的享受，又是为什么呢？"

孟子答道："眼睛和耳朵是没有思考的功能的，所以它们只能感受到事物的表面，而不能认识事物的本质，因此耳、目一与外物相接触，便被引向迷途了。心的官能就是思考，人只要运用心的官能思考，就会获得仁义之心；反之，就不会获得。心的这种官能是上天特地赋予我们人类的。因此，这是重要器官，要先保养好心使其思考的功能充分发挥，那么，次要的器官就无法把人引向迷途了。这就是成为君子的条件。"

第十六章

孟子曰:"有天爵者,有人爵者。仁、义、忠、信,乐善不倦,此天爵也;公卿大夫,此人爵也。古之人修其天爵,而人爵从之。今之人修其天爵,以要①人爵,既得人爵,而弃其天爵,则惑②之甚者也,终亦必亡而已矣。"

注释

① 要:通"邀",求取的意思。
② 惑:在这里是糊涂的意思。

解读

孟子说:"有天赐的爵位等级,也有人授予的爵位等级。仁、义、忠、信,乐于行善而不知疲倦,这是天赐的爵位等级;公卿大夫,这是人授予的爵位等级。古代的人注意修养那天赐的等级,而人授予的等级也随之而来。现在的人修养那天赐的等级,是为了追求人授予的等级,一旦得到了人授予的等级,便抛弃天赐的等级,那就糊涂透顶了,其结果是一切都会丧失殆尽。"

第十七章

孟子曰:"欲贵者,人之同心也。人人有贵于己者,弗思耳矣。

告子上

人之所贵者，非良贵也。赵孟之所贵，赵孟❶能贱之。《诗》云：'既醉以酒，既饱以德。'言饱乎仁义也，所以不愿❷人之膏粱❸之味也；令闻广誉❹施于身，所以不愿人之文绣也。"

注释

❶ 赵孟：春秋时晋国的贵卿赵盾，字孟，称为赵孟。其后他的子孙也都称为赵孟。

❷ 愿：在这里是羡慕的意思。

❸ 膏粱：膏，肥肉；粱，细米。

❹ 令闻广誉：令，善；闻，声望；广，广泛的；誉，赞誉。

解读

孟子说："想要尊贵，这是人们共同的心愿。人人自身都有可尊贵的东西，只是自己没有认真思考罢了。别人给予的尊贵，不是真正的尊贵。赵孟能够给人加官晋爵使他尊贵，赵孟也能夺取他的官爵使他低贱。《诗经》上说：'酒已经喝醉了，德行也修养好了。'这是说仁义之德已经使我富足了，所以就不再羡慕别人的膏粱美味了；有了四处皆知的美好的名声，所以就不再羡慕别人的锦绣衣裳了。"

第十八章

孟子曰："仁之胜不仁也，犹水胜火。今之为仁者，犹以一杯水救一车薪❶之火也；不熄，则谓之水不胜火。此又与于不仁之甚者也，亦终必亡而已矣。"

| 孟　子

注释

❶ 薪：在这里是柴草的意思。

解读

孟子说："仁能战胜不仁，就像水能战胜火一样。现在推行仁的人，就像用一杯水来扑灭一车柴草的烈火；火扑不灭，便说水不能战胜火，这就更加助长了那些不仁的人。结果所行的一点点小仁也必然消灭。"

第十九章

孟子曰："五谷者，种❶之美者也，苟为不熟，不如荑稗❷。夫仁，亦在乎熟之而已矣。"

注释

❶ 种：在这里是名词，庄稼的意思。
❷ 荑稗（yí bài）：荑、稗为二草名，可食。荑，通"稊"。

解读

孟子说："五谷是庄稼中的好品种，但如果不成熟，还不如稊米和稗子。所以，仁，也要讲究成熟。"

告子上

第二十章

孟子曰:"羿之教人射,必志于彀❶;学者亦必志于彀。大匠❷诲人必以❸规矩,学者亦必以规矩。"

注释

❶ 彀(gòu):把弓拉满的意思。
❷ 大匠:在这里是指木工师傅。
❸ 以:在这里是按照、遵循的意思。

解读

孟子说:"羿教人射箭,一定要求拉满弓;学习的人也必定努力拉满弓。高明的木工师傅教导人,一定依循规矩,学习的人也一定要遵照规矩。"

告子下

　　本篇的第一章是讨论"礼"的问题。有一个任国人问屋庐子说："礼和食哪样重要？"屋庐子说："礼重要。"那人问："美色和礼哪样重要？"屋庐子说："礼重要。"那人又问："如果非要按照礼节求食，就只有饿死；不按照礼节求食，就可以得到吃的，那还是一定要按照礼节吗？如果非要按照'亲迎'的礼节娶妻，就娶不到妻子；不按照'亲迎'的礼节娶妻，就可以娶到妻子，那还是一定要'亲迎'吗？"

　　屋庐子不能回答，第二天就到邹国，把这话告诉了孟子。

　　孟子说："回答这个问题有什么困难的呢？如果不比较基础的高低是否一致，只比较顶端，那么，一块一寸见方的木头往高处放可以使它高过尖顶高楼。我们说金属比羽毛重，难道是说一个衣带钩的金属比一车羽毛还重吗？拿吃的重要方面和礼的细节相比较，何止于吃的重要？拿娶妻的重要方面和礼的细节相比较，何止于娶妻重要？你去这样答复他：'扭折哥哥的胳膊，抢夺他的食物，就可以得到吃的；不扭，便得不到吃的，那会去扭吗？爬过东边人家的墙壁去搂抱人家的少女，就可以得到妻子；不去搂抱，便得不到妻子，那会去搂抱吗？'"

　　孟子的意思很明确，比较应该让比较的对象双方在同一水平线上、同一基准上，而不应该把一个对象推到极端来和另一个对象的细节相比较。这样比较出来的结果，当然是错误而荒谬的了。所以，孟子以其人之道还治其人之身，教给学生以诡辩对诡辩的说法，从而战胜论辩的对方。

告子下

第一章

任人有问屋庐子❶曰:"礼与食孰重?"

曰:"礼重。"

"色与礼孰重?"

曰:"礼重。"

曰:"以礼食,则饥而死;不以礼食,则得食,必以礼乎?亲迎❷,则不得妻;不亲迎,则得妻,必亲迎乎?"

屋庐子不能对,明日之邹以告孟子。

孟子曰:"于答是也,何有?不揣❸其本,而齐其末,方寸之木可使高于岑楼❹。金重于羽者,岂谓一钩金❺与一舆羽之谓哉?取食之重者与礼之轻者而比之奚翅❻食重?取色之重者与礼之轻者而比之奚翅色重?往应之曰:'紾❼兄之臂而夺之食,则得食;不紾,则不得食,则将紾之乎?逾东家墙而搂其处子,则得妻;不搂,则不得妻,则将搂之乎?'"

注释

❶ 屋庐子:人名,孟子的一个弟子。

❷ 亲迎:古代结婚,新郎要亲自前往女方家里迎接新娘,叫亲迎。

❸ 揣:在这里是衡量,考虑的意思。

❹ 岑楼:高而尖的楼。岑,本义指高而尖的山。

❺ 钩金:金属带钩。在这里是指数量非常少。

孟 子

❻ 奚翅：岂止。奚，怎么；翅，通"啻"，止。
❼ 紾（zhěn）：扭，扭转的意思。

解读

有一个任国人问屋庐子："礼节和吃饭哪个重要？"

屋庐子说："礼节重要。"

那人又问："娶妻和礼节哪个重要？"

屋庐子回答说："礼节重要。"

那人又问："按照礼节找食物，就会饥饿而死；不按礼节找食物，就能找到吃的，那么也一定要按礼节行事吗？如果按照亲迎的礼节，就娶不到妻子；不按照亲迎的礼节，就能娶到妻子，那么也一定要遵照亲迎的礼节吗？"

屋庐子不能回答，第二天到邹国去，把问题告诉给孟子。

孟子说："回答这个问题有什么困难的呢？不先衡量底部的高低，只比较它们的顶端，那么一寸厚的木块也能使它比尖顶的高楼还高。所说的金属比羽毛重，难道是拿一只带钩和一车子羽毛相比来说的吗？拿关系重大的吃饭问题同无关紧要的礼节的细枝末节相比，岂止是吃饭重要？拿关系重大的娶妻问题同无关紧要的礼节的细枝末节相比，岂止是娶妻重要？你去回答他说：'扭住哥哥的胳膊夺他的饭，就能得到吃的；不扭就得不到吃的，那么你会去扭他吗？翻过东邻家的墙头，搂抱那家的姑娘，就能得到妻子；不去搂抱，就得不到妻子，那么你会去搂抱吗？'"

第二章

曹交❶问曰："人皆可以为尧舜，有诸？"

告子下

孟子曰："然。"

"交闻文王十尺，汤九尺，今交九尺四寸以长，食粟而已，如何则可？"

曰："奚有于是？亦为之而已矣。有人于此，力不能胜一匹雏[2]，则为无力人矣；今曰举百钧[3]，则为有力人矣。然则举乌获[4]之任，是亦为乌获而已矣。夫人岂以不胜为患哉？弗为耳。徐行后长者谓之弟[5]，疾行先长者谓之不弟。夫徐行者，岂人所不能哉？所不为也。尧舜之道，孝弟而已矣。子服尧之服，诵尧之言，行尧之行，是尧而已矣。子服桀之服，诵桀之言，行桀之行，是桀而已矣。"

曰："交得见于邹君，可以假馆[6]，愿留而受业于门。"

曰："夫道，若大路然，岂难知哉？人病不求耳。子归而求之，有余师。"

注释

[1] 曹交：赵岐认为是曹君的弟弟，名交。但孟子的时代曹国早已灭亡，所以也不确知。

[2] 一匹雏：在这里是指一只小鸡。

[3] 钧：古代重量单位，一钧等于三十斤。

[4] 乌获：古代传说中的大力士。

[5] 弟（tì）：古同"悌"，孝悌。

[6] 假馆：借客舍，意为找一个住处。

解读

曹交问道："人人都可以成为尧舜那样的人，有这个说法吗？"

孟子回答说："有。"

"我听说文王身高十尺，汤身高九尺，现在我身高有九尺四寸多，却只是个会吃饭的草民，怎样做才成呢？"

孟子说："这有什么关系呢？只要去做就行了。要是有人，自以为他连一只小鸡都提不起来，那他便是一个没有力气的人。如果有人说自己能够举起三千斤的重物，那他就是一个很有力气的人。同样的道理，举得起乌获所能举的重量的，也就是乌获了。人难道以不能胜任为忧患吗？只是不去做罢了。比如说，慢一点走，让在长者之后叫悌；快一点走，抢在长者之前叫不悌。那慢一点走难道是人做不到的吗？不那样做而已。尧舜之道，不过就是孝和悌罢了。你穿尧穿过的衣服，说尧说过的话，做尧做过的事，你便是尧了。你穿桀穿过的衣服，说桀说过的话，做桀做过的事，你便是桀了。"

曹交说："我准备去拜见邹君，向他借个住处，情愿留在您的门下做学生。"

孟子说："道就像大路一样，难道难于了解吗？只怕人不去寻求罢了。你回去自己寻求吧，老师多得很呢！"

第三章

公孙丑问曰："高子曰：'《小弁》，小人之诗也。'"

孟子曰："何以言之？"

曰："怨。"

曰："固❶哉，高叟之为❷《诗》也！有人于此，越人关弓❸而射之，则己谈笑而道之；无他，疏之也。其兄关弓而射之，则己垂涕泣而道之；无他，戚之也。《小弁》之怨，亲亲也；亲亲，仁也。固矣夫，高叟之为诗也！"

曰："《凯风》何以不怨？"

曰："《凯风》，亲之过小者也；《小弁》，亲之过大者也。亲之过大而不怨，是愈疏也；亲之过小而怨，是不可矶也。愈疏，不孝也；不可矶❹，亦不孝也。孔子曰：'舜其至孝矣，五十而慕。'"

注释

❶ 固：在这里是执滞不通的意思。
❷ 为：治，这里是解释的意思。
❸ 关弓：关，同"弯"，即弯弓。
❹ 不可矶：不可触犯，一触犯就发怒。矶，水冲击岩石，引申为触犯。

解读

公孙丑问道："高子说：'《小弁》这首诗是小人作的。'对吗？"

孟子说："为什么这么说呢？"

答道："因为这首诗中有怨恨父母之情。"

孟子说："高老先生讲诗太执滞了。这里有个人，若是有人张开弓去射一个越国人，他可以有说有笑地劝告他，这没有别的原因，因为越国人和他关系疏远。若是这人张开弓去射他哥哥，那他会哭哭啼啼地请他不要射，这没有别的原因，因为哥哥是亲人。《小弁》的怨恨，正是热爱亲人的缘故。热爱亲人，是合乎仁道的。高老先生讲诗实在太执滞了！"

公孙丑说："《凯风》这首诗为什么没有怨恨之情呢？"

孟子答道："《凯风》这首诗中，是由于母亲的过错小；《小弁》这首诗中，却是由于父亲的过错大。父母的过错大，却不抱怨，是更疏远父母的表现；父母的过错小，却去抱怨，反而激怒自己。疏远父母是不孝，使自己激怒也是不孝。孔子说：'舜是最孝顺的人吧，五十岁还依恋父母。'"

第四章

宋牼❶将之楚，孟子遇于石丘，曰："先生将何之？"

曰："吾闻秦、楚构兵❷，我将见楚王说而罢❸之。楚王不悦，我将见秦王说而罢之。二王我将有所遇焉。"

曰："轲也请无问其详，愿闻其指。说之将何如？"

曰："我将言其不利也。"

曰："先生之志则大矣，先生之号❹则不可。先生以利说秦、楚之王，秦、楚之王悦于利，以罢三军之师，是三军之士乐罢而悦于利也。为人臣者怀利以事其君，为人子者怀利以事其父，为人弟者怀利以事其兄，是君臣、父子、兄弟终去仁义，怀利以相接，然而不亡者，未之有也。先生以仁义说秦、楚之王，秦、楚之王悦于仁义，以罢三军之师，是三军之士乐罢而悦于仁义也。为人臣者怀仁义以事其君，为人子者怀仁义以事其父，为人弟者怀仁义以事其兄，是君臣、父子、兄弟去利，怀仁义以相接也，然而不王者，未之有也。何必曰利？"

注释

❶ 宋牼（kēng）：人名，又称宋荣，宋荣子，宋国人，和尹文齐名，是宋尹学派的代表人物。

❷ 构兵：在这里是交战的意思。

❸ 罢：在这里是停战的意思。

告子下

❹ 号：在这里是指名义，提法。

解读

宋牼准备到楚国去，和孟子在石丘相遇。孟子问道："先生要到哪里去？"回答说："我听说秦、楚两国交战，我打算去拜见楚王，劝说他停战。如果楚王不乐意的话，我还打算去谒见秦王，劝说他停战。在两国国王当中，我总会找到意见相合者。"

问道："我孟轲不想了解详情，只想请问一下大意，你将怎样劝说呢？"

回答说："我打算说明交战不利。"

孟子说："先生的志向倒是远大，先生的提法却不行。先生用利劝说秦王、楚王，秦王、楚王便喜欢利，于是撤退三军，这样使三军将士乐于撤兵而贪利。做臣属的唯利是图来服侍君王，做儿子的唯利是图来服侍父亲，做弟弟的唯利是图来服侍兄长，这样君臣之间、父子之间、兄弟之间就会完全丧失仁义，相互之间都唯利是图，如此而国家不灭亡，是不可能的。先生如果用仁义劝说秦王、楚王，秦王、楚王便喜欢仁义，于是撤

退三军，这样使三军将士乐于撤兵而喜欢仁义。做臣属的以仁义为服侍事君王，做儿子的以仁义为怀以服侍父亲，做弟弟的以仁义为怀服侍兄长，这样君臣之间、父子之间、兄弟之间就会抛开私利，相互关系都以仁义为念。如此而国家不强盛，是不可能的。为什么要讲利呢？"

第五章

孟子居邹，季任❶为任处守，以币交，受之而不报。处于平陆❷，储子为相，以币交，受之而不报。他日，由邹之任，见季子；由平陆之齐，不见储子。屋庐子喜曰："连❸得间❹矣。"问曰："夫子之任，见季子；之齐，不见储子，为其为相与？"

曰："非也。《书》曰：'享多仪，仪不及物曰不享，惟不役志于享。'为其不成享也。"

屋庐子悦。或问之，屋庐子曰："季子不得之邹，储子得之平陆。"

注释

❶ 季任：人名，是任国国君的弟弟。
❷ 平陆：齐国地名，在今天的山东。
❸ 连：指的是屋庐子，"连"是屋庐子的名。
❹ 间：在这里是空子的意思。

解读

当孟子住在邹国的时候，季任留守任国，代理国政，送礼物来和孟子交友，孟子接受了礼物，并不回报。又当孟子住在平陆的时候，储子做齐国的卿相，也送礼物来和孟子交友，孟子接受了，并不回报。过了一段时间，孟子从邹国到任国的时候，拜访了季子；从平陆到齐都，却不去拜访储子。屋庐子高兴地说："我找到了老师的空子了。"便问道："老师到任国，拜访季子；到齐都，不拜访储子，是因为储子只是卿相吗？"

孟子答道："不是。《尚书》上说：'享献之礼可贵的是仪节，如果仪节不够，礼物虽多，只能叫没有享献，因为他的心意并没有用在这上面。'这是因为他没有完成那享献的缘故。"

屋庐子高兴得很。有人问他。他说："季子不能够亲身去邹国，储子却能够亲身去平陆，他为什么只送礼而不自己去呢？"

第六章

淳于髡曰："先名实者❶，为人也；后名实者，自为也。夫子在三卿❷之中，名实未加于上下而去之，仁者固如此乎？"

孟子曰："居下位，不以贤事不肖者，伯夷也；五就汤，五就桀者，伊尹也；不恶污君，不辞小官者，柳下惠也。三子者不同道，其趋一也。一者何也？曰，仁也。君子亦仁而已矣，何必同？"

曰："鲁缪公之时，公仪子为政❸，子柳、子思为臣，鲁之削也滋甚，若是乎，贤者之无益于国也！"

曰："虞不用百里奚而亡，秦穆公用之而霸。不用贤则亡，削何可得与？"

曰："昔者王豹处于淇，而河西善讴；绵驹处于高唐，而齐右善

孟 子

歌；华周、杞梁之妻善哭其夫而变国俗。有诸内，必形诸外。为其事而无其功者，髡未尝睹之也。是故无贤者也，有则髡必识之。"

曰："孔子为鲁司寇，不用，从而祭，燔肉❹不至，不税冕而行。不知者以为为肉也，其知者以为为无礼也。乃孔子则欲以微罪行❺，不欲为苟去。君子之所为，众人固不识也。"

注释

❶ 先名实者：是指重视名誉功业。
❷ 三卿：都是爵位，即上卿、亚卿、下卿。
❸ 为政：在这里是指主持国政。
❹ 燔（fán）肉：祭时用的熟肉。燔，烤。
❺ 微罪行：在这里指的是一点点罪。

解读

淳于髡说："重视名誉功业是为了济世救民，轻视名誉功业是为了独善其身。您贵为齐国三卿之一，名誉和功业都还没在君主和臣民之间显示出来。您就要离开，仁人原来是这样的吗？"

孟子说："处在卑贱的地位，不拿自己贤人的身份去服侍不肖的人的，有伯夷在；五次往汤那里去，又五次往桀那里去的，有伊尹在；不讨厌恶浊的君主，不拒绝卑微职位的，有柳下惠在。三个人的行为不相同，但总方向是一样的。这一样的是什么呢？应该说，就是仁。君子只要仁就行了，为什么一定要相同呢？"

淳于髡说："当鲁缪公的时候，公仪子主持国政，泄柳和子思也都立于朝廷，鲁国的削弱却更厉害，贤人对国家的无用像这样的呀！"

孟子说："虞国不用百里奚，因而灭亡；秦穆公用了百里奚便成了霸主。如果不用贤人便会亡国，就算割地求和也办不到。"

淳于髡说："从前，王豹住在淇水边上，河西的人便都会唱歌；绵驹住在高唐，齐国西部的人便都会唱歌；华周、杞梁的妻子哭他们的丈夫，因此改变了国家风俗。里边存在什么便会在外表显示出来。做事情却不见结果，我不曾见过这样的事情。所以，如果真的有贤人，我一定会知道的。"

孟子说："孔子做鲁国司寇的时候，不被重用，跟随着去祭祀，祭肉却不见送来，于是来不及脱帽便匆匆离开。不了解孔子的人，还认为他是为争祭肉；了解孔子的人，认为他是为鲁国失礼而离开的。至于孔子本人，却是要自己背一点小罪名而离开，不想随便离开。君子的所作所为，一般人本来是不知道的。"

第七章

孟子曰："五霸❶者，三王❷之罪人也；今之诸侯，五霸之罪人也；今之大夫，今之诸侯之罪人也。天子适诸侯曰巡狩，诸侯朝于天子曰述职。春省耕而补不足，秋省敛而助不给。入其疆，土地辟，田野治，养老尊贤，俊杰在位，则有庆。庆以地。入其疆，土地荒芜，遗老失贤，掊克❸在位，则有让。一不朝，则贬其爵；再不朝，则削其地；三不朝，则六师移之。是故天子讨而不伐，诸侯伐而不讨。五霸者，搂诸侯以伐诸侯者也，故曰，五霸者，三王之罪人也。五霸，桓公为盛。葵丘❹之会，诸侯束牲❺载书❻而不歃血❼。初命曰，诛不孝，无易树子，无以妾为妻。再命曰，尊贤育才，以彰有德。三命曰，敬老慈幼，无忘宾旅。四命曰，士无世官，官事无摄，取士必得，无专杀大夫。五命曰，无曲防，无遏籴❽，无有封而不告。曰，凡我同盟之人，既盟之后，言归于好。今之诸侯皆犯此五禁，故曰，今之诸侯，五霸之罪人也。长君之恶其罪小，逢君之恶其罪大。今之大夫皆逢君之恶，故曰，今之大夫，今之诸侯之罪人也。"

注释

❶ 五霸：指春秋时代先后称霸的五个诸侯：齐桓公、晋文公、秦穆公、宋襄王、楚庄王。

❷ 三王：夏禹、商汤、周文王武王。

❸ 掊（póu）克：在这里指聚敛、搜刮的意思。

❹ 葵丘：春秋时地名，在今河南考城东。

❺ 束牲：牲，指祭祀用的家畜。古代定盟多用牺牲，或杀，或不杀，因此说"束牲"。

❻ 载书：载，动词，加。书，指盟辞。

❼ 歃（shà）血：结盟时的一种仪式，表示诚意，称为歃血。

❽ 遏籴（dí）：禁止购买谷米。

解读

孟子说："五霸，是三王的罪人；现在的诸侯，又是五霸的罪人；现在的大夫，又是现在诸侯的罪人。天子巡行诸侯的国家叫作巡狩，诸侯朝见天子叫作述职。天子春天考察耕种而补助困难的人，秋天考察收获而救济粮食不够的人。到了某国的疆域，如果土地已经开垦，田里工作也做得很好，并且赡养老人，尊敬贤者，出色的人才在朝廷，就给予赏赐。赏赐用土地。到了某国的疆域，如果土地荒芜，遗弃老人，贤者不被任用，搜刮钱财的人在朝廷，就给予责罚。诸侯一次不朝，就降低他的爵位；两次不朝，就削减土地；三次不朝，就兴师问罪。因此天子使用武力是'讨'，不是'伐'；诸侯则是'伐'，不是'讨'。五霸，是胁迫一些诸侯去攻伐另一些诸侯的国君，所以说，五霸是三王的罪人。五霸之中，齐桓公势力最大。在葵丘的一次会盟中，诸侯捆绑牺牲，把盟约放在它身上，没有歃血。第一条盟约说：诛不孝的人，不废立太子，不立妾为妻；第二条盟约说：尊敬贤者，培养人才，来表彰有德者；第三条盟约说：恭敬老人，疼爱幼小，不怠慢宾客和旅客；第四条盟约说：士人的官职不世袭，公职有所封赏而不报告盟主。还规定，凡是参与盟会的人从订立盟约以后，完全恢复旧日的友好。今天的诸侯都违反了这五条禁令，因此说，今天的诸侯是五霸的罪人。助长君主的恶行，罪过还较小；逢迎君主的恶行，罪过就大了。今天的大夫，都逢迎君主的恶行，所以说，今天的大夫又是今天的诸侯的罪人。"

第八章

鲁欲使慎子❶为将军。孟子曰："不教民而用之，谓之殃民。殃民者，不容于尧、舜之世。一战胜齐，遂有南阳❷，然且不可。"

慎子勃然不悦曰："此则滑釐所不识也。"

曰："吾明告子。天子之地方千里；不千里，不足以待诸侯。诸侯之地方百里；不百里，不足以守宗庙之典籍❸。周公之封于鲁，为方百里也；地非不足，而俭于百里❹。太公之封于齐也，亦为方百里也；地非不足也，而俭于百里。今鲁方百里者五，子以为有王者作，则鲁在所损乎，在所益乎？徒取诸彼以与此，然且仁者不为，况于杀人以求之乎？君子之事君也，务引其君以当道，志于仁而已。"

注释

❶ 慎子：名滑釐，善于用兵。

| 孟 子

❷ 遂有南阳：在这里指夺取了南阳。
❸ 典籍：在这里指的是重要文册。
❹ 俭于百里：此处意为仅有百里，朱熹《集注》云："其封不过百里。"

解读

鲁国想让慎子做将军。孟子说："不先教化百姓便派他们去打仗，这叫加害于百姓。加害于百姓的人，在尧、舜时代是不被容许的。即便只打一次仗就击败了齐国，得到了南阳，这样也不可以。"

慎子脸色突变，很不高兴地说："这是我所不了解的了。"

孟子说："我明白地告诉你吧。天子的土地方圆一千里；如果不够一千里，便不足够接待诸侯。诸侯的土地方圆一百里；如果不到一百里，就不足够奉守宗庙的礼法制度。周公被封于鲁，应是方圆百里的；并不是土地不够，但实际上少于百里。太公被封于齐，也应是方圆百里的；并不是土地不够，但实际少于百里。现在鲁国的土地是方圆百里的五倍，你以为假如有贤明之君兴起，鲁国的领土是减少呢，还是增加呢？即使不使用武力，去把那国的土地给予这国，仁人尚且不屑一干，何况是用战争来获得土地呢？君子侍奉君王，务必要引导他趋向正路，有志于仁才是。"

第九章

孟子曰："今之事君者皆曰：'我能为君辟土地，充府库。'今之所谓良臣，古之所谓民贼也。君不乡❶道，不志于仁，而求富之，是富桀也。'我能为君约与国❷，战必克。'今之所谓良臣，古之所谓民贼也。君不乡道，不志于仁，而求为之强战，是辅桀也。由今之道，无变今之俗，虽与之天下，不能一朝居也。"

注释

① 乡：同"向"，趋向，追求。
② 约与国：邀约交好周围的国家。

解读

孟子说："现在那些侍奉君主的人都说：'我能为君主您开辟土地，充实府库。'现在所说的好臣子，正是古代所说的害民之贼啊。君主不向往道德，不以行仁作为追求，做臣子的还要谋求让他富足，这等于是让夏桀富足。现在那些侍奉君主的人还说：'我能替君主您邀约交好周围的国家，每战必胜。'现在所说的好臣子，正是古代所说的害民之贼啊。君主不向往道德，不以行仁作为追求，做臣子的还要求为他拼命作战，这等于是在帮夏桀打仗。沿着现在这条路走下去，不改变现在的这种风气，即使把天下给了他，他是一天也坐不稳的。"

第十章

白圭①曰："吾欲二十而取一，何如？"

孟子曰："子之道，貉②道也。万室之国，一人陶，则可乎？"

曰："不可，器不足用也。"

曰："夫貉，五谷不生，惟黍生之。无城郭、宫室、宗庙、祭祀之礼，无诸侯币帛饔飧③，无百官有司，故二十取一而足也。今居中

孟 子

国，去人伦，无君子，如之何其可也？陶以寡，且不可以为国，况无君子乎？欲轻之于尧、舜之道者，大貉小貉也；欲重之于尧、舜之道者，大桀、小桀也。"

注释

① 白圭：人名，姓白，名丹，字圭，曾任魏相。
② 貉：同"貊"，北方的一个小国名。
③ 饔飧（yōng sūn）：这里指以饮食宴请宾客。

解读

白圭说："我打算实行二十取一的税率，怎么样呢？"

孟子说："你的这个办法是貉国的办法。在一个有一万户人的国家，只有一个人制作陶器，那可以吗？"白圭说："不行，陶器会不够用的。"

孟子说："在貉国，各种粮食不能生长，只有黍能生长。那里没有城墙、宫室、宗庙和祭祀的礼仪，没有诸侯之间赠送礼品、宴饮款客之类的礼节，没有各种官员和行政机构，所以二十抽一的税率也就足够了。而现在你住在中原地区，却要抛弃社会的伦常礼仪，废除各种官吏，这怎么能行呢？制作陶器的工匠少了，尚且不能搞好国家，何况没有各种官吏呢？如果想使税率比尧、舜的十取一的税率还低的，那就是像貉那样的国家；想使税率比尧、舜的十取一的税率还高的，那就是像桀那样的暴君。"

第十一章

白圭曰："丹之治水也愈① 于禹。"

告子下

孟子曰："子过矣。禹之治水，水之道也，是故禹以四海为壑。今吾子以邻国为壑❷。水逆行谓之洚水，洚水者，洪水也，仁人之所恶也。吾子过矣。"

注释

❶愈：在这里是较好、胜过的意思。
❷以邻国为壑：使水流注邻国。壑，水沟。

解读

白圭说："我治理水患比大禹强。"
孟子说："你错了。大禹治水，是顺应水的本性而行事，所以禹使水流注四海。现在你是使水流注邻国。水逆流而行叫洚水。洚水就是洪水，是有仁爱之心的人所厌恶的。你错了啊。"

第十二章

孟子曰："君子不亮❶，恶乎执❷？"

注释

❶亮：在这里是诚信的意思。
❷执：在这里是坚持、操守的意思。

解读

孟子说："君子不讲诚实信用，哪能还有操守呢？"

孟 子

第十三章

鲁欲使乐正子为政。孟子曰:"吾闻之,喜而不寐。"

公孙丑曰:"乐正子强乎?"

曰:"否。"

"有知虑①乎?"

曰:"否。"

"多闻识②乎?"

曰:"否。"

"然则奚为喜而不寐?"

曰:"其为人也好善。"

"好善③足乎?"

曰:"好善优于天下④,而况鲁国乎?夫苟好善,则四海之内皆将轻千里而来告之以善;夫苟不好善,则人将曰:'訑訑⑤,予既已知之矣。'訑訑之声音颜色,距人于千里之外。士止于千里之外,则谗谄面谀之人至矣。与谗谄⑥面谀⑦之人居,国欲治,可得乎?"

> **注释**
>
> ① 知虑:智慧谋略。知,通"智",聪明。
> ② 多闻识:在这里是见多识广的意思。
> ③ 好善:在这里是指喜欢听取善言。
> ④ 优于天下:是指治理天下都绰绰有余。
> ⑤ 訑訑(yí):洋洋自得、沾沾自喜的样子。

⑥ 谗谄：在这里是指同进谗言。
⑦ 面谀：在这里是拍马屁的意思。

解读

鲁国准备让乐正子治理国政。孟子说："我听说了这事，高兴得不能入睡。"

公孙丑问道："乐正子能力很强吗？"

回答说："不是。"

"有智慧有谋略吗？"

回答说："不是。"

"见多识广吗？"

回答说："不是。"

"那你又为什么高兴得不能入睡呢？"

回答说："他为人喜欢听取善言。"

"喜欢听取善言就足以治国了吗？"

孟子回答说："喜欢听取善言，那么治理天下都绰绰有余，何况仅一个鲁国呢！如果喜欢听取善言，那么天下的人都将不远千里而来把有益的意见告诉他。如果不喜欢听取善言，那有人就会模仿他的腔调说：'嗯嗯，我早就知道了。'这嗯嗯的声音和脸色，就会把人们拒之于千里之外。才能之士在千里之外止步不前，那么进谗言拍马屁的人就乘机而来了。同进谗言拍马屁的人相处共事，想把国家治理好，能做得到吗？"

第十四章

陈子①曰："古之君子何如则仕？"

孟子

孟子曰："所就三，所去②三。迎之致敬以有礼；言，将行其言也，则就之。礼貌未衰，言弗行也，则去之。其次，虽未行其言也，迎之致敬以有礼，则就之。礼貌衰，则去之。其下，朝不食，夕不食，饥饿不能出门户，君闻之，曰：'吾大者不能行其道，又不能从其言也，使饥饿于我土地，吾耻之。'周之。亦可受也，免死而已矣。"

注释

① 陈子：即陈臻，孟子的一个弟子。
② 去：在这里是离任，辞官的意思。

解读

陈子说："古代的君子怎样才去做官呢？"

孟子说："就任官职有三种情况，离任也有三种情况。国君有礼貌、恭敬地前往迎接，说的话国君又打算实行，便就任；国君的礼貌虽未衰减，但对说的话已不实行了，便离任。其次，虽然没有实行他说的话，国君还是很有礼貌、很恭敬地来迎接，也便就任；礼貌衰减了，便离任。最下等的是，早晨没有吃的，傍晚也没有吃的，饿得不能走出家门，君主知道了，说：'我大的方面不能实行其见解，又不听从他的话，致使他在我国土地上饿着肚子，我引为耻辱。'于是接济他，这也可以接受，只是免于死亡罢了。"

第十五章

孟子曰："舜发于畎亩①之中，傅说②举于版筑之间，胶鬲③举于

告子下

鱼盐之中,管夷吾❹举于士,孙叔敖举于海,百里奚举于市。故天将降大任于斯人也,必先苦其心志,劳其筋骨,饿其体肤,空乏其身,行拂乱其所为,所以动心忍性,曾益其所不能。人恒过,然后能改;困于心,衡于虑,而后作;征于色,发于声,而后喻。入则无法家拂士,出则无敌国外患者,国恒亡。然后知生于忧患而死于安乐也。"

注释

❶ 畎亩:田间,庄稼地。
❷ 傅说:人名,原在为人筑墙,殷王武丁访寻他,用为宰相。
❸ 胶鬲:人名,周文王把他举荐给纣,后来他又辅佐周武王。
❹ 管夷吾:即管仲,春秋时齐国著名的政治家、思想家。

解读

孟子说:"舜从田野地里兴起,傅说从筑墙的工匠中被举用,胶鬲从鱼盐行业中被举用,管夷吾从牢狱中被举用,孙叔敖从海滨被举用,百里奚从交易场所被举用。由此可见天若要把重任交给某个人,一定先要磨炼他的意志,使他的筋骨辛苦劳累,使他的肠胃忍饥挨饿,使他身受穷困,使他做事总是受挫折遭打击,这样可以震撼他的心灵,坚韧他的性格,增长他的才干。人经常犯错误,经过犯错误才能认识改正;心意困苦,思虑艰难,才能奋发有为;表现在脸色上,流露于言谈中,然后才被人了解。一个国家内部没有坚持法制的大臣和胜任辅佐的贤士,外部没有势均力敌的邻国和外患的侵扰的话,这样的国家总是容易衰亡。这样才能够知道人可以在忧思祸患中成长,也可以在安逸享乐中灭亡的道理。"

| 孟 子

第十六章

孟子曰:"教亦多术①矣,予不屑②之教诲也者,是亦教诲之而已矣。"

注释

① 术:在这里是方式、方法的意思。
② 不屑:在这里是不愿意的意思。

解读

孟子说:"教育也有很多的方式,我不愿对他进行教诲,这也是触发他,教诲他的一种方式。"

尽心上

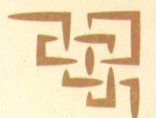

  本篇第一章孟子讲的是"安身立命"的方法。孟子说："充分运用心灵思考的人，是知道人的本性的人。知道人的本性，就知道天命。保持心灵的思考，涵养本性，这就是对待天命的方法。无论短命还是长寿，都一心一意地修身以等待天命，这就是安身立命的方法。"

  在这里，孟子谈天命，谈人的本性，没有消极、被动的神秘色彩，而是充满了积极、主动的个体精神。对待天命，不过是保持心灵的思考，涵养人之所以为人的本性罢了；所谓安身立命，也不过是一心一意地进行自身修养而已。用我们今天的话来说，就是要加强知识学习和思想修养，充实自己的心灵。

  所以，不要做悠悠天地中的匆匆过客，东奔西走，北觅南寻，"芒鞋踏破岭头云"。其结果，往往是占有外物越多，内心越空虚，最终成为一个徒具外形，为外物所役的臭皮囊。相反，只要你保持心灵的思考，涵养本性，顺受天命，身体自然就会有着落，精神自然就会有寄托，生命之春就会永远在你的把持之中。

  接下来仍然是孟子对命运的阐述。孟子说："一切都是命运，顺它就承受正常的命运。所以知道命运的人不站在危险的墙下。尽力行道而死的人，所承受的是正常的命运；犯罪受刑而死的人，承受的是非正常的命运。"

  这段话，孟子的立足点是在"顺受其正"上，顺理而行，顺应命运，也就承受正常的命运，反之则承受非正常命运。

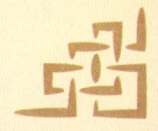

孟 子

第一章

孟子曰:"尽其心❶者,知其性❷也。知其性,则知天矣。存其心,养其性,所以事天也。夭寿不贰❸,修身以俟之,所以立命也。"

注释

❶ 尽其心:尽,穷尽。引申为完全掌握。心,指人所固有的善良本心。

❷ 性:由善良本心扩充而成的仁、义、礼、智四种善性。

❸ 夭寿不贰:夭,夭折,指未成年便死去。寿,长寿。贰,怀疑。

解读

孟子说:"完全掌握自己的本心,就是懂得了人的本性。懂得了人的本性,就懂得了天命。保持人的本心,培养人的本性,这就是侍奉上天。不论短命还是长寿,我只是培养身心,等待天命,这就是安身立命的方法。"

第二章

孟子曰:"莫非命也,顺❶受其正;是故知命者不立乎岩墙❷之下。尽其道而死者，正命也；桎梏死者，非正命也。"

注释

❶ 顺：在这里是指顺理去做事情。
❷ 岩墙：在这里是指就要倾塌的墙。

解读

孟子说："无一不是命运，只要顺理去做，所接受的就是正命；所以了解命运的人，不站在有倒塌可能的墙壁之下。尽力行道而死的人，所接受的是正命；被刑罚而死的人，所接受的就不是正命。"

第三章

孟子曰："求❶则得之，舍❷则失之，是求有益于得也，求在我者也。求之有道，得之有命，是求无益于得也，求在外者也。"

注释

❶ 求：在这里是探索、探求的意思。
❷ 舍：在这里是放弃的意思。

解读

孟子说："有些东西，探索就能得到，放弃，就会失掉，这样的探求有益于收获，因为所探索的对象就存在于我本身之内。探索有一定的办法，能否得到却要听从命运，这种探求无益于收获，因为所探索的对象在我本身之外。"

孟 子

第四章

孟子曰："万物皆备于我矣。反身❶而诚❷，乐莫大焉。强恕❸而行，求仁莫近焉。"

注释

❶ 反身：在这里是反省自己的意思。
❷ 诚：在这里是忠诚、老实的意思。
❸ 恕：在这里是宽容、宽恕的意思。

解读

孟子说："一切我都具备了。反省自己，如果自己是忠诚老实的，就是极大的快乐。能努力地用推己及人的'恕道'去做，就是达到仁德的最好捷径了。"

第五章

孟子曰："行之而不著❶焉，习❷矣而不察焉，终身由之而不知其道者，众❸也。"

注释

❶ 著：在这里是明白、了解的意思。

❷ 习：在这里是习惯的意思。
❸ 众：即众庶的意思，指一般人。

解读

孟子说："只知道去做，却不明白它的道理，习惯了但不知道它的原因。一生都在走这条路，却不了解是条什么路，一般人都是这样。"

第六章

孟子曰："人不可以无耻❶。无耻之耻，无耻矣。"

注释

❶ 耻：在这里是羞耻之心的意思。

解读

孟子说："人不可以没有羞耻之心，没有羞耻之心的那种羞耻，真的是不知羞耻啊。"

第七章

孟子曰："耻之于人大矣。为机变❶之巧者，无所用耻焉。不耻❷不若人，何若人有？"

孟 子

注释

① 机变：奸诈，耍弄谋权。
② 耻：在这里是以……为耻的意思。

解读

孟子说："羞耻对于人来说至关重要，耍弄谋权奸诈的人，没有地方用得着羞耻。不以赶不上别人作为羞耻，怎么能赶上别人呢？"

第八章

孟子曰："古之贤王①好善②而忘势，古之贤士何独不然？乐其道③而忘人之势，故王公不致敬尽礼，则不得亟见之。见且由不得亟，而况得而臣之乎？"

注释

① 贤王：在这里指的是贤德的君王。
② 好善：在这里是喜欢行善的意思。
③ 乐其道：乐于走自己的路。

解读

孟子说："古代那些贤德的君王，由于喜欢行善而忘记了自己的权势；古代那些贤士又何尝不是这样呢？乐于走自己的路而忘了别人的权势，所以王公们对他不能恭敬尽礼，就不能多次和他们相见。连相见的次数都不能多，更何况要他做臣下呢？"

第九章

孟子谓宋勾践曰："子好游①乎？吾语子游。人知之，亦嚣嚣②；人不知，亦嚣嚣。"

曰："何如斯可以嚣嚣矣？"

曰："尊德乐义，则可以嚣嚣矣。故士穷不失义，达不离道。穷不失义，故士得己③焉；达不离道，故民不失望焉。古之人，得志，泽加于民；不得志，修身见于世。穷则独善其身，达则兼善天下。"

注释

① 游：在这里是游说的意思。
② 嚣嚣（xiāo）：自得的样子。
③ 得己：在这里是自得的意思。

解读

孟子对宋勾践说："你喜欢四处游说吗？我告诉你关于游说的事情。别人理解你，就自得其乐；别人不理解你，你也要自得其乐。"

宋勾践说："怎么样做才能算得上是自得其乐呢？"

孟子回答说："尊崇德，喜爱义，就可以自得其乐了。因此，士在穷困潦倒时，不要失掉义；在顺利得意时，不要离开道。穷困潦倒时不失掉义，所以能自得其乐；顺利得意时不失掉义，所以百姓不致失望。古代的人，得志时，能把恩惠施给百姓；不得志时，就努力修养自身，并以此来表现于世人。穷困就独善其身，得意就兼善天下。"

| 孟 子

第十章

孟子曰："待文王而后兴者，凡民①也。若夫豪杰之士，虽无文王犹兴②。"

注释

① 凡民：指的是一般的老百姓。
② 兴：在这里是奋发、奋起的意思。

解读

孟子说："等待周文王出现以后再奋起的，是一般的老百姓。至于豪杰一类的人才，即使没有周文王，也照样能奋起。"

第十一章

孟子曰："附之以韩、魏之家①，如其自视欿②然，则过人远矣。"

注释

① 韩、魏之家：指春秋末期晋国六卿中的韩魏两家。
② 欿（kǎn）："坎"的假借字，仍不自满。

解读

孟子说:"如果用韩、魏两家大臣的财富来充实他,他仍不自满,那么,他就远远超出一般人了。"

第十二章

孟子曰:"以佚道①使民,虽劳不怨②。以生道杀民,虽死不怨杀者。"

注释

① 佚道:在这里是指长久安逸的道理。
② 怨:怨恨、埋怨的意思。

解读

孟子说:"用求长久安逸的道理来役使百姓,百姓即使很劳苦也不怨恨。用求众生生存的道理杀人,那人虽然被杀,却不怨恨杀他的人。"

第十三章

孟子曰:"霸者之民,驩虞①如也;王者之民,皞皞②如也。杀之而不怨,利之而不庸③,民日迁善而不知为之者。夫君子所过者化,所存者神,上下与天地同流,岂曰小补之哉?"

孟 子

注释

① 驩虞：欢乐兴奋的意思。驩，通"欢"。
② 皞皞（hào）：在这里是舒畅、自得的意思。
③ 庸：在这里是酬功、酬谢的意思。

解读

孟子说："霸主的百姓，欢乐兴奋；圣王的百姓，舒畅自得。百姓被杀了，也不怨恨；得到利益，也不认为是酬劳。百姓天天都向好的方向发展，却不知道是谁在使他们这样做。圣人经过的地方，百姓受到感化；他保持的灵通，上通天，下达地，和天地相合，难道可以说这是小小的补益吗？"

第十四章

孟子曰："仁言①不如仁声②之入人深也，善政不如善教之得民也。善政，民畏之；善教，民爱之。善政得民财，善教得民心。"

注释

① 仁言：在这里是指仁德的话语。
② 仁声：在这里是指仁者的声望。

解读

孟子说："仁德的话语，不如仁德的声望更深入人心；良好的政治，不如良好的教育更得民心。政治好，百姓怕它；教育好，百姓爱它。好的政治能取得百姓的财富，好的教育能获得百姓的心。"

第十五章

孟子曰："人之所不学而能者，其良能❶也；所不虑而知者，其良知也。孩提❷之童无不知爱其亲者，及其长也，无不知敬其兄也。亲亲，仁也；敬长，义也；无他，达❸之天下也。"

注释

❶ 良能：在这里是本能的意思。
❷ 孩提：二岁到三岁的儿童。即幼儿时期的孩子。
❸ 达：在这里是通行的意思。

解读

孟子说："人不用学就能做到的，这是本能，不用思虑就会知道的，这是良知。两三岁的儿童没有不爱他父母的，等长大以后，没有不知道尊敬哥哥的。爱父母，是仁；尊敬哥哥，是义，没别的原因，因为仁义是通行天下的。"

第十六章

孟子曰："舜之居深山之中，与木石居，与鹿豕❶游，其所以异于深山之野人者几希。及其闻一善言，见一善行，若决江河，沛然莫之能

孟 子

御❷也。"

注释

❶ 豕（shǐ）：在这里指的是野猪。
❷ 御：在这里是抵挡、阻止的意思。

解读

孟子说："舜住在深山之中，和树木山石相处，和鹿、猪同游，他和山里人没什么区别；但是等到他听到一句善言，看到一件善行，便采用推行，这种力量就像江河决了口，哗哗地没有人能阻止得住。"

第十七章

孟子曰："无为其所不为❶，无欲其所不欲❷，如此而已矣。"

注释

① 不为：在这里是指不愿意做的事。
② 不欲：在这里是指不愿意要的东西。

解读

孟子说："不做我不愿意做的事，不要我不愿意要的东西。做到这种地步就可以了。"

第十八章

孟子曰："人之有德、慧、术、知①者，恒存乎疢疾②。独孤臣孽子③，其操心也危，其虑患也深，故达。"

注释

① 德、慧、术、知：道德、智慧、技术、知识。
② 疢（chèn）疾：在这里是忧患的意思。
③ 孤臣孽子：孤臣，受疏远的臣；孽子，非嫡妻所生之子。

解读

孟子说："人之所以有道德、智慧、技术、知识，是由于常有忧患。只有那些远臣、庶子，他们常常感到危险而时时警惕，对祸患考虑得深远，因此而通达事理。"

第十九章

孟子曰："有事君人者，事是君则为容悦❶者也；有安社稷臣者，以安社稷为悦者也；有天民者，达可行于天下而后行之者也；有大人❷者，正己而物正者也。"

注释

❶ 容悦：在这里是指讨君主欢喜。
❷ 大人：在这里是圣人的意思。

解读

孟子说："有侍奉君王的人，那是侍奉这个君王专门讨好取宠的人；有安定国家的臣子，那是以安定国家为欢乐的人；有天民，那是他的道能行于天下时然后去实行的人；有大人，那是先端正自己而外物便随着端正了的人。"

第二十章

孟子曰："君子有三乐，而王天下不与存焉。父母俱存，兄弟无故❶，一乐也；仰不愧于天，俯不怍❷于人，二乐也；得天下英才而教育之，三乐也。君子有三乐，而王天下不与存焉。"

注释

① 故：在这里是事故，灾祸的意思。
② 怍（zuò）：在这里是惭愧的意思。

解读

孟子说："君子有三种乐趣，但是统治天下并不在其中。父母都健在，兄弟无灾患，这是第一种乐趣；上无愧于天，下无愧于人，这是第二种乐趣；得到天下的优秀人才并对他们进行教育，这是第三种乐趣。君子有三种乐趣，但是统治天下并不在其中。"

第二十一章

孟子曰："广土众民，君子欲之，所乐不存焉；中天下而立①，定四海之民，君子乐之，所性不存焉。君子所性，虽大行②不加焉，虽穷居不损焉，分定故也。君子所性，仁义礼智根于心，其生色也睟然③，见于面，盎④于背，施于四体，四体不言而喻。"

注释

① 中天下而立：居于天下的中央，即统一天下的意思。
② 大行：指理想、抱负行于天下。
③ 睟（suì）然：神色温和润泽的样子。
④ 盎：盛大流行的样子。引申为显现，显露。

解读

孟子说："广阔的土地，众多的人民，君子是想得到的，但他的快乐不在这方面；站立在天下的中央，安定普天下的百姓，君子对此感到快乐，但他的本性不在这方面。君子的本性，即使他的理想完全实现了，也不会因此而有所增加，即使窘困隐居，也不会因此而有所减少，这是由于本分已经确定的缘故。君子的本性，仁义礼智植根在心中，它们产生的气色是纯正和润的，显现在脸上，充满在体内，延伸到四肢。四肢不必等他的吩咐，便明白该怎样做了。"

第二十二章

孟子曰："伯夷辟纣，居北海之滨，闻文王作，兴曰：'盍归乎来，吾闻西伯善养老者。'太公辟纣，居东海之滨，闻文王作，兴曰：'盍归乎来，吾闻西伯善养老者。'天下有善养老，则仁人以为己归矣。五亩之宅，树墙下以桑，匹妇蚕之，则老者足以衣帛矣。五母鸡，二母彘，无失其时，老者足以无失肉矣。百亩之田，匹夫耕之，八口之家足以无饥矣。所谓西伯善养老者，制其田里①，教之树畜②，导其妻子使养其老。五十非帛不暖，七十非肉不饱。不暖不饱，谓之冻馁。文王之民无冻馁③之老者，此之谓也。"

注释

① 田里：指的是田亩和住宅。
② 树畜：指的是栽树和牧养牲畜。
③ 冻馁（něi）：寒冷饥饿，受冻挨饿。

解读

孟子说："伯夷躲避纣王，住在北海边，听说文王兴起，便说：'何不归附西伯呢！我听说西伯善于奉养老人。'姜太公躲避纣王，住在东海边，听说文王兴起，便说：'何不归附西伯呢！我听说他善于奉养老人。'天下有善于奉养老人的人，那仁人便把他当成是自己的依靠了。五亩地的房屋，在墙边栽种桑树，妇女养蚕缫丝，老年人便有足够的丝帛穿了。五只母鸡，二只母猪，加以饲养，使它们适时繁殖，老年人便有足够的肉吃了。百亩的土地，男子去耕种，八口人的家庭足够吃饱了。所谓西伯善于奉养老人，就在于他制定土地制度，教育人民栽种和畜牧，引导百姓奉养他们的老人。五十岁，没有丝帛便穿不暖；七十岁，没有肉食便吃不饱。穿不暖、吃不饱，叫挨冻受饿。在文王的百姓中，没有挨冻受饿的老人，就是这个意思。"

第二十三章

孟子曰："易其田畴①，薄其税敛，民可使富也。食之以时，用之以礼，财不可胜用也。民非水火不生活，昏暮②叩人之门户求水火，无弗与者，至足矣。圣人治天下，使有菽③粟如水火。菽粟如水火，而民焉有不仁者乎？"

注释

① 易其田畴：易，整治，耕种；田畴，田地。
② 昏暮：黄昏，傍晚的意思。
③ 菽（shū）粟：在这里泛指粮食。

解读

孟子说："治理好田亩，减轻税收，就可以使百姓富足起来。如果按

孟 子

时食用，依礼消费，财物是用不完的。百姓离开水和火就不能生活，晚上敲别人家的门来要水和火，没有不给的，为什么呢？这是因为水和火很多的缘故。圣人治理天下，要使粮食多如水火。粮食像水和火一样多，百姓哪能不仁爱呢？"

第二十四章

孟子曰："孔子登东山①而小鲁，登泰山而小天下，故观于海者难为水，游于圣人之门者难为言。观水有术，必观其澜②。日月有明，容光③必照焉。流水之为物也，不盈科不行；君子之志于道也，不成章④不达。"

注释

① 东山：即蒙山，在今山东蒙阴南。
② 澜：在这里是指汹涌的波涛。
③ 容光：是指容纳光线的缝隙。
④ 成章：在这里是成就的意思。

解读

孟子说："孔子登上了东山，就觉得鲁国太小了；登上了泰山，就觉得天下也不算大了。所以，对于见到过海洋的人，别的水就很难被他看得起了；对于曾在圣人门下学习过的人，一般的议论就很难被他看重了。看水有方法，一定要看它的汹涌的波涛。日月都能发出光辉，哪怕一个小缝隙也一定能照到。流水这东西，不把坑洼灌满不继续向前流；君子立志行道，没有一定的成就，就不能通行。"

第二十五章

孟子曰："闻鸣而起，孳孳❶为善者，舜之徒也；闻鸣而起，孳孳为利者，蹠❷之徒也。欲知舜与蹠之分，无他，利与善之间❸也。"

注释

❶ 孳孳（zī）：勤勉劳作的样子。

❷ 蹠（zhí）：也作"跖"，相传为柳下惠的弟弟，春秋时期的大盗。

❸ 间（jiàn）：在这里是区别，差异的意思。

解读

孟子说："鸡叫就起床，拼尽全力去行善的人，一定是舜一类的人物；鸡一叫就起床，努力求利的人，一定是蹠一类的人。要明白舜和蹠的差别，其实没什么分别，只是善和利的不同罢了。"

第二十六章

孟子曰："杨子取为我❶，拔一毛而利天下，不为也。墨子兼爱，摩顶放踵❷利天下，为之。子莫❸执中；执中为近之。执中无权，犹执一也。所恶执一者，为其贼道也，举一而废百也。"

孟 子

注释

① 杨子取为我：杨子主张为我。取，主张。
② 摩顶放踵：从头顶到脚跟全部磨损。
③ 子莫：战国时期的鲁国贤人。

解读

孟子说："杨子主张一切以自我为中心，拔一根汗毛而有利于天下的事情，他都不肯干。墨子主张兼爱，从头顶到脚跟全部磨损，只要对天下有利，他也肯干。子莫主张中道。能掌握中道，就离真理不远了。如果掌握了中道，但不懂得灵活变通，就和偏执没有区别了。为什么厌恶执着于这一点呢？因为它损害仁义之道，只抓住了一点而废弃了其余的缘故。"

第二十七章

孟子曰："饥者甘食，渴者甘饮，是未得饮食之正①也，饥渴害之也。岂惟口腹有饥渴之害？人心亦皆有害。人能无以②饥渴之害为心害，则不及人不为忧矣。"

注释

① 正：在这里是指食物的正常味道。
② 无以：在这里是使……不受的意思。

解读

孟子说："饥饿的人觉得任何食物都是美味，干渴的人觉得任何饮料都是甜的。他品尝不出饮食的正常味道，是因为受了饥渴的损害。难道只有口腹有饥渴这样的损害吗？人心也有类似的损害。如果人能使自己的心不受饥渴那样的损害，那么，就不用因为怕赶不上别人而忧虑了。"

第二十八章

孟子曰："柳下惠不以三公易其介❶。"

注释

❶ 介：在这里是操守、节操的意思。

解读

孟子说："柳下惠不因为让他做三公而改变自己的操守。"

第二十九章

孟子曰："有为者辟若掘井，掘井九轫❶而不及泉，犹为弃井❷也。"

注释

❶ 轫（rèn）：同"仞"，八尺为一仞。
❷ 弃井：弃，废弃。在这里是废井的意思。

孟 子

解读

孟子说:"做一件事就好比挖井,挖到七八丈深还不见泉水,那这口井就是一口废井了。"

第三十章

孟子曰:"尧舜,性❶之也;汤武,身❷之也;五霸,假之也。久假而不归,恶知其非有也?"

注释

❶ 性:在这里指的是本性,本质。
❷ 身:在这里用为动词,亲身体验的意思。

解读

孟子说:"尧舜行仁义,是出于本性,顺其自然;商汤和周武王是靠亲身去体验,努力推行;五霸就是假借仁义之名,来谋私利。不过,借的时间久了,总不归还,怎么就知道不会变为他所有了呢?"

第三十一章

公孙丑曰:"伊尹曰:'予不狎❶于不顺,放太甲于桐,民大悦。

太甲贤，又反之，民大悦。'贤者之为人臣也，其君不贤，则固可放❷与？"

孟子曰："有伊尹之志，则可；无伊尹之志，则篡也。"

注释

❶ 不狎（xiá）：不愿亲近。狎，亲昵而不庄重。
❷ 放：在这里是放逐的意思。

解读

公孙丑说："伊尹说过：'我不愿亲近违背道义的人，因此把太甲放逐到桐邑，百姓很高兴。太甲变好了，我又恢复了他的王位，百姓很高兴。'贤人作为臣下，君主不好，就可以放逐吗？"

孟子说："有伊尹那样的心迹，就可以；如果没有伊尹那样的心迹，就是篡夺了。"

第三十二章

公孙丑曰："《诗》曰：'不素餐❶兮。'君子之不耕而食，何也？"

孟子曰："君子居是国也，其君用之，则安富尊荣；其子弟❷从之，则孝悌忠信。'不素餐兮'，孰大于是？"

注释

❶ 不素餐：在这里指的是不白吃饭。

❷ 子弟：在这里是年轻人的意思。

解读

公孙丑说："《诗经》上说：'不白吃饭啊！'可是君子不种庄稼，也来吃饭，为什么呢？"

孟子说："君子住在某一国家，那君主任用他，国家就会安定、富足、尊贵、荣耀；年轻人听从他，就会孝父母、敬兄长、忠诚守信。'不白吃饭'，还有比这更好的吗？"

第三十三章

王子垫❶问曰："士何事？"

孟子曰："尚志❷。"

曰："何谓尚志？"

曰："仁义而已矣。杀一无罪非仁也，非其有而取之非义也。居恶在？仁是也；路恶在？义是也。居仁由义，大人之事备矣。"

注释

❶ 王子垫：人名，齐王之子，名垫。
❷ 尚志：在这里是志行高尚的意思。

解读

王子垫问："士都做些什么事？"

孟子回答说："士要使自己志行高尚。"

王子垫问:"怎样做才叫志行高尚?"

孟子回答说:"行仁义罢了。杀一个无罪的人,是不仁;不是自己所有,却拿过来,是不义。住在哪里呢?仁就是啊!路在哪里呢?义就是啊!住在仁的房子里,走在义的道路上,公卿们的工作就齐全了。"

第三十四章

孟子曰:"仲子❶,不义与之齐国而弗受,人皆信之,是舍箪食豆羹❷之义也。人莫大焉亡亲戚君臣上下。以其小者信其大者,奚可哉?"

注释

❶ 仲子:即陈仲子,齐国人。
❷ 箪食豆羹:一筐饭和一豆之羹。比喻微小。

解读

孟子说:"陈仲子,如果不合理地把齐国交给他,他一定不会接受,人人都相信他会如此;但是,这不过是舍弃一筐饭、一碗汤那样微小的义呀!人的罪过没有比丢弃父兄、君臣、上下再大的了。因为他有小节操,就相信了他的大节操,怎么可以呢?"

第三十五章

桃应❶问曰:"舜为天子,皋陶为士,瞽瞍杀人,则如之何?"

孟 子

孟子曰:"执之②而已矣。"

"然则舜不禁与?"

曰:"夫舜恶得而禁之?夫有所受之也。"

"然则舜如之何?"

曰:"舜视弃天下犹弃敝蹝③也。窃负而逃,遵海滨而处,终身䜣然④,乐而忘天下。"

注释

① 桃应:人名,孟子的一个弟子。
② 执之:在这里是把他抓起来的意思。
③ 敝蹝(xǐ):即敝屣,破旧的鞋。比喻没有价值的东西。
④ 䜣(xīn)然:高兴的样子。䜣,同"欣"。

解读

桃应问:"舜做天子,皋陶做法官,如果瞽瞍杀了人,那怎么办呢?"

孟子回答说:"把他抓起来罢了。"

桃应问:"那么,舜不会阻止吗?"

孟子回答:"舜怎么会阻止呢?逮捕他是有根据的。"

桃应又问:"那么,舜该怎么办呢?"

孟子回答说:"舜把抛弃天子之位看成是抛弃破鞋一样。偷偷地背着父亲逃走,沿海边住下来,一辈子逍遥快乐得很,把做过天子的事忘掉。"

第三十六章

孟子自范①之齐,望见齐王之子,喟然叹曰:"居移气,养移体,大哉居乎!夫非尽人之子与?"

孟子曰:"王子宫室、车马、衣服多与人同,而王子若彼者,其居使之然也;况居天下之广居者乎?鲁君之宋,呼于垤泽之门②。守者曰:'此非吾君也,何其声之似我君也?'此无他,居相似也。"

注释

① 范:齐国地名,其地在今河南范县东南。
② 垤(dié)泽之门:宋东城的南门。

孟 子

解读

孟子从范邑到齐国去,远远地看见了齐王的儿子,很感慨地说:"居住环境改变人的气质,奉养改变人的体质,所处的环境真是太重要了!他难道不也是做儿子的吗?"

孟子说:"王子的住房、车马、衣服多半跟别人的相同,而王子却是那样与众不同,是因为他居住的环境使他变得这样的;何况居住在'仁'这个天下最宽广的住所中的人呢?有一次鲁君到宋国去,在宋国的垤泽城门下吆喝,守门人议论说:'这个人不是我们的君主,为什么他的声音像我们的国君呢?'这没有别的原因,只不过是居住的环境相似罢了。"

第三十七章

孟子曰:"食❶而弗爱,豕交之也;爱而不敬,兽畜之也。恭敬者,币之未将❷者也。恭敬而无实,君子不可虚拘❸。"

注释

❶ 食(sì):拿东西给人吃。在这里是养的意思。
❷ 将:在这里是奉送的意思。
❸ 虚拘:在这里是指被虚假的礼仪束缚。

解读

孟子说:"养活他却不爱抚他,那就和养猪一样;爱抚而不恭敬,那就像畜养牲口一样。恭敬之心是礼物送上之前就该具有的。只有恭敬的形式,却没有诚心实意,君子不应该被虚假的礼仪束缚。"

尽心上

第三十八章

孟子曰："形色，天性❶也；惟圣人然后可以践形❷。"

注释

❶ 天性：在这里是天生的意思。
❷ 践形：古代哲学术语，体现人所天赋的品质。

解读

孟子说："形体容貌是天生的，只有成了圣人才能无愧于这一天赋。"

第三十九章

齐宣王欲短丧。公孙丑曰："为期之丧，犹愈于已乎？"

孟子曰："是犹或紾❶其兄之臂，子谓之姑徐徐云尔，亦❷教之孝悌而已矣。"

王子有其母死者，其傅为之请数月之丧。公孙丑曰："若此者何如也？"

曰："是欲终之而不可得也。虽加一日愈于已，谓夫莫之禁而弗为者也。"

孟　子

注释

① 紾（zhěn）：在这里是扭、拧的意思。
② 亦：在这里是仅仅、只的意思。

解读

齐宣王想缩短服丧的期限。公孙丑说："为父母服丧一年，总还比不服丧好吧？"

孟子说："这就像有人在扭他哥哥的胳膊，你却对他说暂且慢慢扭吧之类的话，能有什么用呢？你只要用孝顺父母、尊敬兄长的道理去教育他就行了。"

有个王子的生母死了，他的老师为他去请求君主，允许他服丧几个月。公孙丑问孟子道："像这样的事该怎样看？"

孟子说："这是想服丧三年而无法办到的缘故。即使多服丧一天也总比不服丧好，这是针对那些没有谁禁止他，而他自己不肯服丧的人说的。"

第四十章

孟子曰："君子之所以教者五：有如时雨化之者，有成德者，有达财①者，有答问者，有私淑艾②者。此五者，君子之所以教也。"

注释

① 达财：培养才能。财，同"才"。
② 私淑艾：是指取人之善以自治其身。

解读

孟子说:"君子教育的人方法有五种:有像及时雨滋润沾化的,有帮助养成品德的,有帮助发展才能的,有解答疑问的,有靠品德学问使人私下受到教诲的。这五种就是君子施行教育的方法。"

第四十一章

公孙丑曰:"道则高矣,美矣,宜若登天然,似不可及也。何不使彼为可几及而日孳孳也?"

孟子曰:"大匠不为拙工改废绳墨❶,羿不为拙射变其彀率❷。君子引而不发,跃如也。中道而立,能者从之。"

注释

❶ 绳墨:木工取直用的工具。
❷ 彀(gòu)率:弓张开的程度。

解读

公孙丑说:"道是很高,也很美好,但要学它,就像登天那样,似乎是不可能达到的。何不让它变得有希望达到从而使人每天不懈地追求它呢?"

孟子说:"高明的木匠不会因为笨拙的徒工而改变、废弃绳墨,羿不会因为笨拙的射手而改变弓张开的程度。君子教导别人,正如教人射箭,拉满了弓却不射出箭,只是跃跃欲试地做示范。君子站立在道的中间,有能力的人便会跟从他学。"

孟 子

第四十二章

孟子曰："天下有道，以道殉身❶；天下无道，以身殉道❷。未闻以道殉乎人❸者也。"

注释

❶ 以道殉身：是指道为自己所运用。
❷ 以身殉道：是指以死相从而不离道。
❸ 以道殉乎人：意思是把道歪曲，破坏以逢迎当世诸侯。

解读

孟子说："天下治理有道，道因此能被施行；天下治理无道，可以不惜为道献身。但是没听说过牺牲道去迎合别人的。"

第四十三章

公都子曰："滕更❶之在门也，若在所礼，而不答，何也？"
孟子曰："挟❷贵而问，挟贤而问，挟长而问，挟有勋劳而问，挟故而问，皆所不答也。滕更有二焉。"

> 注释

① 滕更：人名，滕国国君的弟弟，曾就学于孟子。
② 挟：在这里是倚仗的意思。

> 解读

公都子说："滕更在您门下学习时，似乎是属于要以礼相待的人，然而您却不回答他的发问，为什么呢？"

孟子说："倚仗地位来发问，倚仗自己的贤能来发问，倚仗自己年长来发问，倚仗有功劳来发问，倚仗老交情来发问，都是我不愿回答的。在这五方面中，滕更占了其中的两条。"

第四十四章

孟子曰："于不可已①而已者，无所不已。于所厚者薄，无所不薄也。其进锐②者，其退速。"

> 注释

① 已：在这里是停止、放弃的意思。
② 锐：在这里是急剧的意思。

> 解读

孟子说："对于不该放弃的事却放弃了，那就没有什么不可以放弃的了。对于该厚待的人却给予薄待，那就没有什么人不可薄待的了。进得太快的人，退得也快。"

孟 子

第四十五章

孟子曰："君子之于物也，爱之而弗仁❶；于民也，仁之而弗亲。亲亲❷而仁民，仁民而爱物。"

注释

❶ 弗仁：在这里是不实行仁政的意思。弗，不。
❷ 亲亲：在这里是亲近，非常亲爱的意思。

解读

孟子说："君子对于万物，爱惜却不实行仁政；对于百姓，施予仁德却不亲爱他。亲爱亲人进而把仁德施给百姓；把仁德施给百姓，进而爱惜万物。"

第四十六章

孟子曰："知者无不知也，当务之为急；仁者无不爱也，急亲贤之为务。尧舜之知而不遍物，急先务也；尧舜之仁不遍爱人，急亲贤也。不能三年之丧，而缌、小功❶之察；放饭流歠❷，而问无齿决❸，是之谓不知务。"

注释

① 缌、小功：丧服名。古代丧服分为斩衰、齐衰、大功、小功、缌麻五个等级，服丧期相应分为三年、一年、九个月、五个月、三个月五等。

② 放饭流歠（chuò）：放，大；歠，饮。意思是大口吃饭、大口喝汤。按礼的规定，在尊长面前这样吃喝，是大不敬的行为。

③ 齿决：此指用牙咬断干肉。在尊长面前这样做是不礼貌的。

解读

孟子说："聪明人本该无所不知，但总是急于知道眼前该做的事情；仁人本该无所不爱，但总是急于先爱亲人和贤人。尧舜的智慧不能遍知所有事物，是因为急于去做眼前的大事；尧舜的仁德不能遍爱所有的人，是因为急于先爱亲人和贤人。如果有人不实行三年的丧礼，却讲究缌麻、小功这类三五个月的丧礼；在尊长面前用餐，大吃大喝，却讲究不用牙齿咬断干肉这类小礼节，这就叫不懂轻重缓急。"

尽心下

孟子曰:"民为贵,社稷次之,君为轻。是故得乎丘民而为天子;得乎天子为诸侯;得乎诸侯为大夫。诸侯危社稷,则变置;牺牲既成,粢盛既洁,祭祀以时,然而旱干水溢,则变置社稷。"

本文选自《孟子·尽心下》,着重阐述了孟子的民本思想。民本思想是孟子仁政学说的理论基础,也是仁政学说的基本内容。民本思想是我国政治思想中的优秀传统。在孟子之前,人们已经有了一定的认识。如《尚书》中就有敬天保民的思想,认为"民为邦本,本固邦宁";《左传》也提出统治者应该"视民如子,见不仁者诛之"。

在孟子之后,儒家的另一位非常重要的代表人物荀子也曾将君与民的关系比做舟与水的关系,《荀子·王制》中说:"君者舟也,庶人者水也,水则载舟,水则覆舟。"在先秦思想家中,孟子的民本思想自有体系,本章是其民本思想体系的核心。

从结构上来看,文章开门见山,提出论点"民为贵,社稷次之,君为轻"。然后利用层递手法阐述天子、诸侯、大夫都必须得到人民的信任和拥护,否则就会被废旧立新。在用排除法,在国君、社稷和民众三者中,国君、社稷都可以被置换,只有民众在国家政治中不能变置。因而,得到结论——民众的地位是最重要的,与开头的论点相互印证,重申论点。

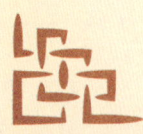

第一章

孟子曰："不仁哉，梁惠王也！仁者以其所爱，及其所不爱，不仁者以其所不爱，及其所爱。"

公孙丑问曰："何谓也？"

"梁惠王以土地之故，糜烂❶其民而战之，大败，将复之，恐不能胜，故驱其所爱子弟以殉之，是之谓以其所不爱及其所爱也。"

注释

❶ 糜烂：在这里是使……糜烂的意思。

解读

孟子说："梁惠王真是不仁道啊！仁人把他所喜爱的，推及他所不爱的人，不仁的人却把他所不喜爱的，推及他亲爱的人。"

公孙丑问道："这话是什么意思呢？"

"梁惠王因为争夺土地，驱使人民去作战，使他们骨肉糜烂。大败以后，还想再战，怕不能得胜，又驱使他所亲爱的子弟去死战。这叫作把他所不喜爱的，推及他亲爱的。"

第二章

孟子曰："春秋无义战❶。彼善于此，则有之矣。征者，上伐下

孟 子

也，敌国②不相征也。"

注释

① 义战：在这里是指正义的战争。
② 敌国：在这里是指实力和地位相当的诸侯国。

解读

孟子说："春秋时代没有正义的战争。那一次战争比这一次好一点的情况，还是有的。所谓征，是指天子讨伐诸侯，实力和地位相当的诸侯国是不能相互征讨的。"

第三章

孟子曰："尽信《书》①，则不如无《书》。吾于《武成》②，取

尽心下

二三策③而已矣。仁人无敌于天下，以至仁伐至不仁，而何其血之流杵④也？"

> 注释

❶《书》：在这里指的是《尚书》。
❷《武成》：《尚书》篇名，早已亡佚。
❸ 策：在这里是竹简的意思。
❹ 杵（chǔ）：一头粗一头细的圆木棒，用来在臼里捣粮食等或洗衣服时捶衣服。

> 解读

孟子说："完全相信《尚书》，不如没有《尚书》。我对于《尚书·武成》这一篇，就只取其中二三处罢了。仁人在天下是没有对手的，凭最仁的人去讨伐最不仁的人，怎么会使血流得把舂米的木棒都漂起来呢？"

第四章

孟子曰："有人曰：'我善为陈，我善为战。'大罪也。国君好仁，天下无敌焉。南面而征，北狄怨；东面而征，西夷怨，曰：'奚为后我？'武王之伐殷也，革车①三百两②，虎贲③三千人。王曰：'无畏！宁尔也，非敌百姓也。'若崩厥角④稽首。征之为言正也，各欲正己也，焉用战？"

> 注释

❶ 革车：在这里指的是兵车。

孟 子

②两：同"辆"，量词，用于车。
③虎贲（bēn）：古指勇士、武士。
④厥（jué）角：以额角叩地。厥，通"蹶"，顿，叩。角，额角。

解读

孟子说："有人说：'我善于布阵，我善于作战。'这是大罪过。国君喜好仁，就会天下无敌。商汤征讨南方，北方的狄人就抱怨；征讨东方，西方的夷人就抱怨，说：'为什么把我们放在后面？'周武王讨伐殷商，兵车三百辆，勇士三千人。武王说：'不要害怕！我是来使你们安定的，不是同你们为敌的。'百姓便都像山崩一样拜伏在地，顿首叩起头来。征的意思是正，各人都希望端正自己，哪里还用得着战争呢？"

第五章

孟子曰："梓匠轮舆①能与人规矩②，不能使人巧。"

注释

①梓匠轮舆：梓匠，木工；轮舆，制车轮和木箱的人。泛指有手艺的人。
②规矩：画圆形和方形的两种工具，比喻一定的标准、法则或习惯。

解读

孟子说："木匠和车匠能教给人圆规、曲尺的使用方法，却不能使人们像自己一样心灵手巧。"

尽心下

第六章

孟子曰："舜之饭糗茹草①也，若将终身焉；及其为天子也，被袗衣，鼓琴，二女果②，若固有之。"

注释

① 饭糗（qiǔ）茹草：饭、茹，吃；糗，干粮；草，指野菜。吃的是干粮、野菜。形容生活清苦。
② 果：通"婐"（wǒ），侍女，这里是侍候的意思。

解读

孟子说："舜在吃干粮咽野菜的时候，就像打算终身这么过日子似的。等到他做了天子后，穿着细葛布衣服，弹着琴，尧的两个女儿侍候的时候，又像本来就享有这种生活似的。"

第七章

孟子曰："吾今而后知杀人亲之重①也。杀人之父，人亦杀其父；杀人之兄，人亦杀其兄。然则非自杀之也，一间②耳。"

注释

① 重：在这里是严重、重要的意思。

② 间：在这里是一点点，相差无几的意思。

解读

孟子说："我现在才知道杀害别人亲人的严重性。杀了人家的父亲，人家也会杀他父亲；杀了人家的哥哥，人家也会杀他哥哥。虽然不是他自己杀了父亲和哥哥，但也相差无几了。"

第八章

孟子曰："古之为关①也，将以御暴；今之为关也，将以为暴②。"

注释

① 为关：在这里是设立关卡的意思。
② 为暴：在这里是施行残暴的意思。

解读

孟子说："古时候设立关卡，是要用它抵御残暴；而现在设立关卡，却是想用它来施行残暴。"

第九章

孟子曰："身不行道①，不行于妻子②；使人不以道，不能行于妻子。"

尽心下

> 注释

❶ 行道：在这里是指依道而行。
❷ 妻子：在这里指的是妻子和儿女。

> 解读

孟子说："自己不依道而行，那么他的妻子和儿女也实行不了；自己不按道去使唤人，那就连妻子儿女也使唤不了。"

第十章

孟子曰："周❶于利者凶年不能杀❷，周于德者邪世❸不能乱。"

> 注释

❶ 周：在这里是富足的意思。
❷ 杀：在这里是窘迫、贫乏的意思。
❸ 邪世：在这里是乱世的意思。

> 解读

孟子说："财物富足的人荒年都不能使他困窘，道德高尚的人乱世也不能使他迷乱。"

孟子

第十一章

孟子曰："好名之人①能让千乘之国。苟非其人，箪食、豆羹见②于色。"

注释

① 好名之人：在这里是指注重名声的人。
② 见（xiàn）：通"现"，表现的意思。

解读

孟子说："爱名声的人，能够把有着千乘的大国让给别人。如果不是能够让他有好名声的人，哪怕是让出一小筐饭、一碗汤，他的脸色也会显出不高兴。"

第十二章

孟子曰："不信仁贤①，则国空虚；无礼义，则上下②乱；无政事，则财用不足。"

注释

① 仁贤：在这里是指拥有仁心的贤士。

❷ 上下：在这里是指尊卑关系。

解读

孟子说："不信任仁人贤士，国家实力就会空虚；没有礼义，上下等级关系就会混乱；不施行政事，国家财用就会不足。"

第十三章

孟子曰："不仁❶而得国者，有之矣；不仁而得天下者，未之有也。"

注释

❶ 不仁：在这里是指不施行仁义。

解读

孟子说："不施行仁义的人得到了一个国家，有这样的情况；但是不施行仁义的人却得到天下，是从来没有过的。"

第十四章

孟子曰："民为贵，社稷次之，君为轻。是故得乎丘民❶而为天子，得乎天子为诸侯，得乎诸侯为大夫。诸侯危社稷，则变置❷。牺牲既成，粢盛❸既洁，祭祀以时，然而旱干水溢，则变置社稷。"

孟子

注释

① 丘民：在这里是众民的意思。
② 变置：在这里是另行设立的意思。
③ 粢盛（zī chéng）：古代盛在祭器内以供祭祀的谷物。

解读

孟子说："百姓是最重要的，其次是土谷之神，君主的地位更要轻些。所以得到许多百姓的拥护就能做天子，得到天子信任就能做诸侯，得到诸侯信任就能做大夫。如果诸侯危害了土谷之神，那就改立诸侯。祭祀用的牲畜是肥壮的，谷物是清洁的，又是按时祭祀的，然而还是干旱水涝，那就改立土谷之神。"

第十五章

孟子曰："圣人，百世之师也，伯夷、柳下惠是也。故闻伯夷之风者，顽夫①廉，懦夫有立志；闻柳下惠之风者，薄夫②敦，鄙夫③宽。奋乎百世之上，百世之下，闻者莫不兴起也。非圣人而能若是乎？而况于亲炙之者乎？"

注释

① 顽夫：贪婪的人。顽，通"忨"（wàn）。
② 薄夫：在这里是指刻薄的人。
③ 鄙夫：人品鄙陋、见识浅薄的人。

尽心下

解读

孟子说:"圣人是百代人的师表,伯夷、柳下惠就是这样的人。所以,听说过伯夷的道德风范的,贪婪的人会变廉洁,懦弱的人会有立志的决心;听说过柳下惠的道德风范的,刻薄的人变得厚道,人品鄙陋、见识浅薄的人会变得心胸宽广。百代之前奋发有为,百代之后,听说过他们事迹的人,没有不振作奋发的。不是圣人的人能做到这样吗?圣人的影响百代以后尚且这样,更何况当时亲身受过他们熏陶的人呢?"

第十六章

孟子曰:"仁也者,人也。合❶而言之,道也。"

注释

❶ 合:在这里是指结合在一起。

解读

孟子说:"所谓仁,意思就是人。人和仁结合起来,就是所说的道。"

第十七章

孟子曰:"孔子之去鲁,曰:'迟迟吾行❶也,去父母国之道

323

也。'去齐，接淅②而行，去他国之道也。"

注释

① 迟迟吾行：即吾行迟迟。我要慢慢地走。迟，缓慢。
② 接淅（xī）：捧着已经淘湿的米。指行色匆忙。

解读

孟子说："孔子离开鲁国时，说道：'我要慢慢地走啊，这是离开祖国的态度。'离开齐国时，不等把米淘完就走，这是离开别的国家时的态度。"

第十八章

孟子曰："君子①之厄于陈、蔡之间②，无上下之交也。"

注释

① 君子：在这里指的是孔子。
② 厄于陈、蔡之间：是指孔子在陈国和蔡国被困之事。厄，穷困，灾难。

解读

孟子说："孔子在陈国、蔡国之间遭围困，是由于跟这两国的君臣没有交往的缘故。"

第十九章

貉稽①曰："稽大不理于口②。"

孟子曰："无伤也。士憎兹多口。《诗》云：'忧心悄悄，愠于群小。'孔子也。'肆不殄③厥愠，亦不殒④厥问。'文王也。"

注释

① 貉稽：人名，姓貉，名稽，生平不详。
② 不理于口：不顺口。理，顺。
③ 殄（tiǎn）：在这里是灭绝，消灭的意思。
④ 殒：在这里是丧失的意思。

解读

貉稽说："我被人家说得很坏。"

孟子说："没关系的。士人总会受到七嘴八舌非议的。《诗经》上说：'忧心忡忡憋在心里，小人对我又恨又恼。'孔子就是这样的人。《诗经》又说：'不消除别人的怨恨，也不丧失自己的名声。'说的就是文王。"

第二十章

孟子曰："贤者以其昭昭①，使人昭昭。今以其昏昏②，使人昭昭。"

| 孟 子

注释

① 昭昭：在这里是清楚、明白的意思。
② 昏昏：在这里是糊里糊涂、不明白的意思。

解读

孟子说："贤人是先使自己清楚明白道理，然后再去使别人也清楚明白。今天的人连他自己都糊里糊涂，还要使别人清楚明白。"

第二十一章

孟子谓高子曰："山径之蹊①，间②，介然用之而成路③。为间④不用，则茅塞之矣。今茅塞子之心矣。"

注释

① 蹊（xī）：在这里是小路的意思。
② 间：间隙，指的是一段时间。
③ 介然用之而成路：专门走它，才形成了道路。
④ 为间：是时间短暂的意思。

解读

孟子对高子说："山坡上的小路，一段时间内经常去走才能成为路；只要一段时间不走，茅草就会长大然后堵塞住它。现在，'茅草'堵塞住你的心了。"

尽心下

第二十二章

高子曰："禹之声，尚文王之声。"

孟子曰："何以言之？"

曰："以追❶蠡❷。"

曰："是奚足哉？城门之轨，两马之力与？"

注释

❶ 追（duī）：钟钮，用来悬挂钟。
❷ 蠡：在这里是指要断的样子。

解读

高子说："禹的音乐胜过文王的音乐。"

孟子问："凭什么这么说？"

高子说："因为禹传下来的钟上的钟钮都快断了。可见人们喜欢演奏它。"

孟子说："这哪足以说明问题呢？城门下的车迹很深，是一二匹马的力量造成的吗？那是年深月久车马过得多了造成的。禹传下的钟钮快要断了，也正是年代久远的缘故。"

第二十三章

齐饥。陈臻曰："国人皆以夫子将复为发棠❶，殆不可复。"

孟 子

孟子曰："是为冯妇[2]也。晋人有冯妇者，善搏虎，卒为善士，则之野，有众逐虎。虎负嵎[3]，莫之敢撄[4]。望见冯妇，趋而迎之。冯妇攘臂下车。众皆悦之，其为士者笑之。"

注释

① 发棠：是指打开棠邑的粮仓救济百姓。
② 冯妇：人名，战国晋国人，此人并不是姓冯的妇女。
③ 负嵎（yú）：同"负隅"。即凭依山曲、依靠险要的地方负隅顽抗。负，依靠；隅，山势弯曲、险阻的地方。
④ 撄（yīng）：在这里是接触，触犯的意思。

解读

齐国饥荒。陈臻说："国都里的人都认为老师会再次劝说齐王打开棠邑的粮仓救济百姓，恐怕不会再这么做了吧？"

孟子说："这样就成冯妇了。晋国有个叫冯妇的人，善于打虎，后来

行善不打虎了，士人都效法他。有一次他去野外有许多人在追逐一只虎，老虎背靠山的角落，没有人敢靠近它。人们远远看见了冯妇，便跑上去迎接他。冯妇便捋起袖子下车去打虎。大家都非常高兴，可是那些称为士的人却讥笑他。"

第二十四章

孟子曰："口之于味也，目之于色也，耳之于声也，鼻之于臭[1]也，四肢之于安佚[2]也，性也。有命焉，君子不谓性也。仁之于父子也，义之于君臣也，礼之于宾主也，智之于贤者也，圣人之于天道也，命也。有性焉，君子不谓命也。"

注释

[1] 臭（xiù）：同"嗅"，这里指芬芳之气。
[2] 安佚（yì）：在这里是安乐、舒适的意思。

解读

孟子说："口对于美味，眼睛对于美色，耳朵对于好听的声音，鼻子对于香味，四肢对于安逸，这是天性，但能否享受到，却是命运，所以君子不强调天性。仁对于父子关系，义对于君臣关系，礼对于宾主关系，智慧对于贤者，圣人对于天道，也都是由命决定的，能否得到它们，确是天性决定的，所以君子不强调命的作用。"

孟子

第二十五章

浩生不害①问曰:"乐正子何人也?"

孟子曰:"善人也,信人也。"

"何谓善?何谓信?"

曰:"可欲之②谓善,有诸己之谓信,充实之谓美,充实而有光辉之谓大,大而化之之谓圣,圣而不可知之之谓神。乐正子,二之中、四之下也。"

注释

① 浩生不害:姓浩生,名不害,齐国人。

② 可欲之:值得追求的。欲,这里作追求讲。

解读

浩生不害问道:"乐正子是怎样一个人?"

孟子说:"是个善人、信人。"

浩生不害问:"什么叫'善'?什么叫'信'?"

孟子说:"值得追求的叫'善',自己确实具有'善'就叫'信','善'充实在身上就叫'美',既充实又有光辉就叫'大',既'大'又能感化万物就叫'圣','圣'到妙不可知就叫'神'。乐正子是在'善'和'信'二者之中,'美''大''圣''神'四者之下的人。"

第二十六章

孟子曰:"逃墨必归于杨,逃杨必归于儒。归,斯受之而已矣。今之与杨、墨辩者,如追放豚,既入其苙❶,又从而招之。"

注释

❶ 苙(lì):在这里是猪圈的意思。

解读

孟子说:"避开墨子这一派,必定会归入杨朱这一派;避开杨朱这一派,必定会回归到儒家这一派。回归了,接纳他就是了。而现在同杨朱、墨子相互辩论的人,就好像是在追跑掉的猪,已经追回、赶入猪圈了,还要接着把它的脚拴住,生怕它再跑掉。"

第二十七章

孟子曰:"有布缕之征,粟米之征,力役之征。君子用其一,缓其二。用其二而民有殍❶,用其三而父子离。"

注释

❶ 殍(piǎo):即饿殍,是指饿死的人。

孟 子

解读

孟子说:"有征收布帛的赋税,有征收粮食的赋税,有征发人力的赋税。君子征收了其中一种,就要晚一点征其他两种。如果同时征收两种,百姓就会有饿死的了;同时征收三种,就会使百姓们父子离异各顾自己了。"

第二十八章

孟子曰:"诸侯之宝三:土地,人民,政事。宝①珠玉者,殃②必及身。"

注释

① 宝:在这里是把……当成宝贝的意思。
② 殃:在这里是祸患、灾难的意思。

解读

孟子说:"诸侯的宝物有三样:土地,人民,政事。把珍珠美玉当成是宝物的人,灾祸必将落到他身上。"

第二十九章

盆成括①仕②于齐。孟子曰:"死矣,盆成括!"

盆成括见杀，门人问曰："夫子何以知其将见杀？"

曰："其为人也小有才，未闻君子之大道也，则足以杀其躯而已矣。"

注释

① 盆成括：人名，姓盆成，名括。
② 仕：在这里是当官的意思。

解读

盆成括在齐国做官。孟子说："盆成括要丧命了！"

盆成括被杀，学生问道："老师怎么知道他将要被杀？"

孟子说："他有点小才智，但却不懂君子的大道理，那就足以招来杀身之祸罢了。"

第三十章

孟子之滕，馆于上宫。有业屦①于牖②上，馆人求之弗得。或问之曰："若是乎从者之廋也？"

曰："子以是为窃屦来与？"

曰："殆非也。夫子之设科也，往者不追，来者不拒。苟以是心至，斯受之而已矣。"

注释

① 业屦：指的是尚未织成的草鞋。屦，古时用麻、葛等做成

孟 子

的鞋。

❷ 牖（yǒu）：窗子。在这里指的是窗台。

解读

孟子到了滕国，住在上宫。有一双还没织好的草鞋放在窗台上，旅馆里的人找，却没有找到。有人问孟子："是不是跟随你来的人把鞋子藏起来了呢？"

孟子说："你以为这些人是为了偷鞋子而来这里的吗？"

那人说道："大概不是的。可是先生订了规章条例接收学生学习，走了的不追究，有来的不拒绝。只要凭着求学愿望来的，就接收他罢了。难免会有手脚不干净的人混进来。"

第三十一章

孟子曰："人皆有所不忍，达之于其所忍，仁也；人皆有所不为，达之于其所为，义也。人能充无欲害人之心，而仁不可胜用也；人能充无穿逾❶之心，而义不可胜用也；人能充无受尔汝❷之实，无所往而不为义也。士未可以言而言，是以言餂❸之也；可以言而不言，是以不言餂之也，是皆穿逾之类也。"

注释

❶ 穿逾：在这里是指挖洞跳墙的行为。

❷ 尔汝：尔、汝，都是古代尊长称呼卑幼时用的称呼，如果平辈用此称呼，则是对对方的轻视。

❸ 舔（tiǎn）：在这里是探取的意思。

解读

孟子说："每个人都有自己所不忍心去干的事，把这种心情推广到他所忍心去干的事上，便是仁；每个人都有不肯去干的事，把这种心情推广到他所愿干的事上，便是义。人能把自己不想加害别人的心情推广开来，那仁对于他而言就用不尽了；人能够把不挖洞跳墙那样的心情推广开来，义便用不尽了；人能够把不接受轻贱的实际言行推广开来，那无论到哪儿、做什么，都会合乎义了。一个士人，不可以与他谈论却去同他谈论，这是用语言来诱惑他，以便自己从中获利；可以同他谈论却不去与他谈论，这是用沉默来诱惑他，以便自己从中获利。这些都是属于挖洞跳墙这一类的事。"

第三十二章

孟子曰："言近而指❶远者，善言也；守约而施博者，善道也。君子之言也，不下带❷而道存焉；君子之守，修其身而天下平。人病舍其田而芸人之田，所求于人者重，而所以自任者轻。"

注释

❶ 指：在这里是意旨、含义、意义的意思。
❷ 不下带：带，腰带。不下带，此处比喻注意眼前常见之事。

解读

孟子说："言语浅近而含义深远，这是善言；把握住的十分简要，而施行时效用广大，这是善道。君子所说的，虽然是眼前近事，而道却蕴含在其中；君子所把握住的，是修养自己，却能使天下太平。常人的毛病在于荒弃自己的田地，却要人家锄好田地，要求别人的很重，而加给自己的责任却很轻。"

第三十三章

孟子曰："尧舜，性者也；汤武，反之也。动容❶周旋中礼者，盛德之至也。哭死而哀，非为生者也。经德不回❷，非以干禄❸也。言语必信，非以正行也。君子行法，以俟命而已矣。"

注释

❶ 动容：在这里是动作和样貌的意思。
❷ 经德不回：经，行；回，同"违"。
❸ 干禄：在这里是求取俸禄的意思。

解读

孟子说："尧舜的仁德，是由于他们本性就是这样；汤王和武王的仁德，是经过修身之后回复到的本性。动作和容貌等一切方面都符合礼，这是美德的最高境界。为死者哭得非常悲哀，并不是做给活人看的。遵循道德而不违背礼义，并不是为了求取俸禄。说话必求信实，不是为了让别人觉得自己的品行端正。君子遵循天然的道理去做，以此等待命运的安排罢了。"

第三十四章

孟子曰:"说大人❶,则藐之,勿视其巍巍然❷。堂高数仞,榱题❸数尺,我得志,弗为也。食前方丈,侍妾数百人,我得志,弗为也。般乐饮酒,驱骋田猎,后车千乘,我得志,弗为也。在彼者,皆我所不为也;在我者,皆古之制也,吾何畏彼哉?"

注释

❶ 说(yuè)大人:说,同"悦";大人,指诸侯。
❷ 巍巍然:形容山或建筑物高大雄伟的样子。这里指人的地位。
❸ 榱(cuī)题:也作"榱提"。屋椽的端头,通常伸出屋檐,因通称出檐。这里泛指屋檐。

解读

孟子说:"取悦于诸侯的人,就得轻视他,不要以为他高高在上的地位有多了不起。殿堂高大宏伟,屋檐数尺宽,豪华气派,我如果得志,是不会这么干的。珍馐佳馔摆满一大桌,侍候的姬妾有几百人,我如果得志,也不会这么干的。畅饮美酒作乐,骑着马儿去打猎,后面跟从的车子有好几千辆,我如果得志,更不会这么干的。他所干的那些,都是我所不愿干的。对我来说,所干的事都应符合古代的制度,那我为什么要怕他呢?"

孟 子

第三十五章

孟子曰："养心莫善于寡欲❶。其为人也寡欲，虽有不存焉者，寡矣；其为人也多欲，虽有存焉者，寡矣。"

注释

❶ 寡欲：指保持心地清净，头脑清醒冷静，欲望少。

解读

孟子说："修养善心的方法，没有比保持心地清净，头脑清醒冷静，欲望少更好的了。一个人求利的欲望少，那么即使善心有些丧失，也是很少的；一个人求利的欲望多，那么即使善心有所保存，也一定是很少的。"

第三十六章

曾皙嗜羊枣❶，而曾子不忍食羊枣。公孙丑问曰："脍炙❷与羊枣孰美？"

孟子曰："脍炙哉！"

公孙丑曰："然则曾子何为食脍炙而不食羊枣？"

曰："脍炙所同也，羊枣所独也。讳名不讳姓，姓所同也，名所独也。"

注释

❶ 羊枣：即黑枣，因形状色泽似羊屎，故称羊枣。
❷ 脍炙（kuài zhì）：细切的肉和烤熟的肉。

解读

曾皙爱吃羊枣，曾皙死后，他的儿子曾子就不忍心吃羊枣。公孙丑问道："烤肉与羊枣，哪样味道好？"

孟子说："当然是烤肉！"

公孙丑又问："那么曾子为什么吃烤肉而不吃羊枣？"

孟子说："烤肉是大家共同爱吃的，而吃羊枣是曾皙独有的嗜好。因此曾子不忍心吃。就如同避讳只避名不避姓，因为姓是很多人共用的，而名是一个人独有的。"

第三十七章

万章问曰："孔子在陈曰：'盍归乎来！吾党❶之小子狂简❷，进取，不忘其初❸。'孔子在陈，何思鲁之狂士？"

孟子曰："孔子'不得中道而与之，必也狂狷❹乎！狂者进取，狷者有所不为也'。孔子岂不欲中道哉？不可必得，故思其次也。"

"敢问何如斯可谓狂矣？"

曰："如琴张、曾皙、牧皮❺者，孔子之所谓狂矣。"

孟 子

"何以谓之狂也？"

曰："其志嘐嘐然，曰：'古之人，古之人！'夷考⑥其行，而不掩焉者也。狂者又不可得，欲得不屑不洁之士而与之，是獧也，是又其次也。孔子曰：'过我门而不入我室，我不憾焉者，其惟乡原乎！乡原⑦，德之贼也。'"

曰："何如斯可谓之乡原矣？"

"曰：'何以是嘐嘐⑧也？言不顾行，行不顾言，则曰，古之人，古之人。''行何为踽踽凉凉⑨？生斯世也，为斯世也，善斯可矣。'阉然⑩媚于世也者，是乡原也。"

万子曰："一乡皆称原人焉，无所往而不为原人；孔子以为德之贼，何哉？"

曰："非之无举也，刺之无刺也；同乎流俗，合乎污世；居之似忠信，行之似廉洁；众皆悦之，自以为是，而不可与入尧舜之道，故曰'德之贼'也。孔子曰：'恶似而非者：恶莠⑪，恐其乱苗也；恶佞，恐其乱义也；恶利口⑫，恐其乱信也；恶郑声⑬，恐其乱乐也；恶紫，恐其乱朱也；恶乡原，恐其乱德也。'君子反经⑭而已矣。经正，则庶民兴；庶民兴，斯无邪慝矣。"

注释

① 党：五百户人家为一党，此即乡里聚居之意，即孔子的门徒们。

② 狂简：狂，不守常规；简，志大言大。

③ 不忘其初：没有改变原来的情况。

④ 獧（juàn）：獧傲，孤介的意思。

⑤ 琴张、牧皮：都是人名，身世不详，有人说是孔子的学生。

⑥ 夷考：分析考察。夷，解析；考，考察。

⑦ 乡原：也作乡愿。指乡里中外表忠诚谨慎，实际上欺世盗名的伪君子。原，同"愿"，老实谨慎。

⑧ 嘐嘐（jiāo）：形容志大而言夸。

⑨ 踽（jǔ）踽凉凉：落落寡合的样子，狷介的样子。也指独行的样子。

⑩ 阉然：阉，阉人，太监。像阉人那样巴结逢迎、小心翼翼的样子。

⑪ 莠（yǒu）：败谷种子生长起来的不结实的禾苗。

⑫ 利口：天花乱坠、头头是道而毫无意义的叙说。

⑬ 郑声：春秋时郑国的音乐，好听而不合于古乐。

⑭ 反经：反，同"返"，回复；经，正常之道。

解读

万章问道："孔子在陈国，说道：'何不回去呢！我乡里那些学生们志大而行为粗率，有进取心但却不忘旧时的习惯。'孔子在陈国，为什么思念鲁国这些狂放之人呢？"

孟子答道："孔子说过：'得不着守中道的人同他交往，那就只能结识狂放之人和操守坚定的人吧。狂放之人勇于进取，性情急躁的人操守坚定有所不为。'孔子难道不想要守中道之士吗？不一定能得到，因此只想次一等的了。"

万章又问："请问，怎么才叫狂放的人呢？"

孟子答道："像琴张、曾皙、牧皮这类人，就是孔子所说的狂放的人。"

"为什么说他们是狂放的人呢？"

孟子答道："他们志气大，夸夸其谈，嘴里总是说'古人呀，古人呀！'可是一考察他们的行为，却不和言语相吻合。狂放之人如果又得不到，便想和不屑做坏事的人交往，这便是操守坚定，有所不为的人了，这又是次一等的。孔子说：'从我家大门经过，却不进我屋里，我不感到不满意的，那只有伪善欺世的人民，伪善欺世的人，是戕害道德的人。'"

万章问道："什么样的人叫伪善欺世的人呢？"

孟子答道："伪善欺世的人批评狂放之人说：'为什么这样志气高大呢？实在是说话不顾及行为，做事也不顾及自己的言语，就只说古人呀，古人呀。'他又批评操守坚定的人说：'为什么这样落落寡合呢？'还说：'生在这个世界上，为这个世界做事，只要过得去便行了。'八面玲珑，四方讨好，就是伪善欺世的人。"

万章说："全乡的人都说他是老好人，他也到处表现出是一个老好人，孔子竟把他看作戕害道德的人，为什么呢？"

孟子答道："这种人，要批评他，又举不出什么大错误来；要指责他，也无可指责的。他只是同流合污。为人好像忠诚老实，行为好像廉正清洁。大家也都喜欢他，他自己也以为正确，但是与尧、舜之道完全违背，所以说他是戕害道德的人。孔子说过，我厌恶那种似是而非的东西；厌恶狗尾草，因为怕它把禾苗搞乱了；厌恶巧言谄媚的才智，因为怕它把道义搞乱了；厌恶夸夸其谈，因为怕它把信实搞乱了；厌恶郑国的淫乐，因为怕它把雅乐搞乱了；厌恶紫色，因为怕它把朱色搞乱了；厌恶伪善的人，就因为怕它把道德搞乱了。君子让一切事物回到常道便行了。常道不被歪曲，老百姓就会奋发积极；老百姓奋发积极，那恶就没有了。"

第三十八章

孟子曰："由尧舜至于汤，五百有余岁，若禹、皋陶，则见而知知之；若汤，则闻而知之。由汤至于文王，五百有余岁，若伊尹、莱朱❶，则见而知之；若文王，则闻而知之；由文王至于孔子，五百有余岁。若太公望、散宜生❷，则见而知之；若孔子，则闻而知之。由孔子而来，至于今，百有余岁。去圣人之世，若此其未远也。近圣人之居，若此其甚也。然而无有乎尔，则亦无有乎尔！"

注释

❶ 莱朱：人名，传说是商汤的贤臣。

❷ 太公望、散宜生：太公望，人名，即吕尚；散宜生，姓散宜，名生，周文王的贤臣。

解读

孟子说："从尧舜的道传到商汤，经历了五百多年。像禹、皋陶那些人，便是亲自看见了，才知道尧舜之道的；像商汤，便是只听到尧舜之道从而知道的。道统从商汤到周文王，又有五百多年。像伊尹、莱朱那些人，便是亲自看见从而知道的；像周文王，便只是听到从而知道的。自文王到孔子，又有五百多年。像太公望、散宜生那些人，便是亲自看见从而知道的；像孔子，便只是听到从而知道的。自孔子直到今天，一百多年了，离开圣人的年代是这样的近，距离圣人的家乡也是这样的近，但是没有亲见圣人，亲闻圣人之道的人，那么五百年后就更没有亲见亲闻圣人之道的人了。"

名言妙语

1. 天时不如地利,地利不如人和。
2. 富贵不能淫,贫贱不能移,威武不能屈。
3. 穷则独善其身,达则兼济天下。
4. 一日暴之,十日寒之,未有能生者也。
5. 老吾老,以及人之老;幼吾幼,以及人之幼。
6. 普天之下,莫非王土;率土之滨,莫非王臣。
7. 我知言,我善养吾浩然之气。
8. 尊贤使能,俊杰在位,则天下之士皆悦而愿立于其朝矣。
9. 得道者多助,失道者寡助。
10. 权,然后知轻重;度,然后知长短。
11. 大人者,不失其赤子之心者也。
12. 君子以仁存心,以礼存心。仁者爱人,有礼者敬人。爱人者人恒爱之,敬人者人恒敬之。
13. 故天将降大任于斯人也,必先苦其心志,劳其筋骨,饿其体肤,空乏其身,行拂乱其所为,所以动心忍性,曾益其所不能。
14. 民为贵,社稷次之,君为轻。
15. 生于忧患,死于安乐。
16. 鱼,我所欲也;熊掌,亦我所欲也。二者不可得兼,舍鱼而取熊掌者也。生,亦我所欲也;义,亦我所欲也。二者不可得兼,舍生而取义者也。

17. 君子有三乐，而王天下不与存焉。父母俱存，兄弟无故，一乐也；仰不愧于天，俯不怍于人，二乐也；得天下英才而教育之，三乐也。

18. 不以规距，不能成方圆。

19. 国君好仁，天下无敌焉。

20. 贤者在位，能者在职。

21. 上有好者，下必有甚焉者矣。

22. 取人之长，补己之短。

23. 诚者，天之道；思诚者，人之道也。

24. 人之患在好为人师。

25. 人人亲其亲，长其长，而天下平。

26. 家必自毁，而后人毁之。

27. 有不虞之誉，有求全之毁。

28. 为渊驱鱼者，獭也；为丛驱爵者，鹯也。

29. 自暴者不可有信也，自弃者不可有为也。

30. 可以取，可以无取，取伤廉；可以与，可以无与，与伤惠；可以死，可以无死，死伤勇。

31. 天下殆哉，岌岌乎。

32. 心之官则思，思则得之，不思则不得也。

33. 不以文害辞，不以辞害志；以意逆志，是为得之。

34. 故君子可欺以其方，难罔以非其道。

35. 始条理者智之事也，终条理者圣之事也。

36. 伯夷，目不视恶色，耳不听恶声，非其君不事，非其民不使，治则进，乱则退。

37. 集大成也者，金声而玉振之也。

38. 立乎人之本朝而道不行，耻也。

39. 子思以为鼎肉使己仆仆尔亟拜也，非养君子之道也。

40. 请无以辞却之，以心却之。

41. 食色，性也。

42. 五谷者，种之美者也，苟为不熟，不如荑稗。

43. 羿之教人射，必志于彀；学者亦必志于彀。大匠诲人必以规矩，学者亦必以规矩。

44. 今之为仁者，犹以一杯水救一车薪之火也；不熄，则谓之水不胜火，此又与于不仁之甚者也，亦终必亡而已矣。

45. 欲贵者，人之同心也。人人有贵于己者，弗思耳矣。人之所贵者，非良贵也。

读后感

　　传统文化知识是历史遗留下来的珍贵宝藏。它集中了古代圣人的智慧。在历史遗留下来的经典著作中，蕴含着许多的优秀传统文化知识。可是，在这科技发达的信息时代，传统文化知识逐渐被人们所遗忘。因此，弘扬传统文化，对我们青少年来说是责无旁贷的。

　　历史流传下来的经典著作有许多。这些著作中所蕴含的理念是我们所追寻的。它们是传统文化的精髓，教会我们许许多多为人处世的道理和做人的最基本准则。《孟子》一书就是传统文化知识的重要典籍。我读了它，从中学会许多为人处世之道。我要学以致用，并把它发扬光大。

　　《孟子》教会了我们孝顺。《孟子》一书中言"仁之实，事亲是也，义之实，从兄是也"。他主张的本质上是对父母孝顺，对兄长友爱。这种道德理论正是我们所崇尚的。可是现在的社会，新闻媒体曝光的因为父母年老而嫌弃自己父母是拖累而将他们赶出家门的例子比比皆是。

　　曾有报道称一名四十多岁的男子因为不务正业而单身着，他的八十多岁老母亲为其担忧而不与小儿子进城享福。该男子嗜酒，有一回醉酒回来后，殴打自己的老母亲，并将其把她赶进厨房做饭。但老人因年老体衰，并且身上全是伤，摔倒在厨房里。那时正值冬天，老人被活活冻死在厨房里。该事件被报道出来后，引起了社会的关注，许多人为此感到心寒。

　　在这个科技发达的信息时代，我们每一个人都应该有着一颗向善的心。一个人，他如果想存在于这个社会，在这个社会立足，不被社会所淘汰就必须保持着一颗向善的心。我们也要保持有一颗孝顺的心。"百善孝为先"，这是最基本的做人准则。

《孟子》提醒我们要与大自然和谐相处。《寡人之于国也》中说："不违农时，谷不可胜食也；数罟不入洿池，鱼鳖不可胜食也；斧斤以时入山林，材木不可胜用也。"其中就蕴含着生态环境的可持续发展的理念。时刻提醒着我们：人与自然相互依赖，相互依存。

反观现在的社会，在利益的熏陶下，人类大量的砍伐树木，致使土地沙漠化。工业污水的排放和人类不知节制的捕鱼，造成了水生生物的灭绝，使生态环境遭到了严重的破坏。这样我们又怎样进行可持续呢？难道这不令我们反思吗？有句俗语"金山银山，不比绿水青山"就体现了生态环境的重要性。如果环境破坏了，就算我们有再多的财富也找不回以前的青山绿水。

《孟子》中还有许多具有哲理性的词句，如"劳心者治人，劳力者治于人""得道者多助，失道者寡助""以五十步笑百步，则何如？""仁者无敌""天作孽，犹可违；自作孽，不可活"……等。在我津津有味地读故事的同时向我灌输了儒家的为人处世的原则。一本好书就像一杯沁人心脾的香茗，让我沉醉。对我而言，一本好书就像一位受益匪浅的良师益友，让我敬重。

阅读经典书籍，传承孟子的思想理念是每一个中华儿女的责任。但是在这信息化时代，又有多少人会去阅读经典书籍？许多年轻人只是沉迷于网络游戏、网络小说。多少人时刻放不下手机，只是为了刷微博，刷刷微信朋友圈。年轻的朋友们，让我们放下手中的手机，离开眼前的电脑，捧起曾经远离我们的那一本本经典书籍，重新走进中华传统文化的殿堂吧！